以媒体平台为核心的三农综合服务商战略研究课题成果

从涉农媒体到三农综合服务商

◎ 南方农村报 著

南方日报出版社
NANFANG DAILY PRESS
中国 · 广州

图书在版编目（CIP）数据

从涉农媒体到三农综合服务商 / 南方农村报著. —广州 : 南方日报出版社, 2015.1
ISBN 978-7-5491-1208-1

Ⅰ. ①从… Ⅱ. ①南… Ⅲ. ①农业—报纸—新闻工作—研究—中国 Ⅳ. ①G219.25

中国版本图书馆 CIP 数据核字(2014)第 304296 号

CONG SHENONG MEITI DAO SANNONG ZONGHE FUWUSHANG

从涉农媒体到三农综合服务商

南方农村报　著

出 版 人：周洪威
责任编辑：方　明
责任技编：王　兰
责任校对：王　燕
出版发行：南方日报出版社
地　　址：广州市广州大道中 289 号
电　　话：（020）83000502
经　　销：全国新华书店
印　　刷：广州市怡升印刷有限公司
开　　本：787 mm×1092 mm　1/16
印　　张：16.25
字　　数：315 千字
版　　次：2015 年 1 月第 1 版
印　　次：2015 年 1 月第 1 次印刷
定　　价：38.00 元

投稿热线：（020）83000503　读者热线：（020）83000502

网址：http://www.nfdailypress.com/

序

功夫在题外

□江艺平

▶江艺平

由麦倩明领衔、南方农村报团队执行、广东宣传文化人才专项资金资助的课题项目——《从涉农媒体到三农综合服务商》结项了。从申请立项到顺利结项，历时近两年。而据我所知，这个课题的实际跨度，基本囊括了南方农村报近十年报业改革的成果。阅读即将付梓的书稿，也因此时常感觉眼前一亮：项目的扎实程度和创新意味远远超出了我的预期。

正如课题领衔者所言，这是南方农村报创办51年来首个由省里立项的课题，“首创”之义不言而喻。该项目固然是南方农村报的“首创”，即便放眼全国的涉农媒体，该项目同样具有很强的开创性。换言之，说填补空白亦不为过。

诚然，网络对于报纸，新媒体对于旧媒体，本来就是未知，就是空白。纸媒这些年面对网络的层层包围和步步进逼，或建言“报网融合”，或预言“主编已死”……热议无数，纵论滔滔，却无法摆脱歧路彷徨。遑论本来就置身在传媒边缘和社会边缘的涉农媒体，更显得势单力薄，无所适从。

也正是如此严峻的生存环境，愈加凸显本书的价值——没有人云亦云，没有盲目盲从，没有照搬照抄，“三农综合服务商”的清晰认知和自觉定位，准确把握住了涉农媒体在互联网时代的转型方向和存在价值。值得一提的是，从涉农媒体到三农综合服务商，如何实现这样的转变？课题组从战略到战术，从组织到个体，从媒体伦理到商业逻辑……不仅一一论及，且案例丰富。虽然不是教科书，却比教科书更切合实际，更具有实操性。

是的，这不是一本概念先行、坐而论道的书。课题组成员在传媒行业历练多年，多有建树。我曾经和他们中的许多人一起共事，从书稿看到他们的名字，眼前就浮现熟悉的身影。我在南方报业工作 32 年，其中近 20 年与《南方农村报》相关，做过这份报纸的记者和编辑，亲历和见证了它从复兴到衰落，又从谷底奋力爬坡的种种坎坷。它的中兴之路走得异常艰难，异常坚忍，最终摆脱凋零，焕发活力，成为全国涉农媒体的领跑者。正因为有了这一段漫长而艰辛的路做铺垫，当站在新旧媒体激烈碰撞的历史转折点上，面对夹缝求存的困境，他们也就拥有了更加从容、淡定的勇气和底气。

犹记得许多年前，陈永还是个质朴的小镇青年，麦倩明还是个温婉的都市女孩，他们大学毕业来到南方报业，下记者站，进农村报，从普通记者成长为南方农村报的正、副主编。他们带领团队的方式方法，让我想起很多年前我做一家报纸主编时曾经有过的梦想，就是想让团队的每一个成员成为不可或缺的一员，每个人都能在这份报纸上实现他的价值。这似乎是乌托邦，所以我没能做成这个梦。现在透过这本书，透过这群人，我又找到了似曾相识的感觉。

作为一路同行的见证者，我想和读者分享的是，这本书作为课题结项公开出版，题中之义固然有极大的研究价值和参考价值。但是，课题组及其所依存的南方农村报，其多年积累的功夫和功力，远非一本书所能概述得完。不妨多留意一下这家媒体，他们的探索还会带给公众更多惊喜。

（作者系南方报业传媒集团原副总编辑，著名传媒人）

目录 Contents

专刊及多样平台 / 175

新媒体 / 217

附 录 / 246

概　述

概 述

南方农村报是谁?

2014年，南方农村报启用新的外宣介绍文本——

南方农村报（简称“南农”）是南方报业传媒集团专门面向三农的事业群。南农以媒体业务为核心，成为功能多样的三农综合服务商，涵盖报刊出版（《南方农村报》《农财宝典》）、新媒体平台运营，进行会展组织、市场调研、品牌设计、活动策划、产品营销、咨询培训、舆情服务等业务，是整合社会资源的平台，是融合不同介质媒体的信息传播平台，具有独特价值与全国影响力，为各级政府、行业组织以及企业等市场主体提供综合服务。

这是一个传媒行业的动荡年代。传统媒体面临着受众阅读习惯改变，广告投放偏好出现转移的局面。对于涉农媒体而言，挑战是双重的：除了自身所在传媒行业的变革转型之外，作为目标市场的农村农业同样处于快速转型中。城镇化大力推进，农产业规模化产业化步伐明显加快，未来农业经营主体的结构改变，受众需求与以前大有不同。作为一家已经有超过50年办报历史的传统媒体，在新的历史阶段亟待重新定位自己，找准方向。南方农村报的转型战略表明，作为传统媒体，除了做好基础的报刊出版发行业务，还强调了传统媒体功能的扩展，对加快媒体融合发展，从新闻媒体到综合服务商，无论是身份还是功能都进行了更明确、更具体的规划。

南方农村报转型：我们需要改变什么？

□陈　永

▶陈　永

进入21世纪之后，传媒界有“报业的黄金十年”之说，那是指都市报的黄金十年，南方农村报也是抓住了机会，才有了今天，得到了行业内与社会上的认可。但是近两年，传统媒体业内人心惶惶，关于报纸的不祥之兆不时袭来，一些报纸宣布关闭或转卖的消息，似乎透露报纸这种媒介形式正在走向拐点。处在媒体行业，南方农村报要有危机感但不能被悲观笼罩，处于既广袤而又低端的市场，我们一直致力于研究市场特点，满足服务对象需求，实现转型发展。我们相信通过努力不仅能让南方农村报脱离“险境”，而且事业仍然能够延续近十多年来的上升势头，不断发展壮大。

抓住“时间差”布局转型

在今后相当长的时期内，媒体业务仍然是南方农村报基础的核心业务。我们反躬自问：南农是谁，将来是谁？应该为谁服务？作为最基本的媒介形式，报纸、杂志的灵魂是媒体精神。南方农村报的办报宗旨是“新农村推动力”，办报理念是“专门为农民说话，专业为农业服务”，特别强调了专门与专业。媒体精神是一种批判精神，一种担当精神，敢于在政策法律的框架下监督权贵，维护社会的公平正义，体现人文关怀。在当下社会转型期，农民有两个方面的需要：一是维护合法权益的需要；二是发展生产，增加收入的需求。贯彻落实党和政府关于三农的政策，坚定地守护农民群体的利益，这是涉农媒体价值的真正回归。

回顾南方农村报的发展，这是一条独特的农村类媒体市场化之路。媒体作为市场主体，采编和经营分离，在服务党和政府三农工作大局，遵守宣传纪律的前提下，采编要尊重新闻规律，进行内容和形式的创新，满足读者的需要，打造媒体的影响力，为盈利打好基础。经营完全按市场化操作，寻找市场机会，满足市场需求，注重投入产出比，寻找新的盈利模式，进行经营创新，设法获得最大限度的利润，以投入媒体企业的扩大再生产。在控制成本、把控风险的前提下，获得经营规模和影响力的持续扩大，从而保证有能力为农民、农业提供更多的服务及实现可持续的发展，媒体在这种良性循环中得到发展壮大。

时下有观点认为，面向城市的报纸受新媒体的冲击大，面向农村的报纸冲击小些，因此“农”字号报纸可能活得更久些。从互联网在农村普及的单一事实来看，“农”字号报纸确实有一个“时间差”，因此抓住这个“时间差”，迅速坚决地转型即是机会。南方农村报初步形成了一套由传统纸媒品牌向现代传媒品牌转型的“组合拳”，取得了一定的效果。南方农村报不再是一份报纸的品牌，甚至不是一个新旧媒体融合的媒介品牌，而是一个有独特优势、有核心竞争力的，提供涉农综合服务的机构，即具有“独特价值的三农综合服务商”。

南方农村报为打造成为卓越媒体企

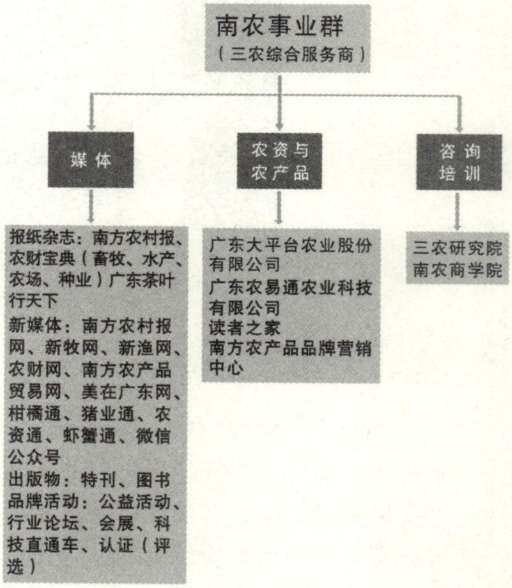

南农事业群（三农综合服务商）图示

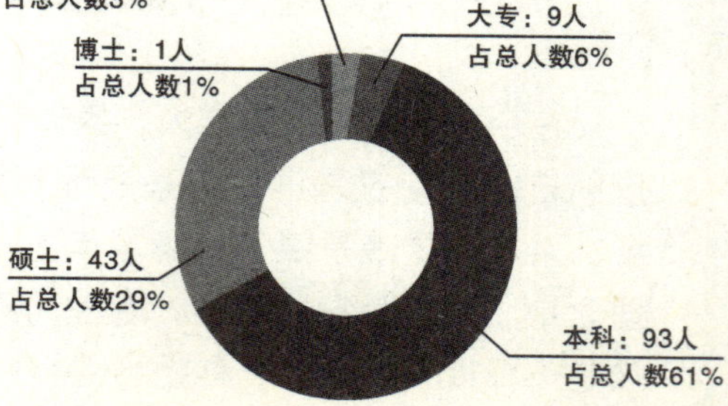

南方农村报员工学历构成

业定下了几个维度：一、在专业领域品牌美誉度和影响力，即在行业内达到“非一即二”的地位；二、在广东省内县域社区品牌知名度及影响力，能影响县域内社区中的居民（特别是农民）生活的方方面面，也包括在农村地区有广大市场的重要机构，这些机构认可借助南方农村报影响社区内人员的消费行为；三、发行量、发行结构及自费订阅率；四、广告总量及广告结构；五、盈利模式及盈利能力。南方农村报目前在全国同类媒体中，新闻及内容产品的受众评价及接受度、广告量、发行量均处于领先地位。而从媒体企业的安全性而言，只有规模上去了才具备足够的抗风险能力，相应地只有品牌影响力扩大，才能给员工带来职业成就感与自豪感。因此，2013 年南方农村报成立 50 周年时提出的目标是，到 2019 年南方农村报广告及经营总收入（不含发行收入）达到 1 亿元的规模，比目前大约翻一番。这个数字是在过去几年增速的基础上推算出来的，有一定的挑战性，我们判断有具备实现的基础与可能性。

新牧网与筹建中的农财网将构成转型“双体”；系列农业生产资料会展已经比较成熟；产品策划与视觉设计、农资产品全案营销，是转型重点项目的其中两个；还有三农研究院、南农科技下乡直通车、南农乡村院线等各种线下活动，构成南农转型“N 翼齐飞，N 箭齐发”的格局。除了深耕广东市场，继续大力开发广西、海南市场，云南、福建、江西市场正在启动。

转变：思维、流程与组织结构

互联网时代，对于传统媒体人来说，不仅是盈利模式的改变，也是工作流程的转变、工作机制的转变，更是一种思维方式与工作方式的转变。比如互动，哪些是通过用户的反馈而改变的？怎样去了解和捕捉用户需求？或者有什么机制来接收用户的反馈并做出调整？开一个研讨会，搞一个论坛，办一场会展，签一批合同，很容易知道对方的真实意见，从对方的反馈，从参与人数的多寡就可以判断。但做纸媒内容的，较少去接触用户，闭门造车想当然地认为受众“就需要这些”，能知道用户的需求吗？其他如平台思维、跨界思维等等这些最重要的互联网特质，值得传统媒体人弄懂，然后参考、模仿。

以前，报纸的影响力以发行数字说话；数字化时代，不再以印数为核心，也不以纸质版为优先，而是以影响力为核心，以用户的需求为优先。《南方农村报》目前的发行量仍然坚挺，但应该看到，邮路不在我们掌握之中，有一些地方即使有人愿意订我们的报纸，投递也有困难。所以，我们要未雨绸缪，做好应对的准备。我们如何体现“以影响力为核心，以用户的需求为优先”，有必要设想，今后如何打造影响力，这个环节在整个媒体经营中应处于什么地位，应布局多少兵力，要对这个功能做出具体的工作设计。

连续两年的南方农村报转型发展研讨会，少谈了采编的技巧，并不意味着采编不重要，而是转型迫在眉睫。专业制作的内容永远是传播的主流，这是人类社会发展的基本规律。只有专业化生产，才能提高效率，节约成本，提升水平，才能支撑这个产业链条持续运转。内容制作不是要不要的问题，而是能否生产出“能支撑产业链条的内容”的问题，如果做不到这一点，内容生产也就没有意义。

围绕打造影响力，内部机构设置应做怎样的调整？经营的岗位与内容岗位以及为出版流程服务的岗位的配比应重新考量，做出调整。既然已经确立“以媒体平台为核心的独特价值的三农综合服务商”的战略定位，所有机构的设置就应围绕这个战略定位进行，像个服务商的样子。调整唯一的原则就是以客户需要为中心，为导向。大部分业务都要围绕客户需要展开，市场服务和市场开拓方面的岗位将大幅增多，为出版流程服务的岗位要控制。但是，负责制作精品报道内容的采编团队永远是重中之重，他们会得到比以往更多的资源支持，但岗位占比值得商榷，总的原则是“小而强”，也只有“小而强”，采用聚焦策略，打出有力的“拳头”，才会得到更多资源的支持。未来的南方农村报社将更加扁平化，没有过多的层级结构。除了行政、财务、电脑室这些“支持部门”，以及“小而强”的全媒体内容生产平台之外，其余的全部是以“产品”或“服务”为中心的项目团队。南农柑橘通等是典型的新媒体产品，没推广开，是产品的需求不足还是没有专门的团队去推广，值得总结反思。目前比较像样的经营团队有广告、产品策划与设计、会展系列化部分、全案营销等，建议马上筹建影视多媒体项目团队，一些为临时项目而组建的团队需要更加快速反应，将来会有更多，并且它的存在也是动态的，“盈利即存，亏损即亡”。团队内部的结构也是扁平的，实行产品经理和项目负责制，实现不同工种人员的跨界合作。不同项目团队之间，也许会存在某种竞争，甚至是“故意设计”的内部竞争，现代管理精神之一就是引进竞争，但更多的是为响应客户需求而进行协同作战，相互取长补短，共同营造生态化、动态成长的新型组织形态。

疯狂地积累资源推动大数据应用

互联网时代，大数据、精准化势在必行。《南方农村报》拥有三十多万订户，《农财宝典》有四个版本，每个版本分别有几万订户，几个微信公众号的粉丝也分别有数万至十万个，他们是南方农村报事业的根基所在。包括这些数据在内的大数据采集应用，对改善南方农村报的采编与经营工作意义重大。

首先从受众层面来说，可以通过数据的帮助，对受众行为偏好做出研判。《南方农村报》的读者在数字化新闻服务需求方面是否已发生较大的分化，分化成几层，如何满足各层次的需求？各项服务要因应需求而加快数字化转型。转型

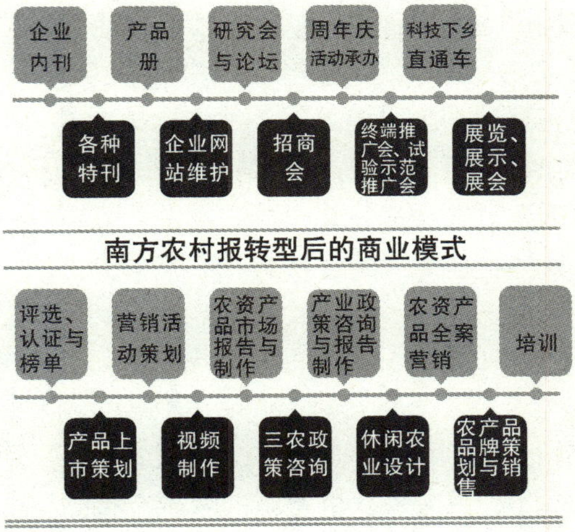

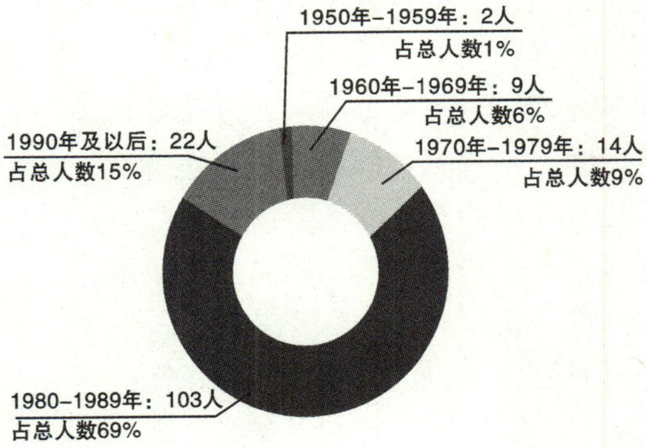

南方农村报员工年龄构成

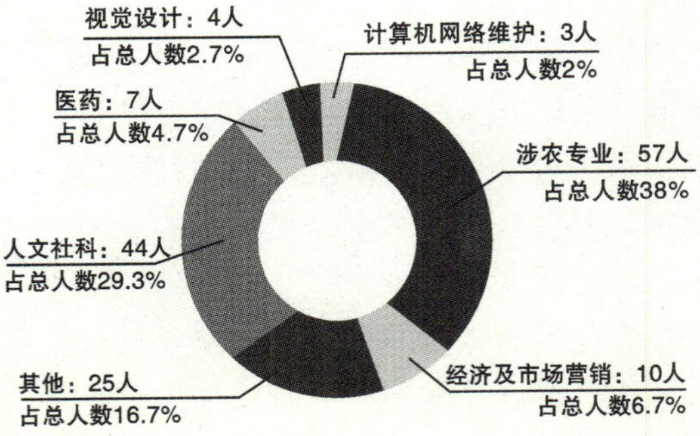

南方农村报员工专业构成

不是媒体人想怎么转就怎么转，而是要适应读者新的习惯和新的需求。《南方农村报》的读者不同于其他报纸的读者，大量地转向上网，我们的读者还有相当大的比例在坚守报纸，但肯定有一部分转向网上，流失的部分是哪些，要以新的手段留住和影响他们。《南方农村报》的读者是如何应用新媒体的，他们是如何分化的，要有分化的具体模型来说明，从而找到继续扩大我们的新读者，尤其是年轻读者的方法。类似于微信的阅读数变成了一个重要指标，记者与编辑根据点击阅读的情况，来分析哪些报道、哪些话题最吸引读者，哪些区域的读者最活跃，什么样的报道形式更容易传播。根据《南方农村报》各类受众的实际情况，推广与普及新闻的数字化、可视化，根据点击率和阅读数来作为计酬的重要参考，根据点击率和阅读数来选题，等等。从内部工作来讲，如何用大数据来提升南方农村报的各项工作，已显得比较急迫。我们媒体的数字化程度仍然很低，许多媒体的经验值得南方农村报借鉴。数据科学将是引领传媒业走出困境的强大推力。一些数字化程度较高的传统媒体，每天生产大量的新闻信息，但同时它掌握了用户如何使用这些信息的网上行为数据。媒体的数据分析团队不但要收集用户的使用数据，更重要的是对这些数据进行挖掘，并利用分析结果指导内容生产及经营决策。媒体最感兴趣的策略是如何与用户建立长期关系。为此，媒体的数据分析团队将用户的登录、浏览数据收集起来，然后做出数学模型，分析有什么样行为的用户可能续订或退订，并在退订之前留住他们。

其次，用大数据推进经营工作。作为服务商，各专业板块把产业链上各个环节上关键的人，组成一个圈子，人们把它叫作“生态系统”。从大企业、中小企业、经销商到规模农户、合作社，系统地建立数据库，通过整合营销提供服务。必须在几个主要的涉农细分行业收集其中的完整数据。收集数据单纯依靠技术或者技术与传统方法并用，各个专业部门将数据收集、分析、挖掘纳入工作流程。从受众资源、客户资源积累的层面，收集数据建立数据库将是一项长期的、艰巨的工作，这项工作不做实，转型只是空话。媒体把数据库建设作为核心竞争力之一是可行的，而且是必须的。

培养人才化解“本领危机”

与媒体同行交流，许多人都提到“本领恐慌”，这是危机意识的表现。南方农村报内部从管理层到中层，再到普通员工，是否具备转型的能力，是当前的主要矛盾。媒体转型首先是人的转型，“本领恐慌”之后再对自己的能力有一个客观的、实事求是的认识，通过采取行动进行改变。

做具有独特价值的三农综合服务商，许多人不知道怎么做服务，没有能力满足客户的需求，传统媒体人想转型，但思维习惯、专业能力都面临很大挑战。一些人只好做南郭先生滥竽充数，有人还停留在喊口号的自欺欺人阶段，跟着别人大声嚷嚷叫转型，拾人牙慧，讲不出任何道道，在一些空泛的词语中打转，从他所作所为来看，实在也没有什么改变，这是一种悲哀。

南方农村报要求采编人员、经营人员积累资源，不做“裸体记者”。消极被动对待这个工作的人，他们不知为何积累资源，不知积累资源的目的是什么，所以不知怎样去积累资源，也没有积累资源的积极性。目前，我们办报、办杂志、做网站，需要新闻线索。另外，还有大量线下活动，包括办博览会、论坛、研讨会等等。举办这些活动，一要盈利，要有赞助；二要发动观众。要办成这些事，需要许多资源，这都是积累资源的目的。因此更多的人要承担一些活动项目，才知道需要积累什么资源和怎样积累资源，采取以目标任务倒逼的办法。按传统媒体人的思维，稿件发出任务便算完成，至多给采访对象寄份报纸。现在报社内部总结出“新闻推广六板斧”的套路，要求编辑记者具备全媒体全介质传播的意识及行动。

南方农村报的用人要求比较特殊，既要懂农业又能做新闻，或者懂农业懂广告营销策划，培养周期往往需要三四年，人才梯队建设是重要一环。从采编技能要求来说，传统媒体采编人员的职责与职能必须进行转变，一是适应高度专业化，记者要成为专家，拥有专业化的分析工具和解释框架，能够提供专业的调研和分析；二是编辑要以内容为平台，积累和盘活资源，从选题策划、执行到推广、延伸开发，具备系统化思考和解决问题的能力，成为产品经理。

农产品电商越来越热，我们认识到农产品电商对南方农村报具有非凡的意义。它会否成为南农事业的“牛鼻子”？凭借这项业务构建盈利中心，可以打通农产业链，用农产品销售来拉动农资销售，用农产品销售来联结大户、大农场、合作社。搞好农产品销售是农民最大的需求，吸引力很大。目前已有许多大企业介入农产品电商，如果南方农村报不进入这个领域，将失去许多机会。可利用自身的优势，做出一些业务模式，然后寻找大机构合作，或者出卖某些业务来盈利。做农产品电商，引入互联网的平台思维，创新经营方式，这是一个很大的课题，现在是学习、研究和尝试的阶段。这项业务大有大做，小有小做。我们可以从小而精的项目小组开始进行，各自选若干个有特色的农副产品来经营，各项目小组从选产品、采购、文宣、物流等“一条龙”，做开以后逐步建立买手组、文案组、物流组等架构。

南方农村报的转型策略，没有摧枯拉朽大开大阖，工作方法上亦都属于基本要求，我们珍视过去几十年的市场竞争中学会的生存“小窍门”“小技巧”。过去十年，南方农村报人对专业的追求令我们自豪，我们对正向思维的倡导结出了硕果。我们现在的这些思考、这些要求，目的是从“正在被水没顶的汽车”里逃离！相信只要大家真正重视，各编委和业务板块负责人认真部署，常抓不懈，大家勤奋工作，用心工作，一件一件地落实，做完一件事情，就是一个小胜利，长久坚持做，就是“积小胜为大胜”，南方农村报的转型就可以成功。

（本文作者陈永系南方农村报主编）

实行“媒体 +”策略，向三农综合服务商转型

□毛志勇

▶毛志勇

2013 年 1 月，在纪念《南方农村报》创刊 50 周年的宣传册中，我们第一次正式提出南方农村报社的业务定位——独特价值三农综合服务商。下面，分别就三农综合服务商的内涵、组织形态、生态系建设和未来方向，谈谈个人的看法。

服务商的内涵

独特价值三农综合服务商，这几个字没有一个是多余的：

1. 三农是使命。《南方农村报》是为三农而生的，其前身《广东农民报》就是在陶铸的直接关怀下创办的，用于服务当时的农村工作。在传统媒体向新媒体转型，及媒体的多元化探索方兴未艾之时，确认这个 50 年历史媒体的天命是什么，重申几代南农人对于三农的坚守，这对我们在今后的行程中不偏航具有重要意义。

2. 独特价值是根本。《南方农村报》是中国最早实行市场化的报纸之一，20 世纪 80 年代复刊伊始，我们就通过邮局直接面向农户征订，以及面向市场开拓广告业务。可以说，市场化是我们的基因，已经深深融于血脉之中。时至今

日，我们更是把创造和传递独特的市场价值作为经营工作的根本。

3. 综合是策略。“综合”是将不同部分、不同事物的属性合并成为一个整体来对待。在互联网时代，仅仅为企业提供广告服务已经远远无法满足企业的需求。以企业的营销和市场活动为导向，《南方农村报》已经能为企业提供物料设计、品牌策划、广告刊登、舆情监测、市场调研、产品招商、渠道布局、品牌推广、会议展销、人才招聘等一站式服务，甚至能为企业量身定制提供个性化的服务。

4. 服务商是方向。对于传统纸媒来说，更多是作为一个生产商的面目出现，只负责生产内容，发行交给邮局，广告交给代理公司。后来，部分报纸搞自办发行，直接跟企业洽谈广告，这已经有了渠道商的性质。目前，市场化程度较高的报纸，几乎都在向服务商转型，提供上述各种服务以满足企业需求。“服务”后面加个“商”字，表明我们提供的是增值服务，不再是随广告赠送的低价值服务。

上述四者当中，又以独特价值最为关键。所谓独特价值，其实也可以视为南方农村报社相对于其他同类市场服务主体的比较优势，即差异点和优胜点。时至今日，如何提供独特价值的服务，已经成为媒体生存之根本及与其他媒体竞争的法宝。展开来说，独特价值应该包括专业性价值、平台性价值和系统性价值。专业性价值的要义在于用专业主义贯穿媒体生产、销售和服务的全过程，用专业知识穿透每个垂直细分领域中的每个环节。而平台性价值，则是以涉农产业链的某个环节为核心或主体，打造一个平台，将相关资源组织化，并让产业链上的各种资源在这个平台上进行对接、交换和重组，从而为每个环节都带来价值。系统性价值则主要从客户需求出发，在服务载体、手段和方式上做到多样化和系统化。

服务商的组织形态

服务商的组织形态是什么？从 2012 年起，南方农村报对每个业务单元实行阿米巴管理方式，打破采编和经营过度分割的界限，将他们整合成一个业务小组，在各司其职的基础上进行紧密协同和互相支持。在业务增长空间较大的情况下，这种管理方式可以调动各方面的主动性和积极性，整合各方面资源，获得快速增长。另外，好经验的溢出效应明显，哪个业务小组出现了创新，其他小组即可马上借鉴。但它的缺点也是显而易见的，各业务小组对报社公共服务的使用基本没有计价，即没有形成所谓的内部市场，这样可能会对公共资源的使用造成浪费或损失。另外，还有一个隐忧就是，如果在既有的业务遭遇挑战或者新拓展的业务打不开局面的情况下，即业务增量遇到瓶颈时，则人均效率和效益可能会掉头向下，如不进行及时有效的调整，则可能造成报社和小组的双输局面。

组织形态服务于企业的使命，要随着企业的发展而不断进化。在移动互联网时代，为了应对多任务工作模式的挑战，组织形态的变革也被寄予厚望，即要求专业、小团队、灵动、快速响应、互联互动、有效协同等。对南方农村报来说，组织形态的演化可能会面临几个转变：一是不断地裂变。超过一定的人员规模就有可能产生裂变，这既是站在管理效率的角度考虑，也可能是出于精耕细作的需要，要求人员与业务进行更精确的对应和匹配。二是不断地扁平化。以后的中层更多地体现为对于自己所属业务小组的管理与服务，以及发挥现场指挥和决策前移的功能，而不再是上传下达，等待上层的指示再行动。三是“技术派”人员会越来越多，而单纯的“文字工作者”比重将出现下降。这也是由服务商的性质决定的。四是虚拟组织将成常态。为了推进一些需要多个部门协同作战的重大项目，或是牵涉面较广的具有试验性质的小项目，组建跨部门的虚拟小组将成为必然。这样的组织同时也具有临时性，项目使命一旦达成，即可解散。

服务商的生态系建设

服务商的生态系建设如何布局？最近几年，我们在各个板块的生态系建设方面做了一些布局，按照资源组织化的思路，围绕产业价值链的每个价值节点进行有针对性的组织化工作。组织化建设的内容并不复杂，一是围绕每个价值节点是否构建了能与我们互嵌的组织；二是各个组织之间能否根据我们的需要进行互动；三是每个组织对内的凝聚力和对外的吸引力如何？生态系的建设，对于我们事业的发展发挥了明显的作用，以《农财宝典》的金牌经销（服务）商为例，不仅帮我们把杂志精准地投递到种养专业户和规模户手中，而且帮我们构建了在基层的有关服务执行体系，这个功能随着以后我们落地活动的增多表现将日益突出。

当然，生态系的建设也要与时俱进，随着产业链当中中间商的弱化，生态系建设的重点应该围绕终端种养大户和规模户进行。我们作为服务商，为各个品种的种养者构成的社群提供信息服务只是基础，其后跟上的是技术服务、购销服务和各种各样的增值服务，例如整合金融机构进行投融资服务等。相对来说，在企业端，我们所进行的组织化建设还不够好，这一方面是因为同类企业之间的竞争关系，另外就是南方农村报的气质更加偏向于接地气，玩转企业圈子的主动思路和作为存在不足，亟待补课。

生态系建设强调共生共荣，对于我们来说，就是要为生态系中的其他群落提供有价值的服务，在此基础上他们才会回馈我们。否则，只是圈了一堆地而已。

服务商的未来

服务商的未来是什么？我们有个一以贯之的观点，即南方农村报的未来一定在于与产业深度融合，而不是浮在表面对行业进行所谓的指导。在与产业融合方面，我们已经做了一些探索，比如各种展会、大平台公司和农易通公司等。与产业融合的阶段或者形态大概可划分为：一是搭建平台，促进行业的交流与交易；二是组建公司，将物化的科技成果进行推广；三是成立相关的投资基金，通过投资一些关键性的项目，引导产业进行升级；四是跨界发展，将一些发展经验嫁接到其他行业。目前，我们还处在第二阶段，转型可谓任重而道远。

可以看出，目前我们与产业融合，或曰转型采取的是“媒体 +”策略，如“媒体+会展”“媒体+公司”“媒体+基金”等，是以媒体品牌为纽带，媒体资源做支撑，媒体影响力能辐射，充分挖掘、整合和利用媒体既有优势而进行的转型。但“媒体+”策略存在一个问题，即转型后的业务类型基本是建立在人力扩张基础上的，人均效益方面难有突飞猛进的跃升。但这只是“转型三步走”策略中的第一步，第二步策略应该是“媒体×”，但究竟如何实现乘法甚至乘数效应，目前尚无答案，也许电商是个方向。第三步转型策略应该是颠覆式创新，就是完全脱离母体，从原有业务的边缘处或边界外孵化生长出一个新业务。转型的阶段和策略之间没有对应的关系，但一般来说，实现更高的阶段需要更高

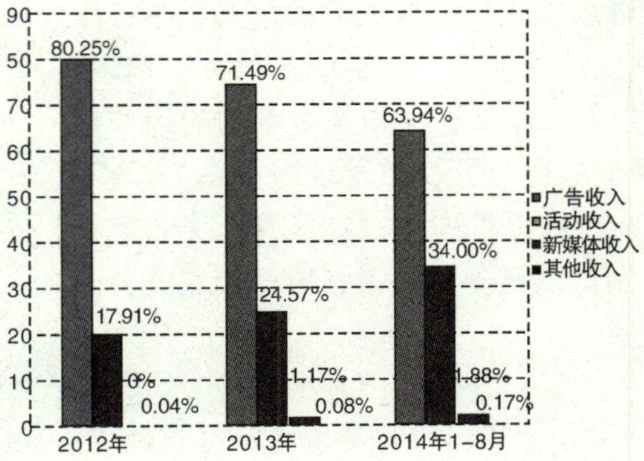

2012—2014 年每年各项收入占比

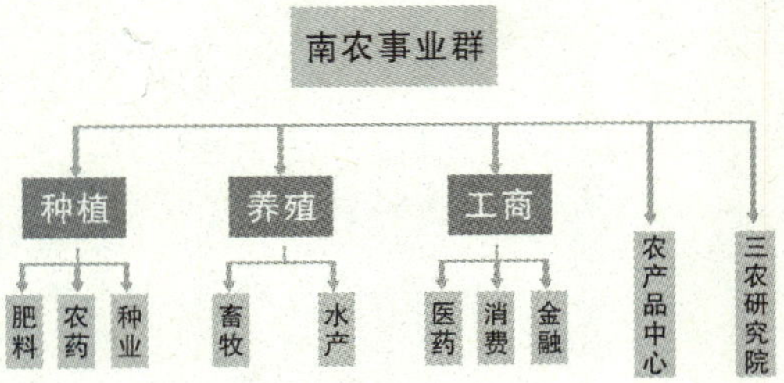

南农事业群图示

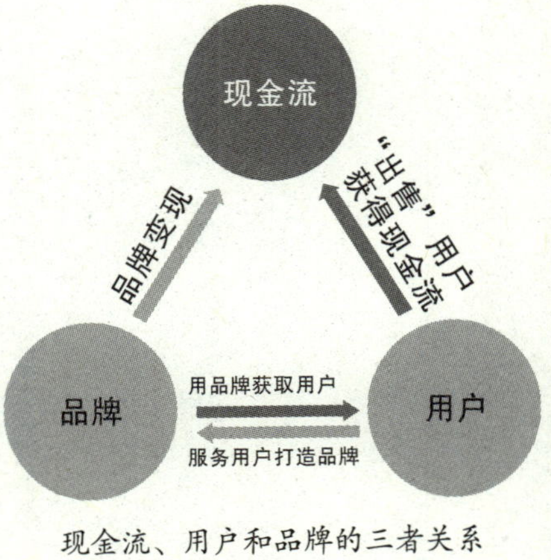

现金流、用户和品牌的三者关系

图片说明：从上述三个图可以看出，象征着服务的活动收入占总收入的比重在逐年攀升，这意味着向综合服务商的转型已初见成效。此外，新媒体收入比重也在上升，但还很弱小。

的策略。

要实现未来的阶段性图景，人才是第一要务。首先，我们必须培养员工具备适应这些服务项目所需要的新技能，缩减传统采编人员规模的同时增加相关技术性人才，特别是移动互联网和专业细分的农业技术人才，让组织变得更加精炼，运营效率加快。第二，新的平台或公司需要采用与传统媒体公司不同的运作机制，如受董事会而非编委会领导，对核心管理层进行股权激励，报社将“三权”（经营权、用人权和分配权）下放到公司；推行目标管理、独立核算、奖效挂钩的运营机制，竞争上岗、岗上竞争的用人机制，以及多劳多得、拉开档次的分配方式。

（本文作者毛志勇系南方农村报经营有限公司总经理）

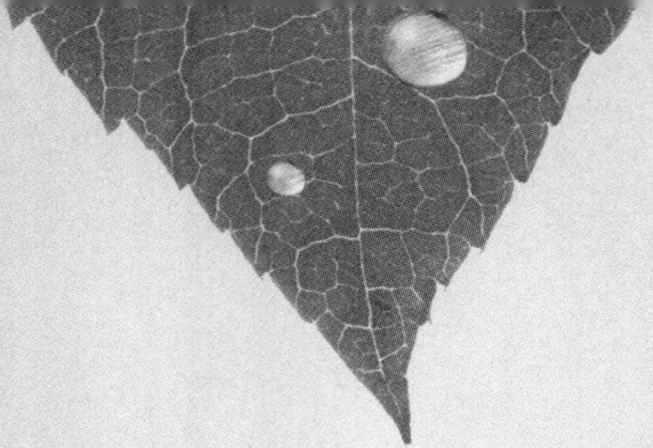

时政综合

时政综合

南方农村报的宗旨是“新农村推动力”，秉承“专门为农民说话，专业为农业服务”的办报理念，南农新闻人为弱势群体代言的责任感与使命感，令他们的锐气表现得更为突出，并因此赢得广大农村受众长久的尊敬与爱戴。独立思考、批判精神作为媒体基因，南方农村报传承自母体南方报业。该硬气的时候坚定不屈，该柔软的时候懂得爱的关切与关怀的表达。已经走过半个多世纪的南方农村报，无论从资源配备还是能力匹配上来讲，将不只作为三农的观察者、记录者，更有志于成为行动者，这意味着南方农村报可以承担得更多，作为也更大。

向左转？向右转？

——南农时政新闻的任务

□刘小骅

▶刘小骅

南农时政新闻在报业转型中的任务是什么？对时政新闻生产的方向性、指导性意见的探讨，是南方农村报生存和发展中面临的亟待解决的问题。

南农时政新闻该做什么？——目标与任务

时政新闻是国家政治生活中新近或正在发生的事实的报道。主要表现为政党、社会集团、社会势力在处理国家生活和国际关系方面的方针、政策和活动。它是由政治关系在社会生活中的重要性决定的。

时政新闻是南农社会影响力建设的基础，它以社会学的视角审视新闻事件，观照社会现实，讲述新闻事件与社会生活的相互关系，而不局限于事件本身因果关系的陈述。

南方农村报定位于“具有独特价值的三农综合服务商”。所谓独特价值，我的理解，就是相比于其他媒体，南方农村报全媒体发布的信息或者提供的服务，对于种养专业户（农场主）、农民专业合作社管理人员、涉农企业管理层、农资经销商、乡村医生、县市涉农部门领导和镇村干部等区域权力人士，具有独家提供或者特别全面、特别权威、特别适合、性价比特别高等特色，因而其在三农领域的实用价值、样板价值、参考价值、启迪价值，都是独一无二的。至于南农时政新闻，其独特价值，应该体现在以用户的关注度、实用性为指挥棒整合生产，并且以最有效、最便捷、最精确的方式，把最无可替代的新闻产品和服务送达用户。

因此，南方农村报时政报道的方针，或者说其时政新闻的着眼点和立足点、时政新闻的生产和传播，必须服务、服从于“具有独特价值的三农综合服务商”的建设，服务于南农的经营转型。

需要特别强调的是，“服务”和“服从”是就新闻操作理念而言——生产优质新闻产品，服务主流读者（用户），增强南农的媒体黏性，从而拓展南农服务三农的领域，提升服务三农的能力。对于媒体定位，“服务”和“服从”不是一种简单、直接的从属关系，更不是用时政报道为经营开路，而是一种逻辑联系——时政新闻直接服务、服从于南农社会影响力的打造，做好时政新闻是南农社会影响力建设的需要；而南农的社会影响力建设是“三农综合服务商”建设和经营转型的需要，后者有赖于前者。时政新闻并不直接影响和决定“三农综合服务商”建设和经营转型。

明确了目标和任务，那么，我们时政报道的抓手在哪里呢？是在区域，我们必须从区域突破。

实践告诉我们，时政报道只有更区域的，才是更有特色、更具传播价值、更加有效的。因此，我们的选择唯有以更高的高度、更宽的视野审视三农问题，以更加多样的媒介和手段，更加客观、公正、全面、贴近的高质量报道，增创传播力，扩大南农在区域的覆盖面，提高到达率，提升关注度，增加认同感，增强干预力，从而强力影响区域内三农主流人群和权力人士，切实提升南农在区域社会生活和三农领域的话语权。

为此，我们必须做实以下三点：

1. 时政报道要让“为农民说话、为农民服务”落地。 这就是关注并且尽量满足主流读者（用户）需求——主流读者（用户）有必要知道或者有兴趣知道的事情（含观点）。

2. 南农时政报道要服从于办报宗旨，服务于报业经营。 这个“服从”与“服务”并不矛盾，因为经营是办报的物质基础，没有经营，办报与办报宗旨便无从谈起。

3. 时政报道要着眼于打造区域社会影响力。 报业经济是影响力经济。媒体的社会影响力是报业经济的基础。我们的时政报道的立足点和着力点都在区域，深耕区域是我们的必然选项。我们的喊话对象主要是区域内三农及相关领域的权力人士，只有市县党政领导、涉农部门官员、农资企业中高层、镇村干部、农民专业合作社管理人员、种养大户、农资经销商、村医、乡村民间组织等等区域权力人士认同南农，南农才算真正扎根区域。我们要以最有价值的信息和观点影响他们，使他们认可南农是一种力量，认可南农在三农领域的话语权。通过影响区域内这些有影响力的权力人士进而影响更多的人，是媒体实施区域社会影响力的有效途径。

时政报道要以抓区域内关注度高、反响强烈，具有重大影响的事件和问题为主。“区域有大事，南农有报道”是起码要求。

南农时政报道的N个层次——社会影响力评价

南农时政新闻的目标和任务决定了它需要实现的影响力应该具备以下几个层次（或者说其影响力应该具备的几个表征）：

1. 普通读者（用户）得到感兴趣的信息或观点。 乐意接受，其中包括重大自然灾害、重大公共事件、重要会议及领导人重要活动透露的重要信息等公共性强的信息。譬如对中共十八届一中全会选出的政治局常委、中纪委“打虎拍蝇”、黑龙江延寿县看守所三名在押人员脱逃，还有重大自然灾害这类公共性较强的信息，都是关心天下大事，特别是党和国家政治生活的成年人感兴趣的。而报道区域的《榕江金关围堤3年塌7次》《村民过木桥 一“晃”十年头》却是当地公众普遍关注的事情。英德辅警敲诈失足女事件引发的网民热议（其中凤凰网评论超过70万），表明了公众对独特、离奇、反常事件的关注，也是意识契合的反映。

2. 普通读者（用户）得到需要的信息或舆论支持（观点）。 得到期望的支持或认同。不少与百姓就业谋生和一日三餐关联的民生新闻属于这类。譬如农村孩子就读中职免学费、高考招生制度改革（《南方农村报》9月6日《改革，高考会更公平吗?》、《南方农村报》9月11日《骨干教师下乡，扶持农村学校》）这类信息，应是广大农村学生家长期盼的信息。

参考：美国《华盛顿邮报》刊登的2010年海地大地震，获2011年度普利策新闻奖突发新闻摄影奖的作品——一名老妇女倚靠在树干上，等待人们帮她洗澡。当年的海地大地震举世震惊，灾民生活状况备受关注，这是全世界人感兴趣的信息。而非常成功的“新闻搬运工”“今日头条”也可供我们借鉴，它的口号“你关心的才是头条”便照顾了较为普遍的关注。

3. 报道涉及的相关方面做出反应（有触动）。 或者正面评价，或者表示不同意见，或者做出解释（说明）。譬如阳春市对于2014年7月12日《村庄紧挨钢铁厂 搬迁与否好彷徨》一文，该市有关方面当天来电称，由于村民想得到更多的征地补偿，而政府也为征地搬迁工作累得够呛，想歇一歇，导致村庄搬迁一拖再拖。近期，由于行路难、吃水难、噪音大、空气污染重，乌泥垌村一些村民开始心急，萌生搬迁念头。阳春市政府表示，要立即协同钢铁厂实施搬迁工程。报道为加快村庄搬迁问题的解决起积极的推动作用是显而易见的。南农 3、4 月份的广东农村饮水安全的系列报道得到水利厅乃至副省长邓海光、水利部主要领导批示，又是一例。

4. 区域权力人士反响。 就重大事件或具有普遍性的重大社会问题的报道表示认同、声援，发表评论。譬如广宁木格镇设卡乱收费，肇庆市、广东省两级纪委批示，广宁县执行，撤消了收费站。

5. 市、县党政表态。 这是就涉及当地重大事件或者重大社会问题的报道做出的回应——背景解释，处理意见、措施与结果等等。譬如 2014 年 8 月 16 日刊登的乐昌《副镇长酒后死亡　镇府公款赔偿 75 万》一文见报当天下午，韶关市纪委便向社会通报：经查，报道属实，涉事的沙坪镇委书记彭仁学已被移交司法机关处理。

6. 高层批示。 就重大事件或重大社会问题的报道，上级做出的批示或指示。譬如 2014 年 7 月 8 日《领导们打招呼　休渔期难禁渔》报道了湛江多个渔港休渔期违规捕鱼屡禁不止一事，省长朱小丹、副省长邓海光和省海洋与渔业局主要领导获悉后做出明确批示：加大执法力度，认真查找堵塞管理漏洞，确保令行禁止。又譬如去年吴川学生自带桌椅上课的报道，也引起湛江市委书记和省委书记、省长的重视并且批示整改。雷州吃空饷问题的报道同样“惊动”了省委书记胡春华、湛江市委书记刘小华，而且他们都批示查处。

我们常说，做新闻一定要适应读者（用户）兴趣和需求，照顾他们的关切，用他们感兴趣的、有益的内容吸引人，聚集人气，进而影响他们的行为。

“成功报道”的最低标准，是新闻让读者（用户）在乎。

参考：2011 年普利策新闻奖特写新闻摄影奖作品、《洛杉矶时报》的《帮会冲突中的受害者》便回应了公众对洛市帮会冲突后果的关切。

南农时政新闻该怎样做？——方法论问题

1. 时政报道要着眼于有效性。 报道的有效性在一定程度上取决于媒体和报道的定位。由于我们的报道相当部分是舆论监督，这些报道大多是匕首、投枪，而不是重磅炸弹，更不是原子弹、氢弹。所以，我们打击的目标务必精准。实践表明，持续不断地精确打击，积小胜为大胜，是彰显南农风骨、树立媒体形象、增强南农时政新闻存在的合法性的有效手段。

在清楚了南农时政报道应该向谁喊话、必须影响谁的基础上，务必使生产的每一件新闻产品都有效，使受众（用户）受益、受影响的同时，感受到南农这一公共媒体的气质。

能否影响人、影响什么人、影响程度如何，是衡量南农时政报道有效性的一把标尺。一段时期以来，我们总为“做正面报道好还是做负面报道好”的纠缠，如果以有效性来衡量，正面或者负面的报道都可以，否则都不可以。

2. 时政报道要体现高质量。 新闻质量决定媒体的社会影响力。高质量的新闻才能产生强大的社会影响力。新闻产品没质量，媒体就不可能影响人。所谓高质量的时政报道，应该是具有一定的深度、宽度，具有独特思想价值或经济价值(实用价值)，有较强针对性、贴近性、适用性的信息或观点。真实、准确，能够启迪思维、开阔视野、增长见识、愉悦身心、维护公平正义、有助就业谋生的信息和观点，都是有意义、有价值的。而独特丰富的思想内涵和全面准确的表述是高质量报道的必要条件，是媒体制胜的法宝。只有把每一件（篇）报道打造成吸引人、感动人、震撼人进而影响人们思想和行为的精神产品，媒体才有整体的高质量，才能让人刮目相看，才能受人尊重。我们要做的高质量时政报道不是偶尔的一件两件，而是所有刊登播发在我们报纸、杂志、网站、微信和客户端的报道都必须是优质的。

3. 时政报道要做减法。 当今信息大爆炸时代，相对于海量的信息，每个人乃至每个群体需求的，毕竟占其中微不足道的极小部分。不同人群的不同兴趣和关注点、报纸版面和官网容量的有限性，都要求我们的时政报道必须相对地窄众化。只有以度身订做的新闻产品适应和满足主流读者（用户），报道才有效果，媒体才有黏性。报道的相对窄众化，是照顾主流读者（用户）的普遍关切。

正由于人们需要的信息往往只是信息海洋中的一个水分子，而且获取它是需要时间和经济成本的，因此，如果我们能够做读者（用户）的信息管家，在浩瀚的信息海洋中筛选他们需要（包括希望得到和乐于接受）的独特部分，及时向他们推送，就是为他们节省时间和金钱。“今日头条”便是新闻做减法的高手。

以独特性而不是数量取胜，是南农新闻（包括时政新闻）的方向。因此，只有大胆摒弃大而无当和零敲碎打的做法，使每一件报道都具有尽可能大的信息量、尽可能贴近的角度，适合读者（用户），我们才能少做或不做无用功。

4. 再造新闻生产流程，适应移动互联网时代。 近来，媒体融合和移动互联网成了热词。技术的发展，使人们时刻把互联网抓在手中，放入口袋，理论上随时可以获取需要的资讯，随时可以跟地球上的任何一个人进行交流。信息传播和接收的无障碍也为我们南农时政报道拓展了更加广阔的空间，使我们的报道可以到达从前报纸不能到达的人群——技术的进步让我们与主流媒体站在同一起跑线上。

因此，我们要抓住这一机遇，利用互联网的无限延展性，链接搭载相关报道和评论，使每一件（篇）原创报道都成为一个具有一定深度、一定话题性和传播价值，因而能引起一定范围人群关注的专题报道——这是传统报纸较难做到的。如果我们以适应新的传播介质（渠道）来组织新闻产品的生产，南农时政报道的渗透力和渗透面必将更大，对南农全媒体社会影响力的建设必将起到更大的作用。

而要实现媒体融合，适应移动互联网发展的需要，新闻生产流程再造势在必行。至于新的流程怎样再造，人员怎样分配，那既是意识问题，也是技术问题。

5. 组织社会资源。 报业转型，社会资源的支持显得愈来愈重要。在南农，没有资源的“裸体记者”是吃不开的。我们时政新闻记者实行区域负责制，目的就在于既方便开展报道，又利于组织社会资源。南农报道以面向区域权力人士为重点，也千方百计地联络他们、接触他们，和他们交朋友。通过这些人，可以获取更多区域各方面的重要信息，拓展报道领域、丰富报道题材，还可有效地提升南农的美誉度和公信力。

总之，南农时政新闻的目标，是要通过报道对区域社会生活有影响的事件或者问题，影响有影响力的人，并且通过这些人影响更多的人；同时，通过报道，广交朋友，积累和组织区域社会资源，从而把更多的主流读者（用户）与南农的弱关系发展为强关系，把区域开发成为信息渠道健全畅通、新闻报道独特多样、南农影响力全面覆盖的地方，为媒体的持续发展提供强大的社会资源支撑。通过深耕区域，使南农的时政报道更加贴近主流读者（用户），并为社会主流人群所认识、认同，使南农成为社会生活的观察者、权力运行的监督者、正确舆论的引导者，成为广东基层干部群众尊敬的媒体。

（本文作者刘小骅系南方农村报副主编）

新形势下三农时政新闻之变革路径

□王宏旺

▶王宏旺

前　言

在当下，整体而言，传统报刊面临着百年未有之大变局。变局的缘起，表面上是客观环境的沧海桑田，更本质的是报刊本身的去启蒙化。

依康德之论，启蒙是摆脱加之于自身的不成熟状态。鲁迅集中展示了国民心智的不成熟，它寄希望于尼采式的“超人”来改变阿 Q，由此可见，在 20 世纪初叶，国民愚昧无知是知识界的共识。因此，民国时期，报刊更多被赋予启蒙高义。梁启超报刊是“政府之监督者，国民之向导者”，作用是“去塞求通，有益于国事”。虽然面临着书报检查，并动辄人报齐亡，但报刊的市场极大，在民众中的威望极高，发挥着重要的启蒙作用。

改革开放之后，体制内的开明思想与社会共振，形成新启蒙思潮，共同挑战极左思维。以《光明日报》的《实践是检验真理的唯一标准》为代表，报刊能够适应人心所向，并在政府高层引发巨大回响。此后，以《南方周末》为代表的市场化报纸一纸风行，也是因为其高举人性大纛。

如今，在公交车上，或者饭局上，人们低头看的是手机，而不是报纸。传统媒体的内容，越来越被移动终端所把控，并逐渐失去议价能力。一方面，是传统媒体自我审查的加强，三复白圭终至丧失本心；另一方面，是新媒体自我更新的加快（以相关门户自采新闻、微信等为代表），你退我进之下，传统媒体的困境便无法排遣。

在这个整体的背景下，南方农村报时政新闻的困境，与其他媒体相比，并不显得特殊。因此，南农时政新闻的突围之路，必然是在借鉴分析其他媒体的经验中，结合自身特点探索而成。

筚路蓝缕开拓创新

近一两年来，南方农村报时政新闻的一些尝试取得了较好的效果，应该在以后的实践中加以坚持。主要包括以下这些方面：

一、非采访类写作的深化和拓展。非采访类，或者半采访类的写作，主要是指一些通过综合、整理并加工，以独创性的姿态出现的新闻。主要包括话题类的写作，以及法院案件类的新闻整合，这些新闻如果处理得当，可以取得相当的影响，又能有效解决成本，解决稿件来源不足问题。其贵在要有独创性的观念和理念贯穿全文，从而区别于一般的整合类报道。这类报道，尤其为网络媒体所擅长，他们受制于采访的不足，往往通过综合媒体的报道，形成独

南方农村报

稀土暴利堪比白粉 被捣黑矿当日复工

龙川非法掩土矿屡禁不绝，看场村民警告记者少管闲事

特的文本，从而获得影响。

二、区域热门话题的小采访。一些区域热点，尤其是当地论坛的热点，通过小豆腐块展现出来，往往获得较大的影响力。这些热门话题，有的并不需要到实地采访，而能产生较大的性价比。

三、区域政务报道。这一块有较大的空间，同时，政务报道有助于我们扩展在政府层面的影响。

四、1+1 报道模式。重大题材，通过头版报道加深度解读的方式来呈现，有助于扩大读者对该问题的深入了解。

五、问政类报道。目的是沟通官民，侧重建设性和交流，在当下具有一定的意义。

在题材开拓上，时政新闻部的操作思路更加清晰化，那就是“批评报道重大化”——一般的纠纷将杜绝上版，“正面报道典型化”——不典型的细枝末节的创新杜绝上版，“转型报道新颖化”——力求做新鲜的人与新鲜的事。并积极鼓励开拓以下类型的报道：

一、农村中的奇人或者比较有故事的人。在过去数年当中，网络小说大行其道，除了官场小说、武侠奇幻小说之外，有一类小说大肆流行，就是关于盗墓的，从《鬼吹灯》到《盗墓笔记》，众多此类小说，吸引了很多读者的眼球。除此之外，一些之前很少进入人们视野的，人们感觉十分新鲜和惊奇的小说，也吸引了众多读者，比如《我在民间歌舞团的岁月》和《东北黑道二十年》。将一些独特的人和事进行挖掘，不但是小说操作的手法，也可以成为新闻操作的手法。农村是大量奇人异事生存的土壤，

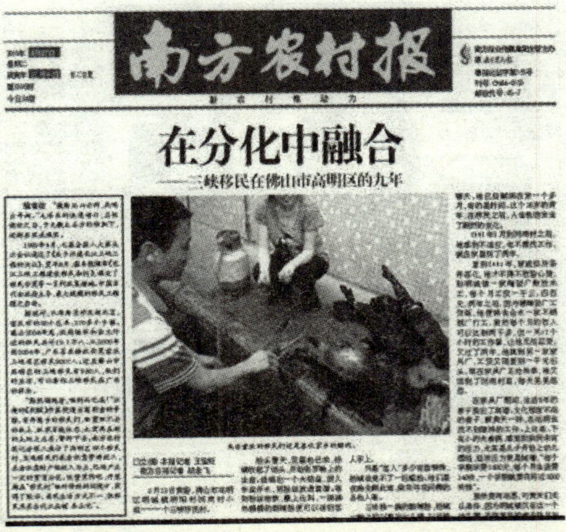
南方农村报

新农村推动力

在分化中融合

——三峡移民在佛山市高明区的九年

不失为一个新闻富矿。比如，农村猎人即其中之一，接下来，可以关注古玩贩子、民间艺人、捕蛇者、巫婆等。笔者在与一位本报忠实读者交流过程中，听他讲了一个独特的问卦巫婆的经历，说巫婆真的将之前死难的亲人灵魂召唤出来与其进行对话。这样的经历不但是农村读者，就是一般的城市读者也非常感兴趣。当然，如果我们操作此类题材，就要避免庸俗化、迷信化。二、紧贴热点案件，挖掘背后的故事。三、跟进中央媒体的报道，联系广东的实际，也是值得深入拓展的一个领域。此类的案例甚多，例如，民工提前返乡就是中央媒体率先报道，本报后来再做贴近性的跟踪。四、落实中央和省政策的报道、言论和社论，我们在基层找例子。有中央和省委两顶帽子在，报道不会出方向性的问题，也更能把握基层动态。例如，中央三令五申，不得挪用农民补贴，若发生此类事件，也是监督的重点；例如，2014 年是公车改革年，中央到省都强调要节制公车消费，可以重点监督落实情况；再如，今年以来，“八项规定”如达摩克利斯之剑，我们如果在这方面下功夫，抓到典型，是可以有影响力的。五、区域内公共性、话题性较强的事件。当下一些新闻事件的出现，大多都有一个共性：在网络上先炒热了，传统媒体再跟进。一些在本区域内闹得沸沸扬扬，引起本区域民众热议的话题。所谓公共性，是与私人化对立的，它不是小我的私密事件，不是你我之间的恩怨情仇，而是涉及较广群体，影响一类人群，或者涉及公权力滥用；话题

南方农村报

新农村推动力

和平县事业单位疑突击进人

该县县长在《广东省事业单位公开招聘人员办法》实施前特批招30人，称“得罪不起”求情的人

财政核补单位受冷遇

性，是事件因为复杂而引起争论或者因为秘而不宣引起群众热议，勾起群众好奇心。六、贴近农村生活的有意思的事。这有两点很重要：第一，是贴近农村生活，很多东西，可能我们城市居民觉得有意思，比如年终奖发多少，但农民未必关心，因为这与他们无关，贴近农村生活的事件，就是指与农民的生产或者生活息息相关的此类事件；第二，是有意思，并非所有的贴近性的事件都有意思，所谓有意思，是指从一个普通的读者角度来看，感觉到不枯燥，所谓有意思，是指事件跟以往不同，但是又不涉及国家、民主这类太宏大的主题，不涉及你死我活的争斗，看过之后，能够让读者哂然一笑或者有所警惕就可，它是轻松的和自在的。例如，本报之前报道的猪贩子用磁铁压箩筐骗秤事件，显然，农民大抵养一些猪，养了总是要出售的，而出售过程中发生这样的事情，他们肯定会比较关心，也会警惕；例如，之前报道的偷狗事件，在农村地区也会时常碰到，应该如何预防，小偷都怎么作案，他们会非常关心；例如，之前报道的农村偷牌匾事件，这种也只会发生在农村地区，农民也会比较好奇：居然还有人偷这种东西；又如，江苏江阴长江村给村民发黄金，这种事情也非常离奇。七、趋势性、问题式报道。趋势，是指一种社会的动向，或者民众当下的流行心理，比如《南方周末》做的“年轻人，到体制内去”，区域也有很多这样的趋势、潮流，它的事件性不强，冲突性不强，但关注的人很多。问题，是指当下人的活动与社会体制机制冲突而产生的社会问题，比如之前我们所做的“撤点并校”问题、“山区教师津贴发放”问题等。趋势性和问题式报道，具有普遍的社会意义，能在更大的程度上体现本报的深度和观察力，也有助于摆脱日常琐碎化的新闻操作，因而值得鼓励。

有三个补充的建议必须提到，首先，除以上七个方面之外，重大的批评报道仍然不能缺少。从读者爆料来看，大多数还是维权的爆料，农民的这种需求，一时半载无法逆转，如果我们完全忽略这个需求，那恐怕读者不会买账。其次，需要重建爆料奖励制度，对报料进行奖励，是必要的。再次，除了题材创新之外，更重要的是采编流程的再造。要更新思维，创造一支快速反应的部队，能够迅速地实现策划—采写—传播这个流程，在最短的时间内创造出轰动效果。

南农风骨的确立

以上讲述的是一些技术性的手段。应该说，“不负如来不负卿”是当下各个媒体的追求。“如来”，就是红线、底线、高压线；“卿”，就是读者。不要去触碰良知的底线，不要去触碰禁令的高压线，不要去探究法律的红线。三线之外，大有空间。同时，我们搞“三线工程”之外，还不要辜负了“卿”，即我们的读者，不要被读者所抛弃。这就要求我们做新闻，要将就趣味性、时效性、贴近性。如果有这个总思路在，就不要求拘泥于具体的某事某物，方向是不会走错的。

而从本质上说，一个报纸区别于其他报纸，一个人区别于其他人的标志，不是技术，而是气质。对南方农村报来说，确立“南农风骨”很有必要，我以为，我们的“为农民说话，为农民服务”，就体现了这一风骨：为弱势群体伸张正义和传递信息。

我们以农民为本，我们是为农民说话，而不是为权贵说话，要守护社会的公平，这是我们的宗旨，也是我们区别于其他媒体的最鲜明的特色，并为我们获得道义上的支持。古往今来，道德的力量会让人景仰，即康德所说“我们头上的灿烂星空，我们心中的道德法则”。一份报纸的风骨，也许是它的身份证。在过往，我们在这方面做了大量的工作，也赢得了广大农民的尊重，给予了他们希望，我们应该坚持“为农民说话”这一立场。唯有扎根在农民当中，不丧失与他们的血肉联系，才是我们安身立命的根本。

世界上，太多为强者说话的刊物，少我们一个不算什么；但太少为农民说话的报纸，多我们一个，就显得弥足珍贵了。

（本文作者王宏旺系南方农村报综合新闻部主任）

三农与我们的读者

□李秀林

▶李秀林

农民的变化

从起源来看，农民是社会分工后的一个职业。新中国建立后，农民又被赋予了一个特殊的身份。但从现在起，国家已明确要求，对新登记的公民，不再区分农业和非农业性质，这就意味着，作为一种身份，农民将从历史舞台上逐渐退出。

但是，这种身份特征的消除，不能改变农民职业的特性。农民这个角色将长期存在于历史舞台上。

对《南方农村报》来说，身份农民的消失，将使我们不得不面对重新梳理读者群，以及关注对象的问题。我们是该继续关注那些农村居民，还是该关注从事农业的人？区分这二者并不是吹毛求疵，因为这二者有太大区别。

居住在农村的人，可能是达官显贵，也可能是乡村穷人；从事农业的，可以是普通市民，也可以是富人、企业、社会组织等。我们将他们视为关注对象和读者群时，我们就选择了立场。而立场的选定，也意味着我们不得不放弃对一些人的关注，甚至要得罪他们。

比如，住在农村的达官显贵，可能因为不确定因素而拒绝转基因食品。但对食品生产企业、农民来说，科技进步给他们带来的利益又难以抗拒。在这种矛盾的情况下，我们不得不进行决断，甚至进行选择。

从关注对象来看，我们只能选择从事涉农生产的人，而不是居住在农村的人。对涉农生产者来说，他们关注的对象类似，诉求一致，也是我们能够服务的对象。而那些居住在农村的人，有的穷，有的富；有的搞农业，有的从事非农行业，他们的利益、诉求不一，关注对象不一，很难由一家媒体集中服务。

农村的变化

从不同的角度，有对农村不同的理解。从历史来看，农村是相对城镇而言的。当一定区域的人聚集到一定程度，就形成了城镇；而那些人口较为分散的地区，则被称为农村。

在很多国家，农村都是被视为未达到一定人口密度的人类居住区。当然，中国的许多农村，人口密度很小，但是，也有一些农村，人口密度超过城镇。比如，粤东的一个自然村，人口超过2万；江苏的华西村，其实早已城镇化了。另外，按照人口密度来算，很多城镇人口居住的地方，也可以划为农村，比如一些别墅区。

在现在的语境中，农村泛指农民居住的地方。而这里讲的农民，应该是相对城镇人口而言的身份农民。当然，随着国家对户籍登记制度的改革，以后公民登记不再区分农业和非农，那么，说农村是农民聚居区就显得不适当。

是否可以将农村定义为职业农民的居住区？当然，这并不准确。有很多从事农业生产的人，不一定居住在农村；在农村居住的人，不一定从事农业生产。

既然以上两种方式界定农村都不准确，那么，有没有更为准确的界定标准？笔者认为，更为可靠的一种理解，应该是政府权力少有涉及的地方，或者更直白地说，非政府所在地都可以理解为农村。众所周知，现在的城镇都是随政府而定的。比如，镇政府所在地往往被视为圩镇，县政府所在地被视为县城，以此类推。

既然农村可以这样界定，那么，是否居住在农村的人，就该是我们的服务对象？当然，这不尽然。比如，大城市的一些农村，往往早已工业化，无农业生产，那里的居民也难以成为我们的读者群。另外，一些在农村的别墅区，那里的居民也不可能是我们的服务对象。

当然，农村地区的公共服务提供与城市不同，这可以是我们关注农村的理由。当然，这在短期内是可能的。但从长期来看，随着国家财政、预算等制度的改革，这一差别可能会消失。现在，国家在教育、医疗、社保等方面，已经开始城乡统筹。更为关键的是，一个区域内农村与城市的差别，很可能比地区间的差异更小。

农业的变化

农业是人类文明发展到一定阶段的产物。原始社会，人们靠渔猎、采集动植物而生。只有当人们学会了将野生动植物驯化，进行种植、养殖后，农业才真正产生。当然，农业的产生，也是人类进步的一个重要标志。因为，从古至今，所有的动物都会从大自然摄取食物生存，它们摄取的手段就是采集、渔猎。

从古至今，农业生产发生了巨大的变化。每一次变化，都是伴随着技术和制度的改变而来的。比如，农业家庭联产承包责任制的实行、农业机械的运用、化肥的大量使用、新型种子的发明等。

但总体来说，农业生产的本质未变，主要是为人类提供必需的食物来源。因此，只要人类还要生存、发展，农业生产就必不可少，就不可能从人类活动中消失。因此，作为本报长远发展的依据，关注农业该是本报的首要任务。

随着科技的发展，农业生产可能发生巨大的改变，传统的农业生产方式，将逐渐弱化，这就要求我们要密切关注农业生产的每一个苗头性改变，如此，我们方能应付自如。

从长远来说，我们应该是涉农产业服务商，就像《南方日报》服务党政机关干部、《21世纪经济报道》服务金融从业者一样。

南农时政新闻定位

从本质上来看，南农是在华南涉农领域里，拥有“垄断”地位的行业报纸。这是我们的优势，也是核心竞争力所在。

看看媒体的发展过程，就可以知道，拥有一定垄断地位的媒体，才能有长远发展，比如，党报系、证券报系、财新（财经）系等。

当然，说我们的报纸在涉农领域拥有垄断地位，也并不是说，我们就是一个行业报。我们还要关注时政，关注农民的所需、所想、所求。这就是南农时政新闻存在的理由。当然，这里所说的时政，并非小时政，而是与农民生产、生活密切相关的各种信息。我理解，可以从以下三个方面进行定位：

资讯提供。农民要生产、生活，就需要很多资讯。对他们来说，这种信息要有用、准确，也是我们所能提供的。从广义来说，这些资讯都可以纳入时政新闻。但是，为了区别于行业新闻，还要进行一些界定。在此，我对时政新闻的界定为，与公共权力运作有关的事实。这包括国家的大政方针、外交、惠农政策等等。

所谓时政新闻的资讯提供，就是要及时、准确地向读者提供这些资讯，让大家尽早、准确掌握。

这些资讯包括国家、地方人事变动，国家、地方政策法规的变动、实施，国际关系交往，国家军事力量建设，基层组织的运作、建设，集体经济的运行等。这些资讯有的涉及所有公民，有的只涉及农民。

当然，还有许多时政新闻并非和农民有密切关系，比如，重大的国际事件、重要的科技进步等，这些新闻也要提供，但原则是与农民有潜在关系，或者有价值宣传的功能等。

提供这些资讯时，我们要让农民读懂，而且还要让农民预知这些资讯的意味。这就需要对时政新闻进行解读、分析，也是我们的优势所在。

利益代言。政治生活就是不同利益群体的博弈过程。作为为农民服务的媒体、农民群体的利益代言人，我们要想农民之所想、急农民之所急、言农民所想言、争农民所想之利益。这就是本报的宗旨，“为农民说话，为农民办事”。当然，从媒体的发展来看，媒体本身也是为群体代言的平台，至今，这一属性仍未消失。

为农民代言，包括为农民群体代言，也包括为农民个体代言。在当今社会，作为一个整体，农民的收入低、文化水平低、权利意识不浓。他们较为分散，难以组成有力量的团体，缺乏有效的途径，来争取、维护自己的利益。作为为农民说话的媒体，我们要引导农民依法维护自己的权利，合理合法争取自己的权利，要正确地维护农民的利益。

为农民代言，并不是说为了小团体利益，而不顾大团体利益，是要将农民团体的利益和整个社会、国家的利益联系起来，不武断切割，也不简单等同。

当然，为农民代言，也要为农民个体代言。当个别农民、部分农民的利益受到损害，或者他们的合法权利遭到侵害时，我们要为其出头，为其伸张正义。损坏农民利益或者侵害他们权利的，可能是其他农民、基层组织、社会成员乃至政府等，对于不同的情况，我们要慎重对待，防止为部分人背书。

从我们的报道来看，我们为农民个体或者小部分农民代言的情况比较多，而为农民集体或者农民阶层代言的情况较少，这也是我们突破的方向。

价值宣传。作为一个负责任的媒体，我们的历史定位应该是在价值宣传方面。我们要弘扬社会主义核心价值观，为国家、社会乃至人类的发展，提供驱动力。

作为社会公器，我们的一言一行都会影响很多人，而且会持续很长时间。我们要着眼于长远，着眼于社会大局，将我们的历史使命内化于我们的现实行动，要权衡利弊，正确取舍。在大是大非面前，要站得住脚，经得起考验；在舆论引导方面，要有正确的导向，弘扬正能量；在价值宣传方面，要摈弃低俗，宣传德行，要经得起历史的检验。

价值宣传并不是高大上，而是实实在在的行动。如果媒体都认为这些东西太过玄奥，那么，怎么可以期待他人能够自觉遵守这些行为准则呢？媒体要起引领作用，用行动、报道引导人们追求更好的生活。核心价值观，并不是玄乎的理念，而应成为每个人的行动逻辑，这是实实在在的甚至琐碎的存在，不是离我们遥远的口号。

我们要旗帜鲜明地宣扬核心价值观，也要旗帜鲜明地与攻击、损害、侵蚀核心价值观的观念、行动做斗争；我们要旗帜鲜明地倡导社会道德，也要旗帜鲜明地与阴暗的社会思潮、行为做斗争。只有在历史定位中找对位置，我们才不至于迷失方向。

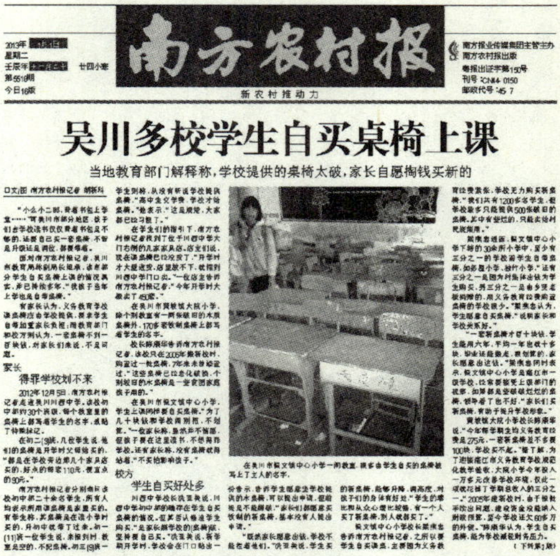
南方农村报

新农村推动力

吴川多校学生自买桌椅上课

当地教育部门解释称，学校提供的桌椅太破，家长自愿掏钱买新的

评论/读者之声

社论

制衡公权比官民互信更重要

淋漓鲜血难撼权力惯性

水浒反腐"十八招"

时政新闻突破方向

作为“为农民说话，为农民办事，为农民服务”的媒体，我们要践行这一宗旨，就要做好时政新闻报道；要做好时政新闻报道，就要找好着力点。我认为，我们可以从以下几点进行突破：

向下与向上统一。长期以来，我们做得比较好的是走基层，当然，这也是我们要坚持的方向。但是，我们还要抬头看天，要多和高层走动。只有和他们走动多了，我们才能了解他们，才能更好地了解农业。

我们要多和政府官员、科研院所、涉农企业打交道，多关注涉农政策的出台、实施，多关注科研院所的成果及其应用，多关注涉农企业的经营之道、发力方向，因为他们往往是农产业发展方向的引导者。

当然，关注他们，并不是要他们自说自话，要把他们与农民、农业联系起来——这也是他们的目的所在，要打通我们与农民、农业的沟通渠道，缩短他们之间的距离。

产业与时政统一。作为涉农媒体，我们的行业报道和时政报道往往区隔太开，而未有机统一。如何将这二者进行融合，探索出一套行之有效的报道方案，也是我们的着力点所在。

当然，我们在这方面也有了一些尝试。比如，2008年南方冰雪灾害时《人命如桔》（“桔”同“橘”，全书同）的报道。这篇报道，将产业困境和个人命运，将个人命运与群体命运结合了起来，揭示了产业困境给个人的影响。客观地讲，这篇报道更该归纳于时政报道，而非行业新闻。

从经济学上讲，经济基础决定上层建筑。套用这句话，可以说经济状况决定个人意识。这应该是时政与产业新闻联结的原因所在。可以说，每个人的工作情况、收入情况，都会影响到他的生活情况、行为方式；每个人的生活情况、行动逻辑，又会影响到他们的工作情况。

南方农村报
新农村推动力
冰冻雪灾、沙糖桔滞销，佛冈果农李老汉大年廿八在果园喝农药自尽
人命如桔
邀您对话人大代表
敬告读者

技术与人文融合。严格来讲，技术与人文的融合，很大一部分是产业与时政的融合，但是，也不尽然。我们所讲的技术，包括涉农技术和非涉农技术。关注技术，是我们保持行业领导者所必须做的功课；讲技术与人文的融合，是我们成为社会的前瞻者所必须做的功课。

有很多技术，往往发端于一些行业，但其社会影响往往扩散至行业之外，甚至整个社会。当技术上升至一定层面，它不再是一个技术问题，而是一个社会问题。我们对这些进行报道时，不能单从技术、产业角度着手，而要从人文关怀的角度，以社会的视角进行阐释。

人们生产、生活方式的改变，都与技术的进步有密切关系，正所谓技术影响生活。几年前，当人们在网上热衷购买工业品时，他们可能没想到，如今，在网上购买农产品已经是触手可得。当初，科学家研究转基因技术时，可能是出于对生物缺陷进行改造的目的，估计他们也不会料到，转基因技术会在今天引来这么多非议。2014 年 6 月，当人造蛋在香港上市时，估计很多人都难以接受，但是，谁知道若干年后，它会否取代真正的鸡蛋，甚至对畜牧行业带来巨大的影响呢?

正所谓人们创新了技术，技术又改造了人们的生活，甚至重新塑造了人类本身。

个体与集体统一。讲个体与集体的统一，主要是针对价值宣传而言的。我们要为农民个体、农民群体代言，但是，我们不能不加分辨地为其代言，我们要看其行为是否符合道义。

当然，个体与集体的统一，需要多转换视角，从不同的角度思考、分析，或许，我们能得到不一样的答案。

(本文作者李秀林系南方农村报编辑)

2014 小记：浅谈南农时政新闻的改良

□黄　婵

▶黄　婵

纸媒现如今的处境、危机、机遇等，各处均有详尽高明的论述，再论只能拾人牙慧。《南方农村报》是一份很独特的报纸，面向农村发行，九成读者自费订阅，在一个阅读方式急剧变化的时代，本文尝试从服务读者需求的角度，探讨时政新闻在新形势下的改良问题。

读者

首先，《南方农村报》拥有一批老读者，他们是追随南农一二十年的“铁粉”，不仅订阅时间长，而且年龄大，是乡村里素质较高、颇有声望、乐于分享信息的人。他们不善于使用新式阅读工具，报纸和电视仍是他们获取信息的主要渠道。这部分读者或许希望报纸仍旧承担运输大量信息的功用。

其次，近年《南方农村报》在农资行业影响巨大，农资经销商、零售商几乎都是《南方农村报》的订户，即使是小山村里的小零售商，店铺里也必有一份《南方农村报》。而经销商群体年龄相对年轻，因为生意需要对信息更为敏感，又善于使用各种新式玩意儿，那么，这个群体对于报纸这一收费阅读习惯的依赖，或许是有别于其他媒体所面对的目标受众。

第三，近年乡村邮路稍有阻滞，即使在城市，如果只有零星几个订户，报纸也无法准时到达，《南方农村报》又是一周三报，在这种情况下，农村报注定无法追求“新”闻。

第四，随着城镇化、农村空心化的发展，谁将阅读农村报，他们的阅读喜好如何，需要碎片化的信息还是耐读的隽永之作？个人感觉，都市媒体因采编工作人员与读者生活在同一个城市，处于相同的文化氛围，琢磨读者心态相对容易。但南方农村报的采编工作人员生活在广州，读者主要在欠发达地区，两者所处的文化氛围迥异，在这种情况下，编辑部对于读者心态的琢磨需要更接地气。要解决这一问题，采编工作人员入户调研或许相对靠谱。所谓入户调研，并非普通的打钩式的问卷调查，而是有针对性地寻找读者群体代表进行深入访谈。说到底，就是寻找报道什么才能服务读者需求这一问题的答案。

题材

从服务读者的角度来看，个人认为，农村报时政新闻应着重于以下几类报道题材。

第一，涉农政策报道和民生政策报道。作为涉农媒体，精通涉农政策，掌握三农发展趋势，是天然的使命，是存在的价值，亦是媒体权威性的体现。但长期以来，这部分做得不够好，主要体现在：未能与广东省内厅局政府部门建立良好、牢固的联系，往往无法第一时间获得第一手的消息，特别是新政策出台，基本缺席；因为不关注、少关注，记者对政策不敏感，自然无法掌握、理解政策的变化及内涵，撰写相关报道时缺乏深度，思虑问题时不全面；消息报道“悬空”，无法让读者理解政策与自身的关系；报道反映了政策落地时的各种问题，但没有找有关部门给予权威回应和答复。

针对这些问题，可以做以下改善：做政策诠释性报道，让读者了解政策，提前预知政策落地带来的各种影响，请有关部门给予权威回应和答复；从新政出台前的讨论阶段开始关注，主动介入讨论，代表农民群体发出声音，获得有关部门的重视；以小见大，从小人物入手，展现个体与政策的关系。

2014 年做得比较好的政策报道，是“土地确权”系列报道，全面反映了新政落地时遇到的各种问题。专题最后计划对广东省农业厅做专访，后来因故后延。比较遗憾的还有，错过了信访新条例的最佳采访时机，对信访新条例的关注应从讨论阶段开始，农村信访群体长期存在，聚集了多重现实困境。

第二，紧盯中央以及省政府的涉农政策部署，监督地方不完善、不落实、

南方农村报

新农村推动力

土地确权试点，德庆县一个月就完成，云安县进行了2年还没收官，省农业厅副厅长表示——

土地确权难在认识

"德庆试点进展顺利，出乎意料"

"村支书"不清楚确权有什么意义

土地确权前要不要调整？

政府部门强调，要保持现有的稳定的土地承包关系；村民则因自身利益而有不同的看法

有人要分田，有人不同意

调整与否各执一词

四川

群众要求调就调

频繁调整土地，农民不敢投入

安徽

确权不确界

确权是长久不变，还是30年不变？

"阳奉阴违"的做法。南方农村报重视舆论监督报道，中央、省政府的指示就是批评报道的"尚方宝剑"，高层做出批示，各方必会有快速、良好的反应，值得跟踪推进。

以今年"关注农村安全饮水"系列报道为例。此系列报道紧扣李克强总理2014年初政府工作报告的要求——近两年解决农村饮水安全问题，报道各地农村饮水工程出现的问题。这次报道不止于案例，还对广东省水利厅进行了专访，信息更加丰富饱满。系列报道中的两篇分别获得中国水利部部长陈雷和广东省委书记胡春华的批示；广东省水利厅厅长及副厅长同时接受专访，水利厅并就此展开明察暗访工作；最后推出的一篇消息稿和专访，彰显系列报道所取得的成效，读者反应热烈，发来更多有关问题的线索。由此说明，上下沟通情况，多方交流互动，是扩大报道效果的法则。

第三，关注普通人生活中的喜怒哀乐。一直以来，《南方农村报》的时政报道以"硬"新闻为主，关注世道人心的"软"新闻较少，但其实民生报道往往能引起更多人的共鸣，因为普通人的生活总是相似的。为此，时政版去年重新定义民生版，将此版定位为"生活"——包括就业谋生、衣食住行、文化娱乐、生老病死、升学晋职、人际交往等等。所有的叙述都回归生活，达成贴近，强调生活细节、服务性、贴近性，追求人文关怀、有温度有感情。

但操作一年有余，感觉效果并不

理想。原因是，采编人员思维未拐过弯来，选题以及表现手法仍然偏硬，关注面太窄；年轻的记者对于生活的理解偏于简单，对生活的困境与难题感受不足，难以从鸡毛蒜皮中挖掘出题材的意义；报道的叙述方式保守甚至枯燥，表达方式单一，设置的话题性不足。以 2014 年 1 月 14 日的民生版报道《婚姻登记处也难揽得免费婚检者》为例，此报道关注县级以下年轻人对于婚检的态度，题材有所突破，但叙事视角不贴近，仅有政府方的说法，未能聆听年轻人的心声，既未能做到科普服务，也未能将之设置为议题来操作。

未来除了进一步调整编辑思路，引导记者多关注生活题材之外，或许还可以考虑设置“你家我家”这样的栏目，专门讲述与家长里短有关的故事，再加几句点评提升主题，甚至鼓励“知音体”的叙述模式，追求读者的共鸣、稿件的可读性和贴近性。

第四，关注区域政务、热点新闻，特别要增加梅州等发行重镇的报道分量。区域报道是未来新闻发展的一个趋势，作为面向华南地区发行的报纸，做区域新闻是一个难点。但《南方农村报》在梅州地区有强大的发行优势，要充分考虑到 8 万多受众的诉求。政务新闻是农村报的弱势，做得少，也做得不好，可以考虑从地市两会和地方官员职务变动的报道着手。

第五，非采访的整合式报道。以《南方农村报》目前的发行周期及发行渠道注定无法做“新”闻，但大量的信息

民生

高州农村安全饮水工程建设出现两种迥异的情况——

这个村工程停在三年前
那些村早已喝上放心水

六岸村三年只挖了一个坑

用水户协会解难题

民生

省水利厅负责人接受南方农村报专访谈农村饮水安全工程——

三个工作组已赴各地明督暗查
广东农村饮水工程将规范管理

点多面广钱少致管理难

“村村通”供水优选大水企

部分农村饮水安全工程“四无”

重新整合，可以成就一篇崭新的报道，与时效无关，却能包含大量的信息，且更具可读性。目前的焦点版、重点版基本采用这种方式操作，总体差强人意。

写作

总而言之，南方农村报要在市场立足，必须满足读者的需求，而在新的形势下，无论阅读方式如何改变，内容产品都要具备一定的独特性，除了题材独到外，文本质量是更基本的要求。

人们阅读报纸，除了获取信息外，“悦读”是另一层次的需求。要做到“悦读”，故事为核，文笔和叙事方式为辅，人文关怀是永远的终极目标。新闻报道副刊化、杂志化，甚至知音化的写作或许是一个方向，其他媒体的创新做法值得借鉴，唯其如此，时政新闻才能拥有“软”的一面，才能真正达到贴近、服务、可亲。

以笔者的经验，编辑与记者讨论问题，如果从“怎样写”这个角度来讨论选题，往往能给双方带来更多的启发。比如《农村女致富带头人的朋友圈》一稿，本是一个平常的议题，往常记者会选择放弃，或者发一条小消息稿。但在讨论稿子应该如何呈现的时候，“朋友圈”的概念电光火石般迸发，及时借鉴了新媒体的创新写作方法。

她们在创富路上获得什么助力？请看——
农村女致富带头人的朋友圈
省市县主要领导大力支持
技术帮助 不求回报
工作生活互相帮助
优惠政策第一时间通知
拓展客户资金支持
她们背后的男人
一周电视节目

尝试与创新的背后，需要主动的创新意识，以及更多的学习。

（本文作者黄婵系南方农村报综合新闻部副主任）

关注转型期城镇社会心理

□ 陈会玲

▶陈会玲

心理学家认为：世界上没有一种病的煎熬比心理疾病更漫长。

近年来，全国发生了多起针对儿童、女性或其他无辜群众的暴力伤害事件以及其他社会性事件。这类事件发生的原因是多方面的，但从社会心理的角度来看，心态失衡、不良情绪得不到及时宣泄，悲观厌世，进而产生报复社会的心态是其共同的特点。

一个社会，当它开始急剧转型时，也是社会冲突频繁发生、社会心理危机大量涌现的时期。当今社会，经济高速增长，社会财富积累迅速，贫富差距却在拉大，社会福利保障体制有待健全，对底层群体的制度性扶持有待完善，维护公平与正义的法治精神亟待强化。在挫折与绝望之间，在诱惑与无助之间，一些人因失去爱与信仰，而同时失去直面日常挫折的平常心。经年累月的不如意更让他们自觉“被社会抛弃”，由此愤懑满怀，不惜以毁灭自己、祸及他人报复社会。

这些事件频发，无不表明这个时代正在经历复杂的心理危机与社会危机。从而说明，重视社会成员心理和谐，优化社会心态，已经成为一个需要高度重视的现实问题。

农民是典型的弱势群体，而社会一般关注的是他们的生存、生活，心理是最容易忽视的一环。作为农村类的媒体，我们有责任去关注转型期的农民社会心理的变化，给他们更多的人文关怀，并引导其社会心理向健康的方向发展。

转型期的农民心理描述

随着农民生产方式和生活方式的改变，农民的社会心理也发生了巨大的转变：传统的集体主义精神在逐渐隐退，原有的传统心理如小农心理、功利心理、天命心理等正在被消解；农民从传统的小农意识中走出，现代性的与市场经济相联系的心理在逐渐生成。从整体上看，农民的社会心理呈现出以现代性为主的社会心理特征，即竞争心理、求富心理、开放意识及自我主体意识在增强。

首先是开放与保守并存。处在转型期的中国农民，其开放性的社会心理在不断增长的同时，传统保守的社会心理依然存在。特别是当农民遇到融入城市生活带来的诸多社会屏障时，农民保守和自卑的心理就会出现。例如，城乡社会保障制度的差异，使得农民进城务工的过程中并不能分享到与城市市民同等的社会保障权益；城市房价的居高不下，使农民在城市成了无根的浮萍；等等。这些现实而又残酷的社会问题摆在农民面前时，他们感到压力，感到受歧视，感到无奈，内心又是自卑和保守的。

其次是矛盾与焦虑。对处于社会转型时期的中国农民来说，较高的入城门槛，以及尚不健全的教育、医疗、就业等社会保障，使其在城市生活面前望而却步。农民渴望在城市中有所作为，却无法像市民那样在城市得到生理、安全、归属、尊重和自我实现等各方面需要的满足，他们徘徊在乡村和城市之间，对这种模糊的身份感到焦虑。在农村，曾经记忆中的温情脉脉的乡村已经被工业化、城镇化的发展改变得面目全非。土地被征用，房屋被拆迁，曾经的乡土情结被打破。他们缺少心理的坐标，他们对未来感到忧虑、茫然无措，身份的焦虑感在凸显。

再次是信仰缺失，心灵空虚。在转型期的中国，文化被解构，观念多元化，缺乏一个主流的价值体系支撑，社会成员出现心灵空虚、无所寄托，无法确立生命价值和人生意义的社会心态。在这样的文化情境中出现诚信危机、金钱崇拜、盲目攀比、损人利己等现象也不足为奇，这又进一步使得人际关系趋向紧张、淡漠，而深处其中的个体也会愈加体验到烦躁、压抑、寂寞、孤独等心理情绪。

对于农民来说更是如此。除了追求温饱，农民的精神生活往往相对容易陷入空虚和无助，特别是随着大量青壮年劳动力进城务工，农村的留守人员多半是老弱病残。这些留守农民的生活状况堪忧，精神生活缺失，严重影响其社会心理的健康发展。所以邪教最容易乘虚而入这部分人群。

媒体应发挥心理疏导功能

这种复杂的社会心理应该引起我们的重视。作为涉农媒体，我们一直注重的是三农问题，而对于农民，我们更注重的是帮其争取权益，对于其心理部分，知之甚少，关注也甚少。即使是出现了惨案，媒体一般只是寻找其社会原因和自身原因，鲜有对心理原因的探究和分析。

大众媒介心理疏导功能的研究，是经典传播学媒介功能理论研究的一个薄弱环节。在传统的传播学理论中，大众媒介的心理疏导功能未能得到应有的重视，缺乏深入的研究。拉斯韦尔等传播学大师认为，大众传播媒介具有监视环境、协调关系、传承文化、娱乐大众的正面功能，唯一与心理疏导有点关系的娱乐功能还被描述为“逃避压力”“纵情享乐”。

作为大众传媒之一的《南方农村报》，面向广大的农村读者，承担起心理宣泄与情绪疏导的责任，有着现实的意义。我们可以从以下三个方面着手。

维权增能。市场经济是崇尚竞争、寻求突破的经济。接受市场经济大潮洗礼的农民，逐渐养成了竞争和进取的社会心理。

这种竞争进取心理的发展，对于农民改善物质文化生活、激发农民的创造活力具有重要意义。当竞争心理发展到一定程度，农民之间的盲目攀比心理就会占上风，而攀比总要有对象，在社会主义市场经济条件下，金钱成为容易量化这种攀比的对象。这样，在竞争心理日益增强的同时，逐利心理也日益凸显。

这个时候，一些农民很容易陷入另一极端，即从原来的“重精神、轻利益”的生活转到盲目追求物质利益而缺少价值关怀和精神追求的状态。金钱成为衡量人的唯一标准，金钱至上成为具有一定普遍性的社会心理。由于在多元化的社会生活面前缺少主体的价值判断和价值追求，缺少理性价值判断的农民开始陷入盲从、攀比的心理，在此心理基础上，如果权利一旦受损，他们很容易心态失衡，反应激烈，有的甚至做出极端行为。

而维权与增能，能有效减缓农民心态的失衡。

首先是维权。农民的权利受损是导致矛盾冲突的主要原因之一，尤其是在公民权利意识普遍提高的情况下，个人或群体感觉到权利受损是导致他们产生不满心态和极端行为的主要原因之一。但维权成功的话，能让弱势者有伸张正义之感，因此，对弱势者的维权服务在化解矛盾和缓和心态失衡中的作用相当关键。在这一部分，以批评报道见长的南方农村报是做得很优秀的。在帮农民维权的新闻报道方面，南方农村报可以说发挥了重要的作用，编发一些维权的生活故事，兼具科普性、可读性、贴近性，让读者从中得到启发。

其次是增能。能力不足是弱势者产生心理压抑的重要原因。能力不足包括生产性技能、文化能力、交往能力以及政治与社会参与能力等各个方面。我们可以通过各种方式提升弱势者的能力，使之不仅提升社会交往、社会参与和解决矛盾等方面的实际能力，同时也提高自信心，从而减缓心态的失衡。

比如南方农村报的新闻部，可以增强农民的政治社会参与能力；农财部可以提供生产性的技能；而副刊部，则可以通过一系列的文章、栏目、故事、策划，在潜移默化中增强读者的文化能力和交往能力。

释疑解惑。不安往往来自不明真相。帮助农民消除疑惑，也是关注农民心理的一种方式。

比如一些突发的危机事件容易导致民众的焦虑。在遭遇此类事件时，社会成员普遍有着不安、害怕、悲伤、忧郁、缺乏安全感、焦虑甚至恐惧等深刻的情绪体验，严重的会导致认知和行为障碍。比如 SARS、空难、台风、冰雪灾害、火车相撞、洪灾、各种暴力恐怖事件、地震等，已经在很大程度上给社会成员带来了强烈的不安全感，引发了普遍的社会焦虑，甚至对人身安全的怀疑。要消除他们的不安，就得真实报道，并寻找事件背后的原因，消除民众的焦虑，为社会心理认知提供依据。

如今媒体的许多报道，就体现了这样的一种趋势，我们也不甘落后，开始尝试。专题《暴戾血案，谁偷走了农妇的良善?》就是一个尝试的样本。该新闻的起源是 2013 年震惊全

焦点

生活困顿濒于绝望
一根稻草压跨心理

暴戾血案，谁偷走了农妇的良善？

病态心理囚禁心灵
苦难因此百上加斤

人生本与苦难相随
驱心魔卸枷锁面对

国的农妇挖侄子眼一案。而很多血案的发生，都是在嫉妒、狭隘、仇恨等心理支配下的结果。我们由此决定重新观察一批农村女性犯罪的案件，重点剖析农村女性的犯罪心理，并针对这些心理进行了一些方法论上的自我解救式的指导。

近年来邪教害人事件频发，而上当者大多为农民。对于此类报道，我们需要关注的并不是单个案例，而应该是此类现象，并找出其共性，提供给读者识别邪教的一些实用招数。我们可以做的，就是给“大师”祛魅，扯掉画皮，让其露出凡人的面容。2013年，我们根据沸沸扬扬的王林“大师”被拉下神坛的新闻制作了专题《那些“神”一般的存在》。不同时期，总能冒出一些所谓的“大师”：从“神医”张悟本到“神仙道长”李一，再到“养生教母”马悦凌、“气功大师”王林……他们装神弄鬼，颠倒众生，而信徒却遍地都是。信徒信奉邪教背后的社会文化心理，十分值得探讨。是精神的空虚，还是信仰的缺失，或者是对现实的无望，导致对虚幻的追求，对神的执着依赖追随？找出根源，我们才能更深刻、更透彻地了解事件本身，从而了解我们身处的这个社会，了解人性。

此类报道，可称为软新闻。软新闻的挖掘与传播，丰富了传统新闻的内容，也为公众心理疏导提供了有益的内容。我们在加大新闻报道的信息含量、内容深度和广度的

焦点

他们是人，竟享有神一般的礼遇；他们披着“大师”的画皮，疑幻似真

那些“神”一般的存在

结交达官显贵 拥有超然社会地位

凭江湖伎俩蹿红 再到气泡吹爆

功利主义与信仰缺失 大师市场不衰

文化室

权贵与老汉都会对幼女下手

两种人做得最多

处女情结变态化

世说新语

祭鳄台

文化室

师生恋的邪恶一面

世说新语

晚报名字摘趣

象埔寨

粗毛野兽石先生

同时，也要在海量的新闻信息中梳理出新闻事件的关系，提供背景知识，做出准确的解释，提供更多的交流空间，满足公众了解信息的认知心理、探究心理，帮助社会公众在此基础上形成正确的社会认知。

在副刊新闻化的今天，我们大可以在副刊部的版面上，以事件新闻为由头，提供讨论的平台，展现各方观点。有碰撞的观点更为有益。

南方农村报也对此做过一些尝试。在文化室版，根据性侵幼儿案，推出《权贵与老汉都会对幼女下手》一文，从性侵群体的历史渊源、社会心理等方面进行分析，总结出权贵和底层人物是性侵幼女的两大群体，而他们对幼女的占有，包含着对稀有资源掠夺的心理。而师生恋，是校园性侵的主要源头，于是接着制作了专题《师生恋的邪恶一面》，分析了师生恋之所以引起争议的原因，以开放、民主标榜的西方国家为何大都禁止师生恋等。当富人喝人奶成为噱头，我们刊发的是《古今喝人奶很黄很丑陋》一文，有历史追溯，有心理分析，少不了的是批判的态度。

心理抚慰。没有过不去的事，只有过不去的心。一切的问题，其实都是心理的问题。

心理疏导本来是一种心理治疗方法，它能够帮助心理患者形成正确的自我认知，释放负面情绪，舒缓心理压力，保持心理健康。随着心理科学知识的普及，心理疏导已为社会公众所接受。

心理疏导工作主要是由各级各类心理咨询、治疗机构承担。但目前国内心理咨询机构接待心理患者的能力有限，农民也没有条件去找心理医生施援。同时，心理咨询机构主要是针对个体心理问题提供帮助。在这些方面，现代大众传播媒介可以发挥独特的作用。大众媒介不仅是一所学校，也可以成为一个社会心理诊所。近年来的广播、电视，涌现出了大量心理类、情感类的节目，纸质媒介和网络也一样，帮助解决心理问题的心理知识专栏比比皆是。

媒体的心理疏导功能可以分为三种类型：一种是直接的疏导，如央视的《心理访谈》栏目，广播心理热线、情感热线等；一种是通过提供相关信息、心理知识等资讯内容，辅助心理疏导；还有一种情况是间接疏导，就是并不针对公众心理问题，但也有很好的心理疏导功能，如艺术性作品、文艺性节目。

笔者从事副刊工作多年，对此深有感触。副刊类的稿件内容相对丰富，但也是多以文学性、休闲性的方式给读者提供心理抚慰。比如一些文章所描述的现代农村生活，也许仅仅是个故事，但其中的微妙心理无不是社会心态的反映。笔者从读者的反馈中得知，此类文章给予读者的启发还是挺大的。比如一个囿于家庭矛盾的苦恼的主妇，也许能从他人讲述的类似的故事中找到共鸣，找到自我调适的方法。而编辑也会在此类文章中给读者支招，教授他们一些自我减压的方法，或者提供可以参考的解决方案。

去年，笔者在家庭版选发了《撞见母亲出轨》一文，在当今社会，男女的婚外情已经成为社会不容忽视的一种现象，我们对夫妻之间的感情指导比较多，但作为孩子，如何去面对父母的出轨，这是一个问题。此文从一个花季少女的角度出发，写出了孩子的困惑和不知所措。我在编后语部分，对事件进行分析，对其心理进行疏导，希望对有相同遭遇的孩子有所帮助，也希望父母能多了解孩子的心理，多顾及孩子的想法。

除此之外，副刊也会不时发一些笑话、故事、娱乐、游戏、心理小知识等等，能舒缓读者的心理压力，让读者的情绪得以宣泄，情感获得抚慰，此举具有特殊的心理疏导功能。

疏导农民的心理，这对编辑的要求也是很高的。编辑必须准确把握大众心理的变化，要有一定的心理学知识，并且要适当地表达，让他们看了不生硬，感觉舒服，在无形中接受。很多心理医生遭人诟病，也在于他们照本宣科，方式单一，手段生硬，让人脱戏。笔者在电视上看到某档心理节目，心理医生为了修复一个家庭的父、母、子的关系，让他们围成一个圈，按他们家庭的等级关系分别站、立、蹲，一通解说后，让他们彼此说“我爱你”……本来是挺严肃的一件事儿，却像在演戏，心理医生像导演，患者却像演技笨拙的演员，看了让人发笑。

《南方农村报》作为纸媒，与电视、广播相比，在互动方面有着一定的局限性。但我们也有自己的优势，比如叙述可以更为从容，细节更为真实，文字更为生动，进行疏导还具有隐秘性和自主性等优点，因为心理疏导其实是一件比较隐秘的事情，更多的时候是靠内化达成。而我们的对象是指向广大人群的，从中受益的并不是一两个人，所以更容易获得普通社会公众的青睐。

（本文作者陈会玲系南方农村报副刊部执行主任）

农村财富

麦倩明 南方农村报农财板块业务流变

周晓凤 打造农业技术服务的升级版

彭 进 李 丹

畜牧板块：改革的前沿，新闻的富矿

张 璐 以生态系理念重构水产板块运营模式

王贤原 钟怡群

两大板块经营负责人的同题问答

农村财富

农业决定农民的生存状态，关乎普罗大众的生活。而农财板块运营则关系南方农村报的生存。新闻理想与产业抱负，在媒介运营中一体两面，相辅相成。媒体能否获得市场成功，是检验媒体产品品质的重要指标，特别是对于市场化媒体而言。成功的媒体企业，应该是具有市场地位的、为广大受众所尊敬的、有广泛社会影响力的领先者。

底线思维，新闻操守，专业主义，框架之内，严格遵守；市场细分，垂直服务，功能派生，媒体融合，综合运营。

媒体基因激活内容基因，市场意识驱动功能拓展，这是南方农村报农财板块的发展轨迹。

南方农村报农财板块业务流变

□麦倩明

▶ 麦倩明

在南方农村报五十多年的事业发展历程中，经历过几度曲折起伏，有高潮也有低谷，并不是每个阶段都能踏准市场的节拍，当报业发展的节拍与形势发展不同步时，下坡的拐点随之出现。在持续下滑数年后的1999年触底反弹开始，特别是2005—2014年这十年，南方农村报走上了一条爬坡之路，事业发展各项指标的上升势头保持至今。

十多年前面临困境的时候，南农人想不通，农民群体如此庞大，农村市场如此广阔，为何连一份农村报的生存之地也没有？理由当然很多：打工潮兴起，农村市场地处分散，受众收入偏低，地市报吞噬市场份额，等等。承认并正视自身对于市场已经力有不逮，找出解决问题的办法殊为不易。南方农村报上一轮改革自21世纪初开始启动，为求稳，没有选择“大破大立”式的改革，而是选择了一条“改良式”的报业突围之路。从那时开始，南方农村报再未动过改行的念头，扎根农村服务农民的信念日益笃定。

十几年间，南方农村报在一些节点上的技战术部署，对事业发展起到了关键性的作用。从单点突破到争取全面突围，通过对这些节点进行叙述，基本上能反映南方农村报的转型路径。处于领改革开放风气之先的广州，在崇尚新闻专业主义操作的南方报业传媒集团，这些内外因素对南农的走向影响巨大。南方农村报追随着中国市场化改革的步伐，不断地探寻受众需求的变化，不断地更新媒体产品的内容和形态，不断地丰富服务的手段，摸索出一条适合自身发展的生存发展之路，从单一报业到以媒体事业为核心的综合性涉农产业资源整合平台。

从农科到农财：打开全产业链空间

农科知识一直是涉农媒体必备的例牌菜，这是由涉农媒体的受众特点决定的。农村报的读者是农民，作为农业生产者，他们需要掌握农业实用技术知识，提升农业生产效益，增收致富。但在相当长的时期里，这些内容成为涉农报刊农业服务板块的唯一菜式，《南方农村报》亦不例外。在公益性与服务性的光环下，某种程度上掩盖了这种定位操作的局限性，无论是观察的视野，还是服务对象，甚至内容形式上都有体现。

事实上，像正大集团这些改革开放初期先行进入中国农村市场的外企，或者像新希望集团这样的民营饲料企业，它们在21世纪初已经取得了巨大成功，步其后尘者不断出现，而南方农村报却在这个时候边缘化了。涉农产业链条由“农资企业—农资渠道商—农民—农产品收购商—消费者”构成，他们也是涉农媒体的受众，其中农民是农资产品的主要购买者与使用者，对于农资企业而言存在巨大的商业机会，这两者是涉农媒体最主要的服务对象，成为媒介经营的最佳接入点。

与综合性大众媒体相比，农村市场有一个突出的特点，农民群体收入不高，消费力有限，中央曾三番两次号召推动开发农村市场，工业品下乡，收效甚微，南方农村报的工商广告的占比也一直不高。但农民对生产资料的需求是刚性的，南方农村报有条件做到让农民对其形成较高程度的依赖。牢牢抓住终端，抓住用户，事情就好办了。

21世纪初南方农村报改版，开辟“农村财富”板块，从农科到农财，打通了农业产业链，就像打开了一片广阔的天空，在农产业及相关领域引入新闻操作的理念与手法，在行业媒体中首开先河，天地渐宽。此举对于当时处境危险的南方农村报而言，相当于找到了源头活水。自此，以内容生产为抓手，新闻产品丰富多样，新闻影响力不断拓展。

从报纸到媒体群：市场细分专业运营

与农产业的历史传统一致，种植板块是南方农村报开发最早、根基最深的传统业务，受众基数庞大，广告客户、广告量多年在南方农村报占绝对主导地位，化肥广告占比高达八九成。鸡蛋全部来自一个篮子，隐忧始终伴随：万一农资市场剧烈震荡，这个板块的广告业务出现较大幅度的下滑，南方农村报事业将遭受重创。报社内部都认为，开发养殖类市场势在必行，但是虽然做了不少努力，说服客户投放报纸广告在当时仍然难度不小。为了满足养殖行业客户在专业刊物投放广告的偏好，编委会决定出版专业增刊。2002 年，作为《南方农村报》月度专业增刊形式出现的《养殖宝典》正式出版。

内部仍然存在争议，另一种担心来了：办刊之后会不会把定价较高的报纸广告资源都引到单价相对稍低的新办刊物上，那么办刊的意义何在？单纯地从公益性出发而不考虑媒体自身的经济效益，项目必然难以持久。但不去尝试，现状就无法改变。后来事实证明，担心的情况没有发生，一报一刊反而给客户提供了更多的选择，宝典与报纸品牌互为支撑，受众对南农的认识也愈发加深，南农旗下报刊媒体的多品牌战略获得了初步成功。

《养殖宝典》的创办，是南方农村报运用不同手段开发空白市场的开始，也是南农报系建构迈出的重要一步，针对垂直细分市场进行的业务开拓不断推进。《养殖宝典》2011 年获得独立刊号，改名为《农财宝典》，畜牧、水产拆分独立发行。2013 年，《农财宝典》推出农场版、种业版，至此《农财宝典》拥有四个版本，实现了农产业细分领域全覆盖。

市场细分、专业操作为打造农财新闻升级版奠定了基础。

报道改变行业：优质内容值得不懈追求

在南方农村报，通常把涉农政经、产经新闻统称为农财新闻，从内容而言，还包括产业信息以及数据产品。内容是媒体的基础与核心，媒体的形式在变，而优质的内容永远是稀缺的。它是媒体产品的核心竞争力所在，是媒体强大公信力、号召力的来源。

从南方农村报的实践来看，优质内容的标准不会固定不变，随着对事物认识的深入，操作工具与操作方式的变化，特别是内容操作团队能力的提升，对于优质内容的界定也在发生改变，正是这种改变不断地推动媒体人追求真相，追求对现象更加深入的挖掘与准确的解读，从这个角度来讲，“内容为王”不会过时。南方农村报立足打造以媒体平台为核心的三农综合服务商，全部工作是从打造内容影响力开始的，“报道改变行业”的品牌口号表达了其观察、参与并推动行业进程的追求。

南农系品牌媒体从多个维度建立自身定位。从农业的公共性观察，关系农产品供应、食品安全；从农业产业链来看，涉及商业分析、技术创新、财富机会等。近年南方农村报出品了一批有重大社会影响的新闻，而针对细分行业的深度解读、专项调研持续推出，内容的受众与服务对象的区分要求更加精准。内容品质显示一家媒体对于行业的认识深度与解读能力，通过内容生产的差异化在同类媒体的竞争中逐渐建立壁垒。

随着南农系列媒体群协同生产工作的逐步推进，采编人员从“写稿机器”的单一工作思维模式，到拥有利用互联网思维、应用数据的复合型能力，为用户提供舆情服务，提供有决策参考价值的调研报告。传统媒体与新媒体之间协同工作流程基本形成。农财新闻的升级版正在形成。从技术信息、市场行情、公司新闻到行业深度观察、大数据与数据新闻，从报纸、杂志到新媒体，媒体产品布局中传统的“新闻—广告”产品，正在延伸、优化和升级。

延伸平台功能：发现需求找到存在感

对于南方农村报而言，报刊等内容产品及其承载的广告收入，仍然是主要的盈利模式。不过，从挖掘市场需求，继而满足这些需求的角度，做内容不是唯一的、根本的目的，也已经不是服务受众的唯一手段。举办专业论坛是媒体平台功能发挥作用的形式之一。

专业论坛有捕捉时机适时而为的，比如当重大行业政策出台，行业出现重大的变革节点时举办；也有聚焦行业特定时期的热门话题而举办的论坛，往往能够收到良好的反馈；也有彰显论坛品牌特质的年度产业论坛，比如农财宝典“凤凰山论坛”，它是专门探讨猪业问题的品牌论坛。通过设置议题，广开言路，充分讨论，一方面是对传统媒体互动性不足的一种有效补充，另一方面也是一次开放性的采访，发挥媒体集思广益、凝聚共识、传道解惑的作用。

任何一场论坛，从议题设置、主讲嘉宾邀请，到现场观众发动，都是媒体资源与影响力、行动力的一次展示。成功的论坛体现在纸上纸下、线上线下，通过全媒体立体化内容传播，媒体的影响力也得到进一步的扩大。

涉农行业论坛还包括农业技术推广会，“南农科技下乡直通车”每年都在各地产区举办 100 多场次。“直通车”收集农民的真实需求，了解农资市场分布、销量情况、最新产品信息，是媒体“接地气”的方式。这类活动找到满足政府、企业与农民三方需求的结合点，对有代表性有针对性的生产问题，资深行业专家现场解答，并在报纸、杂志上形成技术稿件刊发。

总之，媒体平台效应不只体现在某一种传播介质，某一个渠道，它是立体的，甚至是虚拟的，是多种形式并存的。身处产业空间，搭建功能各异的平台是媒体存在感的表现。在这个过程中发掘更多潜在需求，并且设法满足这些需求，则是南方农村报作为涉农产业链综合服务商的内涵所在。举办各种涉农专业展会，也是平台效应的重要表现形式。

拥抱新媒体：主动融合接受挑战

有一个比喻比较贴切，说互联网应用就像是发电一样，是人类在科学技术上的伟大发明，它将对各行各业原有的生产方式产生重构。

传统媒体跨入互联网时代，传统媒体人先要建立互联网思维，以用户为中心不是一个新提法，但如今它的手段与表达形式都与以前大不一样。几年前南方农村报网改版的时候，曾经动议把南方农村报网作为主网，农财宝典不设独立网站，设置链接进入网页。理由是南方农村报是母品牌，希望把所有受众资源都引入聚集到一个入口，让所有粉丝都可以领略到南农品牌的全貌。初衷是好的，但这种做法是从自我利益出发，而不是从用户的需求与便利出发。南农新媒体的发展架构一边改进一边前进，新牧网、新渔网、农财网等相继投入运营。新媒体工具在农财板块的应用以融合为主，新媒体不是一个独立的业务单元，它是作为各业务板块中的一环，与传统媒体并存，而又相对独立。而南农系的电子报、专业APP、微博、微信等，也在进化更新。

近年来以互联网为代表的新媒体崛起，尤其是这两年移动互联网迅速普及，尽管传统媒体一片悲观，但是评估南方农村报，总体上利大于弊。新媒体让南农的内容产品逾越了纸媒传播的局限，在更广泛的层面上为受众所认识，这是南农出品最低成本最高效的传播途径。主动与新媒体融合的“新闻推广六板斧”，成为南农新闻推广工作的常规套路，包括手机短信、电子邮件、地方论坛、网站、微博、微信等。近年南农品牌效应不断放大，特别是在主流社会，主流人群的影响力明显增强，无疑与新媒体传播效应有相当大的关系。

新媒体时代对于南农的挑战在于，新媒体产品更新换代快，盈利模式尚在摸索中，孵化垂直细分行业的“信息—服务产品以及交易关联产品”，尚待突破。

南农迎接产业变革，迎接互联网时代的挑战，人才能力与市场需求的匹配决定转型成败。多年来农财部宣扬这样的团队文化，“有困难不止步于抱怨，有矛盾不在回避中发酵——开放的心胸，专业的态度，广阔的视野”，随事业发展团队不断壮大，当工作中遇到各种困难与矛盾，这几句话被认为是解决问题的方法论。通过内部文化凝聚部门员工群体的“共同气质”，团队内人际关系简单，员工思维正向，实事求是，心态坦然，这是培育农财板块事业进步的重要基质，值得珍视并传承。

【品牌活动】

农财宝典年度风云榜评选

“中国生猪业风云榜”“中国水产业风云榜”“中国农化行业风云榜”“中国蔬菜种业风云榜”系列活动，是由南方报业传媒集团主办、农财宝典承办的全国首个涉农产业标杆性行业评选活动，每年举办一次。2011 年从畜牧业、水产业开始，2014 年扩展至农化行业、蔬菜行业，目前已经成为具有全国影响力的行业活动。风云榜评选旨在发现、发掘与放大对于行业发展进步有价值的东西，给行业提供一些启发与引导。

打造中国养殖业最具公信力的标杆式评选

2011 年，《农财宝典》创刊 10 周年，也是见证了行业快速成长、风云激荡的 10 年。作为一家面向全国

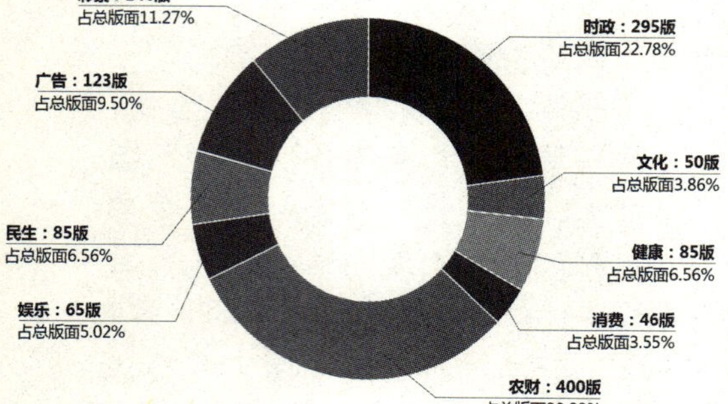

2014 上半年《南方农村报》内容占比

发行的专业行业杂志，《农财宝典》既具有专业性又具有公共性。举办风云榜评选活动，正是要秉承权威性、公正性和公益性，旨在为奋斗者加油，为成功者加冕。

风云榜评选具有以下四个特点：

第一个覆盖全国业界、具有全国影响力的行业评选：由于农产业具有地域性特点，传统行业评选往往局限在一定区域内。年度风云榜以评选行业价值为主导，打破传统农业评选的地域界限，同时更适应产业化发展的大趋势，直接占领行业制高点。

不以规模论英雄，是业界第一个有思想力的评选：年度风云榜突破规模、业绩等表象指标，通过专业广义的眼光，从成长性、商业模式、行业趋势等因素出发，真正挖掘定界最需要、最具可复制性、最能代表未来方向的行业价值。

第一个凝聚跨行业智慧的行业评选：年度风云榜将联合业界、学界、咨询策划、资本运营等领域最权威的机构共同参与，评委均是各领域的顶级专家、达人，透过各方专家的专业眼光，真正使评选凝聚跨行业的智慧。

第一个具有公共影响力的行业评选：以更开阔的视野，从公共利益的角度出发，审视行业发展的方向。将行业发展与公共利益对接，让行业评选进入公众领域，让业界以更负责、更理性、更具公信力的姿态在公众面前发声。

总而言之，风云榜评选一方面是要让行业走到公众的视野之下，接受评判；另一方面要让行业人不仅仅关注本企业、本地区的生产与销售，也要站得更高，看得更远。

打造具有广泛参与度的评选

首先，风云榜评选的主办方南方报业被誉为国内传媒界的旗舰，它的影响力与覆盖力，它的忧患意识，它对现实的洞察力，得到公众认可。参与的广泛性是评选活动追求的目标，风云榜评选活动组委会坚决反对关门评奖。

第二，活动推广宣传通过传播方式的多样性以及传播渠道的广泛性得以实现。包括以下几个层面：

1. 在《南方农村报》和《农财宝典》杂志、新牧网、新渔网、行业门户网等专业网站上刊登选票；

2. 在城市主流媒体，包括《南方日报》和《南方都市报》，主流门户和社区网站，包括腾讯网和天涯社区上分别刊发了评选启动的新闻；

3. 手机短信推广，利用短信平台向数十万个行业从业者发布评选消息；

4. 这种广泛性，从参与的方式上也可以体现，投票方式包括来信、传真、邮件、网络、微信和手机投票。

第三，候选对象征集及评委构成也具有广泛性。在候选对象名单征集上，风云榜评选组委会在全国范围内搜集候选者，通过征求政府、协会、专家、企业等各方的意见，通过参考媒体报道，列出一批候选者接受公众投票。为了避免遗漏，特别设置了“网友提名”一栏。评委则由公众投票与评委投票各占60%和40%组成。其中，公众投票包括：微信投票、网络投票、短信投票、邮件投票等等。评委来自不同专业背景、不同领域、不同机构，构成既包括行业协会负责人，又有不同行业板块的著名专家，以及知名媒体人等。

打造具有独创性和创新性的评选

每一届的风云榜评选在奖项设置上都会根据当年的行业热点调整，力求突出亮点，让评选既有丰富性又有代表性。

以2011年为例，养殖业与环境污染的话题成为热点，不论是养殖业本身造成的污染还是养殖业受到其他外来污染所害，两者之间的矛盾显得突出而尖锐。这一年的风云榜评选设置了“年度环保实践”，旨在评选出在环保实践中表现突出的企业，为行业树立标杆。

而2013年的风云榜评选则新设立了“年度崛起水产品品牌”的奖项，旨在鼓励更多的生产企业创建自己的水产品品牌，在帮助一些优秀品牌打响知名度、占领细分领域头把交椅的同时，为更多水产企业提供借鉴。同时还设立了产品榜，希望通过产品榜的评选，鼓励企业加大产品研发力度，更大程度上满足客户需求，真正推动行业健康有序地发展。这也是风云榜让更多一线生产者、经营者关注和参与的举措之一。

(本文作者麦倩明系南方农村报副主编)

打造农业技术服务的升级版

□周晓凤

▶ 周晓凤

南方农村报有志于成为涉农媒体的领跑者，其在专业领域品牌的美誉度是一个重要的指标。21 世纪以来，南方农村报种植板块人才团队发生了巨大变化，该板块对南方农村报事业发展起到了强劲的支撑与拉动作用，种植板块相关业务正向广东以外地区推进、深耕。

随着国家对三农扶持政策的持续出台，广东乃至华南各省的农村的变化趋势大抵相似：种植业规模不断扩大，种植水平和效益不断提高，投入产出比受到关注，农民对信息的需求比以往更加迫切。南方农村报的改革从发现这种需求变化开始，认识到专业团队服务生产企业、种植业主的必要性，并且定位于以媒体作为体现信息及服务价值的载体。

为体现“专业为农业服务”的办报理念，实现农业新闻专业化，从 2000 年起南方农村报调整人才结构，设计产品服务平台，组建新闻及专业服务团队，持续多年从高校的涉农专业招聘新人，他们来自农学、生物、农化、植保等专业，种植板块 2000 年只有两个人，目前达到近 50 人，这些人积极积累行业资源，迅速在农业新闻采编和经营领域取得突出成绩。

2000 年 7 月，《南方农村报》开辟《农科专刊》和《经济专刊》，开展水果、蔬菜等农产业细分行业的新闻报道及相关业务。2003年3月，改变原来的“四季歌”式的种植类报道，专注专业细分市场，坚持做具有分析性、前瞻性的农业新闻报道。同年，《农科专刊》和《经济专刊》两刊合并为《农村财富》，开始尝试以新闻的理念和手段介入操作农产业领域的报道，打造与时政新闻并驾齐驱的另一翼——农财新闻。《农村财富》板块按产业划分，专业细分明显，开辟了水果、蔬菜、农化、种业、水产、畜牧、饲料/动保、农村金融等版面，“做最有影响力的行业发言人，提供最有用的农业创富生意经”，形成一套较为成熟的新闻操作理念与表现手法，在社会和专业行业两个层面的影响力显著提升。

由于产业化程度偏低，农业相对于其他产业的特殊性表现在，农民对于生产过程技术服务的需求，对外存在相当大的依赖性。南方农村报探索服务农民的手段方面，经历了多个层次：从纯技术到公司新闻、行业新闻、公共新闻；从新闻报道到举办行业论坛；从新闻内容提供商到行业资源的整合者。农财板块从2003年至今，不停探索构建适应农产业发展的策略，从“做专业为农业服务的实践者与组织者”，到“专业之翼带动南方农村报腾飞”，再到“以专业化实现相对的主流化”“专业化基础上的综合运营”，至现今“打造独特价值三农综合服务商”。在这一不断完善、变化的摸索过程中，种植板块不断总结分享成功经验，修正运营模式与套路，为南方农村报事业向前突进起到了先锋和表率作用，拉动了南方农村报事业的快速发展。

精准服务理念贯穿种植产业链

专业缘于专注。“专业为农业服务”是南方农村报的品牌理念之一，“专业”是行业记者生存的基本要求。种植板块要求团队成员专注于一个领域，拥有这个领域的专业能力。目标明确，精力集中，快速有效地积累专业经验、能力和相关行业资源。要求记者对分线守土有责，让南方农村报系列媒体在其专注的领域，做出领先于同行媒体的影响力。

打造影响力需要组合拳。捕捉行业重大热点，及时策划选题，线上线下呼应，多方参与，通过组织活动、论坛、特刊等多种手段，整合行业资源和社会资源，占领舆论制高点，扩大影响力。一系列专业特刊应时而生，如《柑橘产业报告》《桉树产业报告》《华南有机肥一本通》《香蕉产业报告》《植保宝典》，实现社会效益与经济效益双赢。十多年来，种植团队一直致力“把专业优势转化为行业优势，把行业优势转化为影响力优势”，最大限度地体现媒体价值。

【案例】 解构广东柑橘产业

三农报道中，有一些题材属于“顽症”，总是周而复始地出现，农产品售卖难、农民增收难便是其一。南方农村报持续关注柑橘产业，通过详细解构广东的优势农产业，寻求农产品售卖难、农民增收难的解决之道，并且对更高层面的政策导向提出建议，揭示农产品危机背后公共服务缺失之困。

选取柑橘产业作为解构对象具备相当的典型意义。柑橘是广东优势农产品，2008 年种植面积达 260 万亩，年产值达 40 亿元，从业人数超过百万，是 60 万个广东农村家庭收入的重要来源。这个产业规模大，涉及人数众多，影响面很广。在 2008 年初出现历史罕见的冻灾之前，柑橘一直是农民致富的标杆性产业，行情保持红火达 16 年之久，创造了种植业的神话。

以柑橘产业为对象，求解农民增收难题其实已远远不限于新闻报道，它甚至成为一系列公益性行动，彰显了《南方农村报》作为三农媒体的社会责任感与公众意识。

《南方农村报》关注柑橘产业分为几个阶段：

一是“砂糖橘红火市场十三年解密”系列报道（2005 年 12 月）。

由《百万亩砂糖橘谱写种植业神话》《黄龙病伺机还魂砂糖橘危机四伏》《四会柑橘产业遭遇夹击》《产业不相信神话》等一组报道组成，该产业从 20 世纪 90 年代中开始持续红火十几年，报道全方位分析广东百万亩砂糖橘产业的现状，还原这个一度给农业带来财富的种植业神话的来龙去脉，并准确预言“产业不相信神话”，揭示这个产业的潜在危机。这组报道客观、翔实，为广东、广西两

省近百万果农全面解读了产业现状和未来发展趋势，提供了极具建设性的信息。该组报道当年获得全国农民报好新闻一等奖。

二是出版64个版的专业特刊《柑橘·金橘》（2007年）。

受2006年砂糖橘高价和种苗减少等影响，2007年春节刚过，广东农民掀起一股抢购柑橘种苗的热潮，砂糖橘、马水橘、贡柑等品种种苗全线脱销，价格飙升至6—10元/株，创下近5年历史新高。需求旺盛、种苗脱销，这传递一种产业过热信号。种植板块记者通过调查两广市场，再次提出“扩种砂糖橘风险增大”的预言。为了更好地剖析柑橘这个火得发烫的产业，我们在2007年推出了《柑橘·金橘》针对市场与农民的需求，对这个产业的市场以及商机进行分析，并对产业链上的所有生产环节包括农资行业进行扫描，力求提供全面准确的信息，以服务性为主打。这本特刊发行量超过5万份，受到柑橘行业的热捧，获得广告商的青睐，最终收获近30万元赞助。

三是“柑橘产业危机与公共服务构建”系列活动（2008—2009年）。

2008年初发生雪灾，柑橘产业虽为优势产业，但未能逃出其作为农产业的弱势。雪灾令大批柑橘运销受阻，过半烂在树上。据南方农村报了解，有果农因此自杀，报道《人命如桔》获2008年广东新闻奖二等奖。当年年中，农资价格暴涨，年末受四川广元蛆柑流言影响，柑橘价格跌到历史新低，果农面临连续两个收获季节的惨败。南方农村报及时写了一份内参，转达农民希望政府出手救市的呼吁，建议政府有关部门重视这个问题。时任省委书记汪洋亲自在内参上批示，要求各地切实帮助果农解决实际困难。从2008年10月至2009年2月，南方农村报推出“柑橘销售战役”专题，用了大量的版面滚动报道覆盖整个柑橘销售季节。同时联合南方日报、南方都市报推出“开心吃柑橘　助农渡难关”大型公益活动，并在广州、德庆分别举行了两场大型的义卖活动，企业与公众的反响热烈。2009年2月，由南方农村报主办专题研讨会，邀请了人大代表、政协委员、种植户、三农专家、政府官员等150人到会。会议的宗旨在于，作为全国柑橘产销大省，广东有条件先行一步，探索出一条解决大宗农产品生产、销售的社会服务机制，在柑橘产业十多年快速发展的基础上，提升现代农业水平，为农民长期稳定增收提供更多的便利。期待通过柑橘产业，为农产业的其他产业、为其他省份提供经验借鉴。在农民工就业市场形势严峻的情况下，确保农业稳定发展，确保农村社会安定，具有重大的现实意义。

本案例是南方农村报种植板块打出“系列报道+多种活动”组合拳的首次出击，对团队落实“把专业优势转化为行业优势，把行业优势转化为影响力优势”宗旨具有标杆性指导意义。2009年至今，种植板块大规模打起了组合拳，培养了一批能独立运作活动的复合型人才。

【案例】海南毒豇豆事件

在2010年度南方农村报的新闻作品中，“海南毒豇豆事件报道”案例并不是矛盾冲突性最强、最吸引读者眼球的一个，但是整组报道及相关活动的操作手法充分体现了南方农村报在公共事件中专业媒体的作为，让专业新闻主流化。“报道+特刊+研讨会+政策建言”，该“组合拳”套路，近几年在南方农村报农财板块屡战屡胜。“海南毒豇豆事件报道”案例体现了南方农村报在南方报业媒体集群中的定位与价值。

2010年2月，武汉市农业局通报海南豇豆检测出禁用高毒农药，禁止该品种入武汉三个月。随后，国内至少11个城市检测出来自海南的北运菜豇豆、节瓜含有高毒农药成分，致使海南豇豆一度滞销，把反季节蔬菜连带拖入一场食品安全信任危机。海南“毒”豇豆虽未毒倒一人，却演变成为一场民意汹涌的公共事件。上至中央下至地方的众多媒体特派记者前往产地探秘，截至2010年3月底，百度搜索相关信息达20多万条。

危机事件给豇豆行情当头一盘冷水，危机能够给现实带来改变吗？如何真正引起相关责任人的重视？对产区政府、菜农、农药生产商与经销商的触动能不能更深入直接一些？“坏事变为好事”粉饰太平未免一厢情愿，但以此作为规范生产管理流程的契机未尝不可。

南方农村报决定组织举办“蔬菜生产与农药产业规范”研讨会，向海南、广东农业主管部门、知名农药企业、菜农代表发出邀请，以共同探讨蔬菜生产、农药行业的问题。2010年3月25日，报社顶住压力，“蔬菜安全与农药产业规范”研讨会在广州如期召开。共有省政协委员、政府官员、专家学者、农药企业、蔬菜合作社负责人以及海南、广东菜农等200多名代表参加。会议议题的设计安排合理，会场同时听到各方声音的现场交锋。与会发言中，有农药经销商自曝家丑，揭行业潜规则；有对有关职能部门不作为的批评；有对无良厂商的猛烈抨击；有对加强农药管理的有效建议；有对科学用药的指点；有来自海南乐东的菜农讲述当地生产的积弊。

议程最后一项，四位分别代表企业、经销商、种植生产者及媒体的参会者，向所有农药生产、经营企业和农药使用者发出了倡议——《以企业公民意识确保农产品安全》，倡议书阐明了不同主体对农产品质量安全所应当承担的社会责任。南方农村报以中华全国农民报协会副理事长单位的身份，主动向协会提议，发起在全国会员单位20多家涉农媒体共同刊登该倡议，让全国的农业从业者强化食品安全意识。今后，农业部农产品质量安全监督局审定转发了该文。

遵从有关部门的要求，会议没有邀请大众媒体参加。会后，南方农村报通过自身发行渠道、邮寄报纸、网络推广、网络论坛、官方博客、短信平台等形式，让研讨会的报道信息分拆，系列报道以不同的形式传播至目标受众，影响力逾越了地区、媒体与媒介的界限。

继而南方农村报对农药生产经营现状展开深入调研，以专题形式进行报道，披露基层农技中心摆空城，靠素质参差不齐的农药零售人员指导农民用药，调查农药行业山寨产品造成无序竞争的现状；揭露农业主管部门滥发农药登记证；揭开农药经销商自设配方厂家订做违法经营的黑幕……连续重磅报道引起了国家相关部门的高度重视，其中《自设配方厂家订做　经销商竟敢如此卖药》得到国家高层领导人的批示，由农业部、发改委、工商总局等国家部委组成的调查组深入广东蔬菜生产重镇博罗县福田镇等驻地调研。

最后，报社编辑出版《农药管理大变局》特刊，发行过万册。在多场全国性大型行业会议上作为会议材料入袋，并邮寄送至农药企业管理层、农业管理部门负责人、经销商以及专家学者手上，南方农村报联合七家农业、农资专业网站广泛征集对农药管理条例修改的建议，搜集到各种形式发来的建议上千条。

作为专业媒体，在公共事件中独立发声，让影响力向上下两头发散，上至社会主流人群及决策管理层，下至事件所及整个行业链条。全媒体时代，不同报道形式，不同媒介相互融合互为依存，为专业媒体的主流化提供了便利与可能。

【案例】农民会复兴

2011年初，广东柑橘树黄化现象趋重，柑橘产业界悲观情绪蔓延。种植板块农药小组记者策划“应对黄化特别

南方农村报

农村财富

2009.12.26　星期六

05

600大耕户会聚华农大取经

合作社带头人劳动价值怎体现

广东人民最喜爱的土特产评选结果

111华南广州农资博览会推荐产品

易合通要当农药上下游企业的“媒婆”

首届“广东农民合作社讲习所”开班

本报与中山大学华南农村研究中心合办，全省150名合作社理事长与权威专家探讨合作社融资与经营问题

农业部农村合作经济经营管理总站赵铁桥副站长：

“对合作社，能优惠就尽量优惠”

□本报记者 曾翠峰

辩证看待“翻牌社”

农超对接是农产品流通革命

行动”项目，并启动了名为“科技下乡直通车”的活动。“应对柑橘黄化，南方农村报特别行动”在2011年3月23日开班，首站郁南建城镇。原本150个座位的政府会议室，结果挤进178人。此后3个月内，南方农村报与企业、政府携手举办了21场声势浩大的培训活动，走过郁南、封开、德庆、清城、英德、云安和龙门7县市柑橘主产区，7个产区政府、4家企业参与，现场无一不爆满，果农称之为“及时雨”，政府称之为“技术落地，信息落地，农民欢迎”。下半年广东邮储银行参与合作，“南农科技下乡直通车”的内容更加丰富。此役之后，种植板块总结了“南农科技下乡直通车”活动举办的流程做法与经验，制作、编印《南农科技下乡直通车》小册子，将该项目模板移交给发行部，由发行部属下品牌推广团队在更大范围展开服务。现在，这个最早起源于种植板块的项目，已成为南方农村报的品牌公益农技服务项目。

“科技下乡直通车”这个由媒体、政府、企业共同搭建的公益平台，被业内认为是新型的“农民会”。实际上，从田间地头到星级酒店，从实用技术传授到产品理念灌输，从三五十人的释疑解惑，到万人礼堂的宣讲报告，近些年遍布农村，在各农作物主产区，形形色色的农民会，可用如火如荼、琳琅满目来形容，特别是当农民的致富诉求、农技部门的政绩冲动与农牧企业的商业渗透，三股力量交织到一起的时候，所谓“农民会”已经不再是简单的“农民培训”概念，它逐渐演化为一种汇集技术、信息、产品、渠道甚至公益建设的多功能资源整合平台，也成为我们检视当下农村经济和社会建设的一个切片。

追溯与梳理技术推广会的发展历程，自然要将它放在农村社会与农业产业发展的大背景下重新打量。技术推广会之所以在乡村大行其道，无非是其击中了当下制约农村发展的两大积弊：其一，原子化生存的小农生产经营高度分散，组织化程度低；其二，基层农技服务缺失，无法满足农民对现代科技及产品的需求。

而各类技术推广会特别是以企业主导的各类农民会，之所以能裹挟各种资源渗透到中国农村各个角落，以星星之火形成燎原之势，也恰是应了社会的发展。一方面，政策性支农已成为政府乃至全社会的共识，组织农民培训毫无疑问是共识之下最易行的公益实践；另一方面，广袤的农村是商家潜在的市场蓝海，以技术培训的“药引子”实现组织农民的营销策略，成为打开农村市场的低成本捷径。以客户需求为首要考量指标的市场化农民会，显示了比过往在“农技部门本位”指导下的农民会更强的生命力，这也直接决定了在基层农技网络人走网破的情况下，农技培训市场却异常火爆。

支农强农的共识是整合资源的基础，但在各种力量、理念、目的的交织之下，分歧也在所难免。如果非要深入分析农民会的功能，不难发现：一方面，它的功能在于科学启蒙，目的是通过技术培训，尽可能唤醒农民的科学意识和主体自觉，不断提高其独立思考、科学种养的能力；另一方面，它的功能是组织农民，将小农聚拢达到传播推广产品的目的。但农民被组织的过程与农民独立思考，自主选择似乎存在矛盾。眼下形式不断翻新的基层技术推广会，争议与困惑一直都存在：技术推广，还是产品宣传？服务为本，还是营销至上？技术推广的葫芦里，究竟装的是什么药？

带着这些疑问，种植板块编辑部策划了“农民会复兴”专题报道。追溯与梳理解放后农民会的发展历程，全景式展现建国以来各类农民会的举办方式和变迁，重点诠释当今农民会的类型和特点，视觉新闻图展现农民会举办方式、流程、操作手法以及各项费用，专访了农业部原部长陈耀邦，以及中国农业大学研究农村技术推广与农民行为研究的教授高启杰。这组具有纵深视野、有历史与现实意义、深入浅出而兼具实操性的专题报道，最后以 30 个版的篇幅，呈现在 2012 年第四期《农财宝典·农化版》，报道被很多农资企业负责人和渠道商收藏，列为企业组织农民会的教科书。

【案例】南方鲜食玉米大会

南方鲜食玉米大会采用了“农业专业媒体+科研单位+行业协会+企业”等多方合作创新办会模式。这是一次针对单一作物进行的集品种展示、产业论坛、学术研讨会、种子交易于一体的专业会议，规模虽小，内容却十分丰富，几乎涵盖了一个综合型种子会展所包含的每个环节，对种植采编团队能力锻炼、开拓专业化会展、深耕利基市场是一次有益尝试。目前，该会已成为业内公认的最具开放性、专业性、代表性的行业盛会，得到了鲜食玉米行业同仁的广泛认可。业内知名人士高度评价其差异化特色，与其他产业会议相比，南方鲜食玉米大会学术味最浓；同其他学术会议相比，南方鲜食玉米大会产业味最浓。

2013 年初，南方农村报种子组了解到，中国作物学会鲜食玉米分会计划在广西南宁举办。种子组负责人迅速联系中国作物学会鲜食玉米分会秘书长，洽谈共同合作办会。通过多次商讨，南方农村报正式参与该会，南方报业传媒集团与中国作物学会鲜食玉米分会作为联合主办方，南方农村报与两家种子公司共同承办。

我国南方吸纳先进的外来的甜玉米品种，也拥有丰富的本土品种，仅广东的种植面积就占全国总面积的一半。鲜食玉米产业链比普通玉米长，产业发展更为精细，更为专业化。品种选育、繁种、种子生产、种子加工、种子销售、示范推广、种植生产、玉米加工、保鲜、贮藏、物流、玉米销售、出口等等，数十个环节连接。参与承办各方都认同创办南方鲜食玉米大会的主要目的有两个：一是创造交流合作平台，聚集产业链各方人士参与，探讨行业焦点问题，促进鲜食玉米产业持续健康发展；二是通过产业论坛为政府决策提供参谋，为企业寻求更多商机，为农民推介优良品种和技术信息服务。

2013 年 5 月 18—21 日，2013 全国鲜食玉米学术研讨会暨首届南方鲜食玉米大会在广西南宁市隆重举办，大会由全国鲜食玉米展示品种排行榜评选、主题报告会、学术研讨会、产业高峰论坛、沙龙活动、商务洽谈等一系列活动构成，吸引了育种、推广、生产、销售、加工等产业链条上的英才达人集聚，在这个开放、专业的平台上，原本一个纯学术的小会变为了大会，为业界奉上信息与思想的大餐。

会议虽然收到诸多赞美，但是经济效益并不明显。主要原因是三家承办单位沟通不足，尤其负责招商的两家单位，责权不清晰，分工不明确，招商基本没有发力。尽管首届没有盈利，但超高的人气让主承办方看到大会的前景，南方农村报与中国作物学会鲜食玉米分会在会后迅速达成继续合作的意向，决定由南方农村报独立承办以后所有活动和会务。

2014 年 6 月 5 日，2014 全国鲜食玉米学术研讨会暨第二届南方鲜食玉米大会在广东省广州市举办，种植基地选在广东种业博览会展示地广州柯木塱基地。本届南方鲜食玉米大会以“打通鲜食玉米产业链，推动产业健康发展”为主题，除了保留全国鲜食玉米展示品种排行榜评选、主题报告会、学术研讨会、产业高峰论坛、沙龙活动、商务洽谈等活动，还创新了三个亮点活动：一是发布《全国鲜食玉米产业调研报告》；二是评选“2014 南方鲜食玉米大会产区十佳带头人”；三是评选与发布“全国十佳展示甜、糯玉米品种权力榜”。大会在广州举办，可谓天时地利人和，《南方农村报》《农财宝典》持续推出全国视野的专题报道，经营人员招商手段丰富，参展企业包含种子、农药、肥料、地膜企业，真正打通了产业链，规模初步形成，参会专业观众超过 1 000 人，是上届的 2 倍。

第二届会议结束后，国内多个玉米产区龙头企业对组委会伸出了橄榄枝。组委会迅速拟定了 2015 年第三届大会在湖北武汉举行、2016 年第四届大会在海南海口举行、2017 年第五届大会在云南西双版纳举行。南方鲜食玉米大会表明，细分行业的专业“小会”，对于迅速集结产业精英分子和主流企业，整合资源，打造媒体品牌美誉度和影响力，获取社会效益与经济效益，不失为一条有效的途径。

抢先积累行业资源　建立营销数据库

目前各行各业都意识到资源与数据的重要性，挖市场，拓渠道，抢资源。包括传统纸媒在内的众多企业已经搭建数据库框架，通过历史数据、民调等途径整理充实内容。南方农村报近年来积极挖掘收集农产业资源，成立品牌拓展队，常年在广东、广西、海南、江西、福建举办“南农科技下乡直通车”活动，免费培训种植大户，同时“扫街”式地收集各种农民专业组织、协会，各行业零售商、经销商的数据资料。

2006年起，南方农村报上下已经对渠道的重要性有了深刻认识。面对市场竞争，谁拥有了渠道，谁就占有了资源，占有了市场。作为一个直接面对行业、面对企业的业务部门，搭建延伸信息收集、发布与反馈的系统框架，将对工作效果产生直接影响。2007年南方农村报农财部提出“渠道年”战略，要求种植、养殖板块采编人员有目的性地积累、抢占行业资源，将“资源组织化，组织资源化”。渠道的建立和资源的收集是一项艰苦细致、需长期坚持才能达到目的的工作。为了激励采编人员主动积累、归类并上传数据，种植板块陆续制定了管理规程，明确记者、编辑详尽的分线与分工计划，做成若干个小型数据库。同时，要求员工在月度考核时汇报渠道拓展情况与相关数据资源，报社以此作为员工月度及年度业绩考核的重要依据。另外，举办各类论坛、研讨会、调研活动，也是简单有效的积累资源方式。

挖掘数据虽为纸媒热词，但真正能将数据有效整合、分析、应用，并生产出商业化信息产品的寥寥无几。直至如今，团队利用和整合资源的意识还比较薄弱，这是一种浪费资源的体现。主要存在两个问题：一是数据分散于记者编辑或广告人员个人手中；二是数据格式散乱，没有统一的格式。为此，南方农村报请用友公司搭建了CRM系统，即客户数据库，期望解决以上两大问题。

可惜的是，数据并没有被有效使用。首先是报社内部没有形成有效的机制，员工将原来散落的数据库导入CRM系统的积极性极低；其次是数据导入后没有专人管理，未对数据进行分析；三是员工没有意识到数据库的重要性，少有人使用。由此造成的尴尬局面是，千辛万苦挖掘来的数据，无人整合、分析，更不能出具所谓的信息产品。目前，这些数据主要使用途径是用于线下活动、论坛等的观众发动，没有发挥更大的作用。可以说，大部分数据，目前都躺在数据库中睡觉。

从长远来看，大数据产品和数据库产品的结合应该是比较好的选择方式，在一致性要求高的行业，比如银行，还是可能以传统数据库产品为主，但如果南方农村报期望做一些交互或分析性平台，比如农产品电子商务平台、网络交流平台，这些应该以用户的可用性体验为主，更应该以大数据产品为主。

“大数据”已经不是简简单单的“数据大”了，而最重要的现实是对大数据进行分析，只有通过分析才能获取很多智能、深入、有价值的信息。换句话来说，如何将大数据变“小”，是种植团队乃至南方农村报员工目前迫切需要学习的新业务。从资源的角度理解，时势和市场提供了可能的资源空间，团队对资源加以利用，将可能性转变为实际的发展。

《南方农村报》不是一个公共意义上的大众主流媒体，但它是有特色的小媒体，得到众多农民认可，认为它是一张“没有那么假”的报纸。在大数据时代把数据利用好，小媒体立足成为行业主流媒体，做出应有的作为。

以媒体整合资源　服务手段多元化

从 2009 年起，种植板块开始大规模举办展会、论坛等活动，丰富经营服务手段。这些活动整合社会资源，占领舆论制高点，提高社会影响力，而且全都不需报社投入，实现名利双收。我们清晰地认知到，南方农村报及《农财宝典》的生存与发展，一定要彻底走专业细分道路，这也是探索成为种植行业综合服务商的最重要的策略。

目前，南方农村报种植板块品牌活动及推广服务平台有：华南（广州）农资博览会、海南农资暨种业交易会、广东种业博览会、南农科技下乡直通车、走农场大型系列活动、南农乡村院线、零售商肥料营销集训营、合作社质量提升工程，以及水稻、柑橘、玉米、商品林等各类作物细分产业论坛。

【案例】华南农资博览会

2009 年，南方农村报主办的大型活动接连不断，炮炮打响。其中，年末举行的 2009 华南（广州）农资博览会暨特色农产品博览会堪称最为浓墨重彩的收笔之作。在获得一定经济效益的同时，大大提高了南方农村报在全国农资行业中的知名度和美誉度。

展会本身不是目的，作为该展会的策划人与重要实施者，南方农村报主编陈

永认为，举办展会盈利的同时，可以展示媒体动员企业目标受众参会的实力，为广告谈判营造有利环境。举办以盈利性为主要目标的大型展会堪称南方农村报历史上的一大突破，实际上这个想法已经酝酿了一两年，2009年7月举办此展会的决策终于敲定。7月28日，华南农博会组委会正式成立，招商同时启动。而此时，距离我们最后确定的办会时间12月24日—27日，不到5个月，这对毫无办展会经验的南方农村报人来说，时间非常紧迫。

每年农资界有两个全国性的会展，一般也都是在年底。我们要想吸引企业来参加，在组织活动和制订方案时必须考虑差异化策略，要做出新意。利用媒体的特点与优势，陈永主编给参展农化企业的承诺是“实现指名购买，拉动产品销售”。华南农资博览会定位为以华南地区为中心，服务该区域市场内的农业、农民、经销商、零售商，麦倩明副主编为展会打出宣传口号——在永不落幕的市场展示品牌直达终端的力量。这些理念和口号在报纸、在专业网站和宣传资料上反复出现，深入人心，得到不少企业的认同，成为农资界的热点。

以6名业务精英为组长的招商小组走南闯北，四处出击，招商热线拨个不停，展会最终实现了预先规划的目标。共有208家企业参展，20个特装，244个标展，展出面积9 600平方米，是华南地区有史以来参展企业最多、品种最为齐全的农资展会，涵盖了农业产业链上的生产资料投入品、机械装备以及作为生产成果的农产品，开创了由媒体主办农业类展会的先河。借此一役，南方农村报以强大号召力确立了在农资界的地位。

会展的成功使本报同仁深受鼓舞，这次活动从策划到实施，以过人的胆识魄力、扎实的工作、良好的效果诠释了“一切皆有可能”，是“南方基因”传承作用的顽强体现。

特别令人欣慰的是，通过这一役，南方农村报以种植板块为主的招商组和会务组人员都得到了锻炼，人才能力的培养为以后再战做好了铺垫。

2011年、2013年，第二届、第三届华南（广州）农资博览会继续成功召开，参展企业数量、特装数量和经济效益逐届增多。但问题是企业流失率高，观众招揽难，会中会没有固定品牌，展会宣传口号“农户指名购买”并没有很好地落实。招揽专业观众，将是今后华南农资博览会会务工作的重中之重。

2014年初，种植板块决定开始筹划将华南农资博览会系列化，并探索在海南省举办农资博览会的可行性。

2014年5月，南方农村报编委会决定两个月后在海南举办农资博览会。6月初开始报社派出以发行部为主导的12名品牌拓展员全岛地毯式宣传发动。宣传区域覆盖海南12个县市区180个乡镇/农场，拜访客户超过5 000千人次以上，走访合作社（农业企业）超过300个，拜访海南省民营协会、海南省芒果协会、海南三亚芒果协会，派发宝典250本、合订本500本、《南方农村报》样报 25 000 份，悬挂横幅 350 条、喷绘 250 块，张贴海报 12 000 张，派发传单 35 000 张，收集核心客户资料超过 5 000 个。南方农村报各部门也充分利用采访、发行、经营等机会发动客户带观众到现场，通过会展发现，这样发动的客户黏性最大，特别是通过企业聚会形式拉人。

2014 年 7 月 18—20 日，首届海南农资暨种业交易会和海南渔资名优产品展销会如期举行。尽管只有仅 2 个月的筹备期，但招商、观众发动、布展等各项工作做得相当到位，招商成绩超额完成，观众号召进展顺利，这是南方农村报品牌影响力与公信力厚积薄发的结果。虽然遇上台风“威马逊”，但招商组和会务组沉着应对，积极主动出击，使展会完成绝大部分议程，过程没有出现任何安全事故。展会前期，围绕着海南种植业和水产业，派出了多路记者采写种植地理、水产调研等专题报道，通过各种传播途径加深当地对农交会的印象。

展会期间，通过新闻发布、现场采访、新媒体直播等形式，全媒体覆盖。启动网上展馆全程为会展进行造势，即便后来遇到台风，企业宣传也有通道。通过工作人员的努力，本次展会得到了大部分企业的理解与支持，也受到了海口会展局的高度认可和赞扬。

目前，种植板块在思考农资展会业务系列化的方向和设想，大体认为有两个方向。

方向一：省内区域办会。在广东省内农业重点市举办农资博览会或展销会，再到农业博览会以及综合展会，扩展外延市场，让南方农村报扎根区域，深耕市场，真正实现本报办会给参展农化企业的承诺——实现指名购买，拉动产品销售。

方向二：跨省办会。海南、广西、云南、湖南、福建、江西都是我们办会的目标地区，选择外省农业发达、农资集散地的城市举办展会，既开拓新的盈利点，又打造影响力，让南方农村报覆盖南方涉农市场，让“南方”更加名副其实。

【案例】广东种业博览会

广东种业博览会是国内种业四大展会之一，几乎囊括了中国种业市场尤其是华南市场大部分优秀的种业企业，是种业一年一度的大聚会。2013 年 3 月，已经举办了十一届的广东种业博览会主办方广东省农业技术推广总站对外发布招标书，将展会业务板块分成五块，除宾馆招商和基地展示业务服务商不变，拿出展馆招商、展会会刊、表种品种汇编刊物招标，分由三家企业竞标承揽。得知此消息时离截止报名交标书和揭标日期只有四天，种植板块负责人极力主张参与竞标，报社领导只用了一天时间讨论，便下决心参与投标竞争展馆招商服务商。经过精心准备和现场演讲，南方农村报成功中标，成为 2013 年第十二届广东种业博览会展馆招商服务商和大会总服务商。

近年来，广东种业博览会规模越办越大，档次越办越高，功能越办越强，已成为影响力覆盖广东、带动华南、辐射全国、享誉国际的大型种业展会，成为国内外种业交流的重要平台和农业科研成果转化的重要纽带。南方农村报主编陈永认为，抓住广东种业博览会，充分开垦“种业”这块宝地，最能体现我们的专业细分理念，是我们深耕行业之必须，探索种业综合服务商之必须。南方农村报希望通过深度参与广东种业博览会，实现三大目的：维系客情关系，扩大广告客户群，拓展种子板块相关业务；让《农财宝典·种业版》真正走向全国；探讨为种业提供除广告之外的其他服务的可能性，做种业的综合服务商。我们判断，未来十年，是中国种业市场快速成长的十年，《农财宝典·种业版》必须要与行业一起成长，成为行业内最好的专业杂志，树立成为全国种业第一媒体的雄心。

从 2013 年 3 月 28 日中标到 12 月 11 日展会开幕前夕，南方农村报投入了大量人力物力。中标后仅仅用了 5 天时间，加班加点制作出第十二届广东种博会品牌片，启动线上线下大范围宣传。在承办第十二届广东种博会的 9 个月里，南方农村报制作印刷了广东种博会宣传册1 万册、宣传单页 15 000 份、海报 5 000 份、横幅 2 000 条。其间，种子组走南闯北，参与了国内大部分种业会议活动，所到展会都搭建展位，派发宣传资料，与企业负责人“一对一”宣传；南农科技下乡直通车团队、南农发行团队在广东、广西、福建、海南地毯式宣传广东种博会，号召了大量蔬菜种植户和专业合作组织组团来参观。

2013年12月12日上午10点，广州柯木塱，第十二届广东种业博览会顺利开幕。广东省副省长邓海光，中国农业科学院原党组书记、中国蔬菜协会会长薛亮，农业部全国农技推广中心主任陈生斗，广东省农业厅厅长、省委农办主任郑伟仪，广东省农科院院长蒋宗勇，中国工程院院士荣廷昭，华南农业大学副校长陈志强等嘉宾以及来自全国各地的种子企业、采购商、专业观众等3 000多人参加了开幕式。

第十二届广东种博会搭建了品种、文化、思想三大展台，从田间到展馆再到论坛，“立体”式展示现代种业发展最新成果和发展趋势，被认为是一场生动活泼的种业盛会。包括世界种业巨头在内的400余家国内外知名种子企业参加了第十二届广东种博会，地展品种6 000余个，数量为历届最多。地展企业318家，展馆标展136个、特展41个……展示品种绝大多数为自主知识产权品种，其中1 / 3为国外品种，科技含量高，代表当今世界科研育种领先水平。观众在参观了场馆风格各异的企业形象展示和田间琳琅满目的品种后，纷纷竖起大拇指。

第十二届广东种博会内容丰富多彩，精品荟萃，包括粮食、油料、蔬菜、水果、花卉、食用菌等作物种子种苗、种业设备和制剂、信息传媒、图书资料等。据统计，仅开幕式当天，参观人数超过1.5万人次，预计博览会期间观众人数将达4万余人次。展会期间，南方农村报策划专题、各地推介活动、公益活动，提升了种博会的品牌效应及社会价值；通过高端访谈、品种推介、总裁沙龙、圆桌会议，加强了对企业的服务；报社专业服务团队、会务人力配备充足，提高了大会的服务质量。

农业部全国农技推广中心主任陈生斗在开幕式上提到，广东以敢为人先的气魄，开创了场馆展览、田间栽培展示、经贸合作洽谈和种业科技交流相结合的农业良种展示推广新模式，广东种业博览会也成为展示种业科研成果、推动种业交流合作、提升种业发展水平的重要平台，对我国种业创新发展和加快现代农业建设起到重要推动作用。

在2013年讨论是否继续参与投标广东种博会时，内部基本确定，即在有所亏损的前提下，至少争取做连续三届的总服务商。虽然2013年没有盈利，但《农财宝典·种业版》在业内已经打响名号。2014年3月，南方农村报再次参与广东种博会的投标，并如愿中标。新一届，南方农村报努力强化种博会的社会价值，让种博会家喻户晓，继续改善服务和组织工作，对国内企业加以扶持，加强开拓国外大企业。

2014年12月12日，第十三届广东种博会盛大开幕，观众比上届增加20%，广东省政协副主席温思美、农业部种子管理局局长张延秋、农业部全国农技推广中心主任陈生斗、广东省农业厅厅长郑伟仪等嘉宾出席。开展期间，广东省委副书记、省政法委书记马兴瑞、广东省人大常委会副主任黄业斌等领导到会视察。

南方农村报不仅仅是为搞会展而搞会展。承办各种展会，我们收获了企业资源，收获了渠道资源，我们还收获了一支优秀的团队，或许还能创新现有的盈利模式，是南方农村报成为“独特价值三农综合服务商”迈出的重要一步。

【案例】走菜场，走农场

蔬菜种植集约化发展是农村劳动力减少和土地流转大背景下的必然趋势。当前，规模化菜场和蔬菜专业合作社蓬勃发展，正在广东蔬菜供应中扮演越来越重要的角色。广东省菜场数量越来越多，规模也不断扩大，据不完全统计，仅珠三角地区就有超过 100 家 500 亩以上的菜场，新的千亩菜场也不断涌现，蔬菜专业合作社更是超过 1 000 家。由于近年政府对合作社扶持力度加大，实力强的菜场往往会成为当地合作社的牵头人。

近年来，恶劣天气频发，土地租金、人工工资、农资产品价格涨势加快，令菜场经营的许多问题凸显出来：多年种植一年多茬以致地力下降，病虫害增多，抗药性增加等。这些问题对于菜场经营者的种植专业水平、综合管理水平提出了更高的要求。相对散户菜农来说，菜场具有抗灾能力强、综合成本低等多方面的优势，但销售不力、菜价波动频繁、种植管理难度高等问题也制约着菜场的发展。

规模化菜场具备比散户菜农高出数倍的生产效率，正成为广东蔬菜生产供应的中坚力量。为更好地了解菜场现状，发现问题，南方农村报与广东省蔬菜产业协会在 2012 年 6—9 月期间开展“走菜场”大型调研活动，走访了 19 家规模菜场，组织专家及知名农化企业到生产一线了解菜场需求，采写了一批专题报道，并把走菜场的调研结果编辑出版《规模菜场高效管理经验》读本，供蔬菜产业链从业人员参考，并将有关建议提交给广东人大代表、政协委员。这次大型系列活动历时长，规模宏大，旨在帮助菜场实现科学高效管理，选好化肥农药产品，拓展销售渠道、打造农产品品牌，并为菜场营造一个良好的产业环境。借助蔬菜产业协会的组织架构和专家资源，对广东菜场进行调查摸底，致力于帮助菜场实现科学管理，拓展销售渠道，打造农产品品牌，并将菜场的诉求以提案形式反映到相应的政府部门。

2012 年 10 月 20 日，在广东菜场集中区惠州市举办了“规模菜场高效安全管理论坛”，就规模菜场运营现状与扶持政策、品牌菜的机遇与市场策略、菜场高效管理与成本控制等话题展开专题讲座和讨论。

当年“走菜场”活动吸引了五家农资生产企业合作。2012 年“走菜场”的成功模式，在 2013 年、2014 年得以持续。“走菜场”“走果场”统称为“走农场”活动，搭建服务种植大户、规模化农场与农资企业的桥梁。

【案例】评选认证

近几年，南方农村报种植板块的评选活动有华南双十佳农资经销商、广东热销作物权力榜、华南肥料/农药产品权力榜等。最早的评选活动开始于2009年首届华南（广州）农资博览会，为了让更多农资渠道商帮助影响发动生产企业参加展会，我们策划了“首届广东十佳肥料/农药经销商”评选活动。

众所周知，农资已是当前农业生产中不可或缺的重要要素，直接关系着农业增产和农民增收。而优质的农资产品从生产厂家到达农民手中离不开经销商这座桥梁。因此，可以说经销商群体为我国农业发展立下了汗马功劳。这个群体正在不断扩大，除原有的脱胎于20世纪八九十年代供销社或农资公司的老一批经销商外，又涌现出了一批出身于农资业务员，或非农行业转入的新生代农资经销商，他们将大量的名优农资产品推介给农民。第一届华南（广州）农资博览会“首届广东十佳肥料/农药经销商”评选活动，评出了一批讲诚信经营、勇于创新、敢于担当的现代农资经销商。

农资经销商的评选活动在广东农资界掀起的热潮远超过组委会的预计，竞争非常激烈。双十佳农资经销商的颁奖典礼放在了展会开幕式现场，反响很好。这次评选，团结了一大批农资经销商“大佬”，为“金牌经销商”认证工作打下了坚实的基础。

随后，在2011年第二届华南（广州）农资博览会，南方农村报将评选范围扩大到华南五省区（广东、广西、海南、福建、江西），进行“华南双十佳农资经销商”评选，进一步扩大影响的范围。为了影响更多年轻经销商，还推出了“首届华南双十佳新锐农资经销商”，鼓励农资新一代勇于承担社会责任，积极推动行业健康发展。“有展会必有评选”，2013年第三届华南（广州）农资博览会期间，延续扩展了之前的做法，举办了“首届广东百优农资零售商”评选。2014年首届海南农资暨种业交易会举办前，组委会组织策划了“海南省50强零售商”评选，虽然评选活动时间不到一个月，却备受海南省内农资行业人士的关注。50强投票总票数超过5万，《农财宝典·农化版》官方微信因此在投票期间迅速增加粉丝数千。

除了评选经销商，2011年以来种植板块也启动了产品评选、种植能人评选、金牌经销商认证。如“广东热销作物品种排行榜”“华南肥料/农药产品权力榜”“南方鲜食玉米大会产区十佳带头人”等等。

“广东热销作物品种排行榜”已成功举办三届，秉承以市场为导向的评选原则，为种植户推荐主流产品和苗头产品。

每年活动持续保持近20个类别200多个品种的候选阵列，不仅囊括广东市场上畅销的大田作物、主流蔬菜品类，而且候选品种的细微变化反映着广东种业市场的年年新象。2011年，上百个品种进行激烈角逐，共有18个品类的166个品种胜出荣登品种权力榜、潜力榜。2012 年，组委会在奖项设置上增加年度销量大王奖、年度创新奖、年度人气奖三大奖项，榜单涵盖 16 个品类，共有 110 席权力榜候选产品和 88 席潜力榜候选产品，最后 112 个优秀品种入选权力榜、潜力榜，6 个强势品种荣登年度大奖，在华南种子市场引起了强烈反响，活动影响力辐射北方市场。2013 年，排行榜对奖项设置进行了微调，突出权力榜，打造精致权威榜单，共有 17 个类别 222 个品种进入权力榜候选，最后有 93 个权力品种脱颖而出。2012 年，参照广东热销作物品种排行榜模式，种植板块又推出了“华南肥料/农药产品权力榜”，取得了不俗的业界反响。

2014 年 6 月，第二届南方鲜食玉米大会进行了“首届南方鲜食玉米产区十佳带头人”评选活动。评选期间竟然收到了来自各方 14 万多的有效投票，收到了出乎意料的良好效果，既带来了有效参会代表，也扩大了活动影响力，不少企业都过来谈成了实际的合作。

2014 年底，种植板块将启动新的评选活动，“中国蔬菜行业风云榜”和“中国农资行业风云榜”，评选行业内的新技术、新产品、明星产品、年度企业、卓越企业家以及热点事件，打造新的影响力平台。

【案例】产品及市场调研项目

市场调查是企业制订营销计划、政府制定政策的基础。企业开展市场调查可以采用两种方式：一是委托专业市场调查公司或团队来做；二是企业自己来做，企业可以设立市场研究部门，负责此项工作。南方农村报近几年开始涉足这一领域，但种植板块起步比较晚，属于“短板”。

2013 年 5 月南方鲜食玉米大会的成功举办，让广西种业界认知了南方农村报和《农财宝典》。2013 年 6 月，广西区种子管理局“看禾选种”专项活动举办十周年。该局主动委托南方农村报种植板块种子团队做“看禾选种，助农增收”专题报道，负责“看禾选种，助农增收”活动会刊 40 页内容采写、编排。南方农村报仅仅用了十天的时间，漂亮地完成了会刊的采编工作，赢得了该局领导层的赞扬。

有了这次愉快的合作，2013 年 7 月底，种植板块种子团队再次接下广西区种子管理局的“广西种业发展调研”项目。调研内容分为：广西种业发展现状分析；“十五”以来这些年，广西种业发展成效总结；广西种业发展存在的问题；广西种业发展的优势条件及制约因素；广西种业发展的思路及对策。广西区种子管理局要求调研各部分内容均涵盖种业科技创新能力、供种保障能力、企业竞争能力、市场监管能力的阐述。

这个调查项目内容繁多，但服务时间仅有一个月。编辑部派出了 9 名记者执行。整个调研分为三个阶段：一是初步调研阶段。制订计划（选定调研对象，查阅资料，调研分工）；问卷设计（交付甲方审核并修改，定稿后再实施）。二是实施阶段。一边安排3名主力记者到广西实地采访调研，一边安排6名记者在报社搜集资料，并打电话进行问卷调查。三是研究分析、报告形成阶段。调研团队对数据进行收集、分析，制作图表；采访内容和问卷内容整理、分析；撰写、编辑调研报告。

一个调研项目做完，利润虽不高，但是通过委托方广西区种子管理局，记者们迅速与广西种子行业的精英人群建立联系，获得广西种子行业最真实可靠的数据，扩大了报社的影响，同时也锻炼了采编团队。最后编制成的《广西种业发展调研报告》，受到广西区种子管理局领导层的一致肯定。

其实，纸媒做市场调研项目，有着天生的优势：较完备的调查对象数据库，训练有素的记者调查团队和编辑团队，实地调查及调查资料的整理和分析、报告撰写能力，都远高于普通调研公司的信息员。但我们做得还太少，今后必须主动加强与企业合作产品调研项目。

探索垂直型农业新媒体盈利模式

目前，《南方农村报》在华南地区涉农终端市场，包括在农化行业有着无可替代的影响力。从资源积累的角度，拥有各类数以万计的专业数据，是中国目前唯一密集覆盖农村农业区域终端市场的媒体群。2011年，报社开始发展新媒体业务，种植板块启动多种媒介业务探索，开展展会业务，先后开设《农财宝典·农化版》《农财宝典·种业版》两本专业刊物以及相应的微博、微信平台，建立南方农村报BBS南方农资论坛，按细分市场建立各类作物和农资渠道QQ群、微信群，利用多种途径积累资源，探索垂直型农业新媒体盈利模式，抢占行业话语权，通过派生业务的抓手创新运营模式。

《农财宝典·种业版》。一生二，二生三，三生万物。继畜牧版、水产版之后，种植板块先后开设了《农财宝典·农化版》（2014年改为《农财宝典·农场版》）、《农财宝典·种业版》。种业行业有很多行业杂志、学术期刊，但一直没有一本行业新闻杂志。《农财宝典·种业版》正为改变这一现状而设。2011年12月第十届广东种博会前夕，《农财宝典·种业版》强势推出，12月11—12日两天在会议两个主要场地广州柯木塱种植基地与南洋长胜宾馆派出近5 000份，其内容令人耳目一新，备受政府官员、专家、企业负责人、经销商等种业人士好评。“很不错，回去再详细阅读。”翻阅了《农财宝典·种业版》的农业部种子管理局副局长马淑萍表示。先正达（中国）公司对外沟通经理阮林娟多次参加种子展会，她称只有在广东才能看到这样的专业杂志，内容丰富也有深度。中国种子协会蔬菜种子分会会长刘铁斌连称“不错，不错”，表示以后协会可以和杂志加强合作。

来自山东、辽宁、云南、陕西等地的种子企业负责人主动打来电话，“杂志反映的内容很真实，既有大企业声音，也有小企业的心态”，“宏观、微观的种业信息都囊括了”，“接下来我们打算订阅”。不少看过此前的种业特刊的企业负责人表示，《农财宝典·种业版》内容比之前出版的一些特刊更加充实、全面，还有优势品种排行榜评选，“主办方确实花费了很大的心血”。

《农财宝典》作为南方报业传媒集团南方农村报旗下涉农专业杂志品牌系列，在种业版推出之前，水产版与畜牧版办刊已有十多年，成为全国具有广泛影响力的行业主流媒体。种业版伴随种业改革创刊，将秉承《农财宝典》的定位和理念，以遵循新闻独立、客观、公正、平衡的原则，以深入调查、呈现真相为使命，做好“新闻专业主义，跨越技术层面，引领行业潮流”。创刊后，《农财宝典·种业版》以记录、见证、引导种子行业变革为己任，与新时代种业共成长；权威解读种业政策走向，洞悉行业市场万千变化，学习先进管理营销经验，呈现新品种新技术信息，分享精彩商业财富故事。

2012 年，《农财宝典·种业版》推出两期（半年刊），以此试探市场，两期的发行和广告经营都比较理想。2013 年，《农财宝典·种业版》改为季刊，由于发行工作、品牌运营手段滞后，没有取得理想中的成绩。但是，这年种子团队幸运地抓住了一个机遇，一举拿下第十二届广东种业博览会的总服务商。为了服务好第十二届广东种业博览会，南方农村报投入了大量的人力、物力和财力，种子团队全年的工作节奏也基本围绕此会展开，内部认为这是导致《农财宝典·种业版》推进不力的原因，焉知非福，因为承办广东种业博览会，《农财宝典·种业版》迅速在业界提升了知名度。《农财宝典·种业版》运作两年多来，组建了 10 个人的内容和运营团队，以蔬菜种子及水稻、玉米等大田作物种子为主，深入各个细分市场。2014 年，《农财宝典·种业版》改为双月刊。

经过近三年的市场培育引导期，目前《农财宝典·种业版》希望借助承办广东种业博览会这个全国性的展会，在未来三年内打开局面。

《农财宝典·农场版》。《农财宝典·农化版》在 2012 年 6 月闪亮登场，以“报道改变行业”为宗旨，做最出色的行业新闻，做最权威的行业发言人，成为令人敬佩的农艺师。用富有价值的资讯与鲜活的故事，呈现最真实的农资市场，深度介入行业、企业、渠道、经销商、种植大户等每个环节，为农资行业提供更具针对性、更贴近读者需求和更利于受众接受的市场资讯和科技信息服务。通过办杂志进一步开发渠道资源，以专业读者的需要、大耕户的诉求为目的，满足更多更高层次读者的需要。第一期封面故事《“生命素”遇坎》，透过颇具故事性的行文为读者还原业界神话背后的光荣与梦想、希望与困顿，获得了业内人士的高度赞赏。

2014 年起，杂志改版为《农财宝典·农场版》，定位于服务新型农业经营主体，包括专业大户、各类种植农场管理人员、技术人员，他们是中国农产业的规模化产业化提档的中坚力量，是各种新技术新产品的主要用户与示范者，也是农资企业千方百计团结、争夺的对象。《农财宝典·农场版》触角伸出广东，打造一个立足华南，放眼全国，让农资企业、经销商、种植户足不出户就能倾听同行观点，掌握全面资讯，了解最新技术。

《农财宝典·农场版》发行运营团队提出整合营销的设想，在广东、广西、海南、福建四地寻找“渠道战略合作伙伴”和“金牌服务商”，整合资源，各施所长，采编发行广告互促。合作各方相辅相成，互相促进，实现共赢。南方农村报主编陈永对这一设想做了具体阐述：

第一，发行要大家共同出力，添砖加瓦，集腋成裘。除发行人员外，采编人员、广告人员也必须协助推广、发行。采编人员在采编过程中接触到的人，在文章中提到的人务必要给他们用快递或挂号信邮去《农财宝典·农场版》。让这些人成为《农财宝典·农场版》在市场中的“星星之火”，成为杂志的宣传员，成为编辑记者的人脉资源。

第二，依托特色栏目策划广告，增强广告的针对性，创新广告方式与发行方式。种植地理、主要农作物的全程植保解决方案、主要病虫害防治方案、种植达人、走菜场或大农场探秘、经销商（即金牌服务商）、农民合作社风采等栏目可以找企业合作，给予他们协办的名义，并让他们参与到杂志栏目的组织工作中来，让他们购买杂志，为他们刊登广告和提供其他服务。凡是《种植地理》栏目走过的地方，应成为种植团队报道的根据地，成为开拓市场的根据地，如何持续深耕和开发这些地方，采编部和发行部应有所思考，并制订具体作战方案。杂志每期刊登 3 个金牌服务商，为金牌服务商树品牌形象。报社与这些金牌服务商签订战略伙伴合作协议，报社可提供报道、设计编辑服务商产品或企业宣传页等多种服务，而金牌服务商要履行购买相应数量的《农财宝典·农场版》。

发行团队利用多种途径，取得了不俗的业绩，广告经营业绩也逐年稳步上升，但在新客户开拓上还很欠缺。组内认为，种植板块广告的业务，其持续增长最直接的制约因素是广告潜在客户资源的开拓，然后才是广告从业人员的数量和能力。因此，当务之急是有组织、有计划地开拓一批新客户出来，扩大广告客户群，把蛋糕做大，然后建立一些机制，让客户在广告业务人员中做适当的流转，让合适开拓新客户的人去开拓新客户，让合适维护客户的人去维护客户。

《南方农村报》的影响力在广告上的进一步变现还有一定的空间，因此种植运营团队要把注意力投射到潜在的广告客户身上。如果集中精力去开拓一批潜在的新客户，《农财宝典·农场版》能实现新的经济增长。另一方面，客户越多，也能进一步促进影响力的提升，这样影响力的上升和经济的增长便能相互促进，良性循环。

【案例】柑橘通

传统媒体向全媒体转型，核心任务与难点在于发展新媒体，即如何利用既有资源发展网络媒体、手机媒体等新兴媒体。其中，网络媒体又是全媒体发展战略中的重中之重。

南农柑橘通是南方农村报推出的第一款关注三农领域的Android系统手机软件。通过该软件，用户能轻松获取华南地区最新的各类柑橘品种的报价（如砂糖橘、脐橙、蜜柚、贡柑等），时刻更新的柑橘、三农新闻，最便捷的网上柑橘交易平台，柑橘专家咨询平台。

柑橘通软件与以往南方农村报推出的信息产品有较大的区别，其主要的优势在于信息专业化（如能做到广东省各大柑橘产区每天的产品报价）、信息的便捷性（手机下载安装后，随时随地都可以使用）。按照以上特点，移动阅读平台的用户群还在扩大，将来柑橘通的使用人群会以中青年为主，以对新科技感兴趣，乐意主动去学习接受的企业为主。

柑橘通为种植板块企业客户提供了一种投放平台，由于农业生产有一定的规律性，地域性、季节性很强，我们必须不断升级产品，及时更新所有设计的栏目信息，完善读者数据库。目前柑橘通广告业绩并不多，但其吸附了一群忠实的用户，经营模式尚不成熟。

种植板块活动表

02.28“柑桔产业危机与公共服务构建”研讨会 04.28-12.31“撒可富杯”广东十佳农资零售店评选大赛 05.02 农资扶优打假大型活动（协办） 08.22 按树产业发展与市场信息交流会 12.26 首届“广东农民合作社将习所”开班 10-12 第一届广东十佳农药经销商暨十大新锐经销商评选 12.26-27 2009华南(广州)农资博览会	2009
03.27“蔬菜生产与农药产业规模”研讨会 04.28“香蕉品牌打造营销创新”论坛 07.24“水肥一体化新技术高峰论坛” 07.29“植物营养论坛” 09.09“新形势下复合肥营销策略高峰论坛” 12.12-14 2010广东种业博览会柯林塱论坛	2010
03.22“应对柑桔化·南方农村报特别行动” 10.29-11.17 第二届华南十佳农药经销商暨十大新锐经销商评选 12.18-19 第二届华南(广州)农资博览会	2011
02.14-04.26“南方农村报·金正太科技大讲堂”大型公益活动 06.06 首届两广甘蔗产业发展研究会 06.23 2012“我心目中的好产品”调研活动 2012.12-2013.04.18 2012首届中国农资行业人力资源管理50佳企业评选	2012
05.18-21 第一届南方鲜食玉米大会 08.22 第三届华南十佳农药经销商暨十大新锐经销商评选 10.24 首届广东百优农资零售商评选 12.12 第十二届广东种业博览会 12.18 第三届华南(广州)农资博览会暨人才交流会开幕式	2013
05.01-07.31 2014“农化夏女神”评选活动 06.05 第二届南方鲜食玉米大会 07.19-20 海南农资与种业交易会暨渔资名优新品展销会 12.12 第十三届广东种业博览会	2014

BBS、QQ 群、微博群、微信群。 除了柑橘通、农资通等 APP 手机客户端，种植板块顺应行业发展和客户需求，陆续开通了“南方农资论坛”，各类作物 QQ 群、微信群，《农财宝典·农化版》《农财宝典·种业版》还分别开通了官方微博和微信订阅号。这些平台的建立，让南农种植板块提升了整体形象。

从 2013 年开始，微信平台《农财宝典·农化版》和《农财宝典·种业版》订阅号很快在业内打开知名度，加强与传统的采编互动，快速反应，编发热点新闻，线上线下互动，成为积累、整合行业资源的新渠道。通过“海南五十强零售商”“农化夏女神”等微信评选活动，吸引全行业的关注。这些评选活动本身没有赞助，但在线下已经将微信积攒的影响力变现，如“海南 50 强零售商”颁奖仪式获得赞助，“农化夏女神”挂历获得各女神所属企业的广告投放。这些都说明，传统媒体必须及时改变经营观念，学习全媒体销售工具，思考如何通过新媒体手段丰富我们的经营手段，增加企业展示平台。

经过几年的发展，种植板块的新媒体平台也不少了，成绩有好有差。现在，对团队来说，最艰难的事情不是要推出更多的功能，而是认清我们如何让自己越来越简单，多做“减法”，寻找突破性的盈利模式。

实际上，在新的信息技术的推动下，媒体创新的方向发生了巨大变化，内容的创新已经不能“一招鲜，吃遍天”。对于传统媒体人而言，需要内容

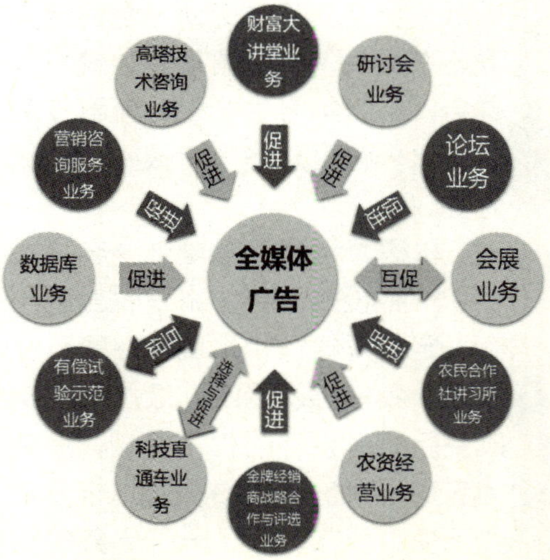

种植板块经营布局图（策略）

产品的创新，在当前更应尝试运用新技术，从营销内容产品的创新机制上着手，真正理解用户的需求，尊重用户的创造性，把内容产品的创制权交给用户。根据这些新的平台和用户需求，种植板块将对原有的团队人才结构进行改变，发现用户需求，跟踪信息技术前沿，研发新产品，加强线上线下联动，通过满足用户需求，促进板块业绩增长。

互联网十余年来的发展，免费模式已经先入为主并成为绝对主流。也就是说，点击量就是发行量，只有扩大免费发行的渠道和范围，尽全力增加新媒体的流量，然后靠强大的流量吸引广告。种植板块广告团队在适应了新媒体的平台后，已经逐步认识到新媒体广告的存在形式和推广方式与报纸广告有很大不同，必须积极转型为全媒体运营部门。

（本文作者周晓凤系农财新闻部主任兼新媒体部主任）

畜牧板块：改革的前沿，新闻的富矿

□彭　进　李　丹

彭　进

早在 8 000 年前的新石器时代，聪明的中国人已开始养猪吃肉。中国人的胃对猪、鸡有特殊的感情。

猪粮安天下，畜牧业无疑是农产业中的绝对主力军之一。

来源于国家统计局的数据显示，2013 年，畜牧业总产值 28 435.49 亿元，占农林牧渔业总产值 96 995.27 亿元的 29.32%。

畜牧业不仅仅产值大，其规模化、集约化程度也远超其他产业。跑农业的记者中流行一种说法：论产业规模化集中程度，水产业比种植业领先 10 年，而畜牧业比水产业又领先 10 年。

养殖结构决定上下游的相关产业结构。产业规模化、集约化程度高，带来的直接影响是，农产业内外的变革，往往都首先从畜牧业开始，例如，新政迭出，资本聚焦，技术更新等。一叶落而知秋，畜牧业快速发展中体现的内外矛盾，也往往率先暴露了农业发展的问题与尴尬。

这样庞大的产业，足以支撑起一个完整的生态系统。

作为行业媒体，我们也在某种程度上属于畜牧业生态系统中的特殊一环。

我们服务产业，研究产业，报道产业，改变产业，而自身的生存与发展，也植根和依托于产业。

毋庸讳言，行业媒体“脚踏两只船”，一脚是产业，一脚是媒体。媒体如火如荼的变革，不见得对产业有多大震动；但农业悄无声息的变化，却潜移默化影响到行业媒体的未来。

南方农村报报系深耕农业50年，见证了中国农业的天翻地覆。如今，我们正面临双重变革与双重考验：一方面遇到农产业的加速度变革，另一方面又遭逢媒体自身的百年巨变。这回，轮到行业来观察南方农村报系的成败得失了。

我们做得怎么样？本文分别从采编与经营两方面来阐述。

采编工作：畜牧业是新闻的富矿

从媒体管理的角度看，采编工作是一家媒体的核心工作之一，采编质量的高低决定了一家媒体的江湖地位。

而从记者做新闻的角度看，问题频发的畜牧业可谓新闻的富矿。畜牧业一头连着粮食安全，一头连着食品安全，既涉及产业问题，也关系到民生问题，它既能引来行业中人的关注，也能吸引大众消费者的眼球。因此，只要做得扎实，做得深入，很容易诞生好作品。

近些年，南方农村报系的畜牧新闻惊艳不断，不少轰动全国的新闻报道都在这里诞生或发酵。

我们立志打造中国最优秀的畜牧媒体平台。

人员配置：人是一切工作的核心

人是企业的核心资源。记者更是一家媒体最重要的利器。对外界而言，人们只能通过认识记者来打量一家报社，每一个记者的文章与水平都代表这家媒体的形象。

南方农村报历来推崇精兵强将，并无人海战术，但近年来随着业务多元化，招兵买马较迅猛。从2006年至2014年，报道农产业的采编部门人员翻了4倍以上。

2006年，畜牧专职记者仅4人；2014年，畜牧团队在职员工约22人（不含温氏集团派驻新牧网代表），其中报纸编辑1人，新媒体专职编辑5人，美编1人，纸媒记者11人，广告经营团队3人，发行经理1人。

在实际工作中，网站编辑与纸媒记者是统一安排工作，基本可以互调，所以畜牧团队中理论上可以写稿的采编记者达到18人。如此庞大的采编团队，在国内畜牧媒体中属于罕见的高配。

记者学历平均水平较高。22人中，7名硕士研究生（含一名在读），14名本科生，1名专科生（美编）。

记者年龄构成较合理，大部分是80后，充满活力。22人中，仅5人为1985年以前出生，大部分人在27岁以下，1人为70后。

记者的专业搭配也相对合理，22人中，16人为畜牧类专业出身，6人为其他人文类专业，非常适合发挥各自的特长。

我们认为，就目前的业务而言，人员配置基本完整。未来，随着媒体转型和业务量扩张，内部分工尚需细化，或许还会再扩充人马。

在招聘记者时，我们的基本要求如下：写作能力较强，逻辑清晰；性格外向，擅长沟通；身心健康，能适应快节奏工作；对三农有感情，不排斥涉农工作。

人无完人，我们既喜欢综合素质高的全面型人才，也喜欢有专长的特种兵。只要有一技之长，只要愿意做事，南方农村报都能提供发挥的空间。这里不拒绝特立独行，只拒绝消极怠工。

多年以来，南方农村报一直严格遵循国家基本规定，保持采编的独立性，推行采编、经营分开，不对记者实行广告任务考核，严防记者违反法规在采访中牟取私利。在这方面，南方农村报系非常规范，走在市场化媒体的前沿，这既维护了报社的声誉，也保证了记者的安全。

同时，由于行业报道的特殊性，南农也鼓励有积累的记者向经营方向转型。目前的经营精英都由记者转型而来。因此，从某种程度上来说，现有的经营同事相对较成熟，资源积累较丰富，综合素质较高。

未来，随着媒体转型，我们不希望无限度增加采编记者，经营与采编的人数比例，大致在1∶2.5较为合适。经营团队需增加到6—8人，采编应保持在15—20人。

报道类型：每个记者都应该有特长

在南方农村报系向全媒体平台转型后，畜牧组需要负责报纸、杂志、网站三大主要媒体平台。我们实际上是三位一体，有三个发稿平台：《南方农村报》、《农财宝典·畜牧版》、新牧网。

常见的产经报道类型都可以在畜牧新闻报道中出现。一般而言，我们用到的报道类型主要有消息、通讯、特稿、评论、访谈几大类。

其中，在报纸和网站上发稿以消息居多，在《农财宝典》杂志则以深度通讯居多。在畜牧业，我们的记者基本上以《农财宝典》和新牧网名义出现，所以这两个平台在企业眼中知名度更高。

一个合格的产经报道记者，应该对所有报道类型都能驾驭，同时对其中的某几种类型比较拿手。更重要的衡量标准是，一个优秀的产经报道记者，必须是所在领域的专家（鉴于技术的复杂性，记者至少必须是相关领域的资讯专家，资讯广度和深度超越大部分行业人士）。

从资讯类型的角度区分，畜牧报道主要可以分为以下类型：

类型	内容	案例
行情报道	报道猪、鸡、奶、蛋、饲料、兽药、疫苗等重要产品的日常价格、波动，分析现状，预测未来。南农侧重于猪价、鸡价分析。	《9月猪价涨势放缓》，2014年9月（《农财宝典·畜牧版》）
公司报道	监测并报道上市企业、知名企业、行业组织的动向。南农侧重于关注生产企业、贸易企业和经销商，对加工类企业关注较少。	《农牧企业半年报》，2014年9月
产品报道	监测并报道产品。南农侧重于报道新产品和主流产品。	《大华农上市腹泻灭活疫苗》，2014年9月
政策报道	率先发布或深度解读政府有关政策，并分析行业对政策建议，起到上传下达的作用。	《小养猪户贷款难，小额贷款能否救急？》，2014年9月
人物报道	报道行业知名企业家或新闻人物的动向、言论、思想。南农侧重于大型企业董事长或知名创业精英特写、专访。	《李宁院士被调查　涉嫌挪用千万资金》，2014年9月
食品安全报道	积极报道食品安全事故，不做行业潜规则的遮羞布。同时以科学理性的态度对行业外的群体传达真知，避免无谓的恐慌危害行业。	
疫情及技术稿	报道养殖业常规病情或突发疫情，并提供技术分析。南农侧重于报道疫情，并约请专家写作技术稿。	《关注伪狂犬野毒的流行　重视伪狂犬野毒的防控》，2014年9月
会议报道	报道企业或有关部门主办的会议，提供技术、产品等资讯。南农侧重于通过会议写作技术稿。	《有干货要分享——第六届农财宝典猪业论坛成功举办》，2014年9月
纠纷报道	报道农民或企业的投诉、纠纷等，站在媒体的中立角度，扩大影响，促成纠纷的解决。南农侧重于替弱势群体说话。	《广西美冠猪场股东闹纠纷转战微信》，2014年8月
行业调查	揭秘、揭露、分析行业中的热点现象。南农侧重于透过案例去解剖普遍性的行业矛盾。	《生猪产销区背后的纠葛》，2014年9月
其他		

从产业划分和记者分线的角度考虑，我们内部把畜牧行业又细分为以下板块：饲料、疫苗、兽药、养猪、设备、经销商、家禽、特养、政策等。这样做的目的，是细化分工与追求聚焦，力图让记者成为某方面的行家甚至高手。目前来看，效果尚可，但尚未得到彻底贯彻，一部分记者做得较好。

其中，养猪板块、饲料板块、疫苗板块、政策、经销商是最受业界关注的，因此我们投入的人力也最多。基于养殖、政策、经销商的重要性，每个记者都必须跟踪。

在我们关注的养殖品种中，猪是重中之重，鸡次之，其他小品种偶有涉及。自2011年1月《养殖宝典》拆分为《农财宝典·畜牧版》和《农财宝典·水产版》之后，《农财宝典·畜牧版》就只关注生猪了。家禽等内容则在报纸、网站上呈现。

鉴于生猪产业的重要性和杂志的重要性，大部分人围绕着猪来做报道与积累资源。如此聚焦一个产业，挖得深，走得远，对记者、广告客户都不无好处。当然，对《南方农村报》这个农村地区综合类媒体而言，畜牧版只有生猪内容，许多时候显得不够丰富，同时容易限制记者的眼界。我们只能通过编辑主导策划来实现版面资讯的扩大。

媒体报道什么，是由其读者定位决定的。南农旗下的系列畜牧媒体，大多针对养殖终端来发力，不是定位给少数渠道商或厂家看的，不是发论文的杂志，因此在保持专业性的同时，总体而言偏向故事化操作。报纸的读者以华南地区的千家万户为主，所以内容需要更丰富；而杂志定位于规模化养殖企业及相关产业链，稿件需要更专业，更聚焦生猪；而网站面向全国，不受地域限制，因此主打猪、鸡两大品种，兼顾其他。

内容评价：好的报道应是合格的产品

回归市场经济的企业属性来谈新闻，我们认为，新闻报道是一家媒体最重要的产品。生产出合格线以上的新闻产品，是一家媒体基本的伦理底线，也是每一个记者的职业底线。

客观而言，《南方农村报》的许多涉农报道文本并不完美，远未达到一流境界。但毫不谦虚地说，在涉农报道方面，大多数时候，《南方农村报》的报道往往能够引领舆论，改变某些行业生态。原因无他，南方农村报系是国内涉农媒体中为数不多有深度原创能力的媒体，扎得深，敢碰硬，树立了说真话的极佳口碑。大多数同行媒体已经习惯了引用南农的观点，很多行业中人也习惯了等待南农的调查与观点。

在作为新闻业重磅大奖的广东省新闻奖和全国农民报协会好稿奖中，我们的畜牧报道屡屡斩获大奖，为业界瞩目。基本上每年都会有报道受到表彰。

评价一篇涉农报道的质量高低，可以有多种角度。我们认为，准确、好看、有用，是三个最基本的原则。如何详细考究各有各的标准，但万变不离其宗，一篇好的农业产经报道一般需要经受以下五大考验：

第一，采访部分：采访是否全面，伦理是否合格。

七分采三分写，报道的好坏，采访是否扎实要起很大作用。

我们要求，一篇消息应该有 3 个以上消息源，一篇通讯应有 5 个消息源以上的采访，能够呈现不同的立场和视野。

以最常见的饲料兽药投诉为例，一个较完整的报道，必须采访投诉者、企业、经销商、政府、专家、其他养殖户六个环节，保证各方的声音都能体现，以平衡某种偏颇。有时候，某些人会拒绝接受记者采访，但记者无论如何应尽最大的努力去尝试联系最核心的利益方，并把相关的采访结果或采访过程呈现出来，避免逻辑有问题或偏颇。

我们强调采访必须注意新闻伦理，正是担心新闻无意识伤害到无辜的人甚至采访对象。保护采访对象的隐私是最基本的原则。

以能繁母猪补贴报道为例，这是一个政府和农民都头痛的话题，2007 年来，《南方农村报》报道了大量案例。能繁母猪补贴仅 100 元/头，由国家、省、地、县多级财政共同支付，但很多地方政府以财政资金紧缺为由拒绝发放，惹来众多投诉。我们接到许多尴尬的投诉，一些农民一方面希望我们介入调查，一方面又担心得罪当地政府不敢抛头露面。在这种情况下，我们要么另外寻找勇敢的农民，要么只能暂时放弃实名实姓的新闻原则，以对爆料人匿名的报道形式进行报道，以避免对采访对象造成伤害（爆料人不知道，作为记者，最害怕甚至厌恶那种不敢实名出现的爆料者）。

当然，这种匿名仅仅涉及强势机构如政府的特殊处理，在涉及民间纠纷报道时，我们坚持认为，具体的当事人不应该匿名，否则就是对另一方的不公。媒体是公器，不能变成某一方的武器。媒体与记者应该有自己的立场和判断，但至少在程序上必须公平呈现每一方的观点，因为媒体的扩大效应太强势，很容易带来误伤。

第二，逻辑部分：立论是否中肯，逻辑是否自洽。

尽管人们渴望新闻客观公正，但每一篇报道事实上都有其暗含的逻辑与立场。文章的核心力量，就在于观点与逻辑。对一篇报道而言，观点可以见仁见智，逻辑则必须自洽。逻辑严密，方能公允，方能成文。

为了保证记者具有基本的逻辑思维能力，近年来，我们招聘畜牧记者时，写作题基本都是评论。各种体裁都考验作者的逻辑性，而评论是最能直观体现的。

第三，写作部分：文字是否干净，表达是否优美。

报道最起码要文从字顺，能让人读懂，并有兴趣读下去。至于表达优美，则是更上一层楼的要求，但凡有点追求的记者都会心向往之。事实证明，文章优美，并不太难。尴尬在于，很多记者往往在紧张的写稿节奏中自动放弃了对文字的打磨。

并不是每个记者都会成为作家，但每个记者都应该成为一个合格的作者。

第四，知识部分：知识是否准确，论述是否深入。

农业产经报道涉及很多专业知识，有一定的专业门槛。而涉农报道大多是给农民或农产业人士阅读的，好的报道必须做到在专业上准确，不能传递错误的知识信息，以免贻笑大方甚至酿成大祸。专业主义既是对媒体采写技能的要求，也是对关注领域的要求。

以高致病性蓝耳疫苗为例，这是一种非常敏感的疫苗，既有国家强制免疫疫苗，也有各大厂家推出的市场苗，毒株类型众多，竞争十分激烈，而业界争议也极多。记者写稿时，如果没有丰富的背景知识，很容易在技术上被人绑架，沦为单个企业的宣传工具，从而引来非议，甚至给用户带来损失。

第五，反馈部分：影响是否到位，问题是否解决。

新闻必须以解决实际问题为宗旨。因此，衡量一篇报道最重要的标准，是实用性。一篇报道，即使有写作上的瑕疵，但只要能解决实际问题，就还是好报道；而一篇报道哪怕写得再华丽灿烂，没有实际影响，也不能算是好作品。

不同的报道，有不同的目标读者。例如，批评政策的报道，应影响到决策者；传播养殖知识的报道，应以养殖户的口碑为标准；分析公司市场的报道，应以企业反馈为标准。

2014 年 4 月，农财宝典记者高勇红在广西边境独家暗访养猪业诟病已久的越南走私猪，稿件见报并上网后引起舆论狂潮。广西海关积极回应并承认了走私猪事实，表示将严打走私；广东茂名相关部门紧急出台了堵截走私猪的政策。尽管我们在内部讨论会上认为，该组稿件采写并不完美，但社会传播效果较好，且引起了主管部门的高度重视，可算是一组很不错的报道。

农业产经报道注意事项

农业是一个问题频发的产业，也是一个脆弱的基础产业。涉农产经报道极为敏感，一不小心，就可能损害一个行业或企业，同时损害媒体自身的声誉。因此，我们认为，做包含畜牧业在内的农业产经报道，需要重点处理好几对关系或矛盾，需恰到好处，以免过犹不及。

传媒公共性与企业行业性的平衡

对涉农媒体考验最大，莫过于身处行业靠行业吃饭，又要跳出行业维护媒体的公共性。当报道涉及具体的企业和组织时，尤其考验行业媒体领导层。当广告利益或人情事故冲击新闻报道时，是维护公共利益，还是敲打自家算盘；是算情怀账，还是算经济账，不同的媒体有不同的算法。

2009年，《南方农村报》报道华南农业大学某校办企业员工涉嫌偷卖瘦肉精，一时全国震惊，广州城也被震动。最尴尬的是，南农包括主编在内的相当一部分记者毕业于华南农大，在报道后相当长一段时间，报社领导承担了巨大的压力。

我们坚持认为，媒体应该把公共利益放在第一位，不能自居某个企业甚至某个行业的特殊利益代言人与简单传声筒，在农产业还不十分规范的今天，跳出行业，才能真正维护行业的利益。南方农村报旗下的专业涉农杂志《农财宝典》把办刊宗旨定位为“报道改变行业”，正有平衡行业利益与公共利益的考虑。

知识专业性与报道通俗性的矛盾

涉农新闻报道需要深入浅出，才能让农民看得懂。问题在于，这是一个专业名词特别多的领域。

一方面，涉农新闻的专业性确实比较强，有太多的技术、背景需要解释，非农专业记者难以理解并传达；另一方面，大多数出身农学专业的记者在舞文弄墨方面确实有待提高。尽管报社在招聘记者时已经对写作能力有一定要求，但我们仍然苦于找不到足够擅长表达的涉农专业毕业生。而很多学新闻、中文专业出身的记者，对猪、鸡了无兴趣。这是一对矛盾。

例如，在畜牧行业，很多新技术、新产品，基本上只有畜牧专业的研究生才能彻底搞清楚其原理，普通记者如何表达才能既准确又通俗易懂？

我们不敢说南农在这方面做得很完美，只能说，一直在努力。

报道批判性与立场中立性的关系

毋庸讳言，媒体必须有批判性，更必须维护弱势群体利益。南方农村报有一个口号“专门为农民说话，专业为农业服务”，充分体现了这种定位。

值得注意的是，由于很多涉农媒体受制于体制的束缚，要么无法获得采编资格，要么本身隶属于政府机构或行业组织，手脚施展不开，故往往未能充分发挥媒体的舆论监督功能。这是绝大多数畜牧类杂志、网站的先天缺陷。

涉及批评政府和企业的报道时，尤其敏感，这考验媒体的风骨，也考验媒体的背景。

《南方农村报》近年来做了很多批判性的监督报道，得到了各界的好评。我们认为，做舆论监督报道，记者需保持公平心和寻常心，切忌陷入民粹主义的陷阱，避免为批判而批判，防止为监督而监督。媒体的批判性不能做得走火入魔，它必须与建设性、中立性融为一体才能长期生存。

例如，一些弱势群体，在特定的情况下，可能变成强势群体，甚至可能欺骗并利用记者的善心。我们在接触饲料或疫苗投诉案件时，一些农民往往习惯夸大其词，一些爆料者更习惯引导记者的报道方向，甚至不希望记者采访另一方。年轻的记者很容易头脑发热，为农民的悲愤情绪所感染，写出证据不足的批判稿，从而造成不良影响。

传播为王：影响力必须靠精准传播来兑现

内容为王的观念曾经流行数十年，如今正在被质疑和颠覆。在传播渠道和信息获取渠道较单一的年代，内容为王尚能说得过去，而今，随着互联网与移动媒体的崛起，传播平台和传播能力已经成为制约媒体影响力的关键因素。

如果就新闻谈新闻，我们认为，内容固然重要，传播内容更重要。传播才是新闻业的本职工作。一切报道的影响力都必须靠精准传播来兑现。

从企业属性看，媒体必然是“产品+销售”的双驱动，报道不过是媒体产品的一种形态，单纯强调内容，就像单纯强调产品质量一样，是漠视市场规律的愚蠢行为。

如今，纸媒的危机，也正是来源于其传播渠道和传播方式正在被网络颠覆。

目前，南方农村报系的农财类新闻公共传播主要依托于以下方式：

A. 自家纸媒载体（《南方农村报》《农财宝典》）：这种载体可靠而精准，并可直接落地于千家万户，是我们最重要的平台，可以实现广告的二次售卖。但在以分钟计算的移动网络时代，其新闻传播速度已经受到限制。

B. 自家网络平台（新牧网、QQ群、微信公众号、微信群、微博）：这几个网络平台聚集了相当多的粉丝，对扩散稿件极为有利，目前已经成为我们快速发稿的主阵地，到达相当精准。其缺陷很明显，即尚未找到合适的盈利模式。

C. 短信平台：快速到达，但由于基础数据较大，短信耗费较大。我们仅在传播重要猛稿时使用。此外，越来越多的手机已经会屏蔽短信。

D. 门户网站：通过向门户网站推广，利用其巨大的传播能力。其缺陷在于门户网站对稿件有一定的要求，并非所有的稿件都能得到其认可。

E. 企业平台：行业新闻对企业的报道极多，我们有意识将见报稿件发给企业，出于宣传的需要，他们会充分利用自己的渠道广为传播。每家企业都至少有几百个客户，这样的传播方式既精准，也能够起效果。

F. 读者口碑：毫无疑问，有意思的稿件，读者自己会去谈论和传播。当然，这属于二次传播的范畴。凡是无法二次传播的稿件，都谈不上是好稿件。

传播有其独特的规律。什么样的资讯容易引起疯狂传播？这可能是几句话谈不清楚的话题。但简而言之，必须回到内容与形式。好的内容、巧妙的包装、关键性传播渠道，这三者的成功结合，才能够引来病毒式传播。

以最直观的微信为例，新牧网的微信阅读量在行业微信中首屈一指，平均每两天就有一条微信阅读量过万，最高的阅读量甚至超过60多万。原因何在？其一，有强大编辑部提供的独家资讯；其二，编辑对标题精益求精；其三，有大量行业大佬关注了该微信号，主动转发。这三者缺一不可。

在这三者中，编辑所能体现的功力，主要在于如何巧妙包装。微信真正强调内容为王，但同一条稿，不同的编辑包装出来，阅读量完全不同。

目前，我们有多位编辑专门研究微信的阅读和转发规律。微信转发充分展示了人的情感需求和利益诉求，是“标题党”长袖善舞最好的平台。

例如，一种有意思的现象值得关注。我们发现，读者对生猪价格的利好消息非常敏感，特别愿意阅读和转发。在某一个月的 17 条阅读量过万的微信中，竟然有 7 条是谈猪价的。这说明，人人都渴望“好消息”，来鼓舞自己与他人。人们会认为，好消息属于正能量，好看，有用。媒体向来习惯传播“坏消息”，Bad news is good news，其实，对行业新闻而言，人们更渴望“好消息”。在编辑把关时代，纯客观地呈现整个世界基本不可能，所谓议题控制其实就是一种巧妙的编辑部倾向。如果一家媒体老是传递负面的声音，长期下来，对积累读者和树立媒体形象都未必有利。当然，无谓地迎合读者，也是一条不归路，不值得提倡。

总而言之，媒体的影响力，取决于其扩声器作用的大小，没人阅读的网站或报纸，基本得不到尊重。一篇好的稿件，务必要全方位传播，才能效果最大化。传播是有规律和技巧可寻的，南方农村报系在这方面还有很多需要探索。

经营篇：服务落地　产品更新

近年来，南方农村报系提出了新的战略定位：独特价值的三农综合服务商。围绕这个定位，整个报社都在进行转型。

畜牧组也不例外，我们由单一的采编、硬广模式，发展到现在线上、线下活动以及各种经营项目的拓展。经过近四年的努力，基本上完成了战略资源（猪场、经销商、厂家、专家等畜牧业中的从业人群）的拓展以及战略性项目（种猪联盟、经销商协会、合作社联盟、产地博览会等）的布局，各种数据（猪场、经销商等各方面的数据以及生产资料信息）基本齐全。

更新服务，创新产品，是媒体转型升级的必由之路。2014 年，畜牧的经营规模约 1 000 万，未来，它应瞄准 2 500 万以上的经营盘口，才比较理想。而经营人才也应由目前的 4 人翻一番以上，方能保证可持续增长。

2015 年，正是探路的新阶段，将真正实现盈利模式多样化。未来畜牧媒体的盈利点主要分传统业务、线下活动、新媒体业务、实业经营这四方面。

传统业务

传统硬广搭配宝典发行。目前，在硬广投放方面，《农财宝典》和《南方农村报》有很强的吸引力，基本是国内畜牧行业第一品牌。我们的优势在于媒体真正落地，定位于给养殖户终端阅读的媒体，有一流的养殖户和读者资源。我们的定价差异化较明显，广告价格是同行媒体的 2—3 倍，充分展示了品牌影响力得到认可。能够在《农财宝典》投广告的品牌，基本上都是一线品牌。我们对外承诺，每期广告不能超过总版数的 40%，以避免伤害读者的阅读效果。

除了重要客户与专家，《农财宝典》基本不赠送，发行依然是我们的重要营收手段。发行主要有几个主要方式：邮局订阅、金牌经销商购买、企业购买。可以预见，纸媒发行量要想大幅提升基本不太现实，但依靠独家内容、精心策划和活动借势，行业垂直媒体稳住发行甚至小幅提升，问题不大。考虑到畜牧宝典硬广的容纳率有限，尽量签订搭配宝典订阅的协议，充分利用硬广，推动发行，持续扩大畜牧宝典在南方多省份的影响力。

按客户需求定制内容。按客户要求定制策划的内容，比如疾病控制、营养或是猪场管理等方面，由企业赞助，以记者采写的方式呈现，价格比硬广稍高（涉及记者出差成本）。这种类型的业务深受市场成熟的企业欢迎，例如硕腾、勃林格、海大集团、双胞胎集团等这些品牌建设得相对完善的企业。未来，这方面的需求将持续扩大，越来越多的企业将不再满足于贴硬广，更多的需要媒体传播企业文化、品牌价值、技术推广等。同时，这也对团队提出更高的要求：除需要扎实的专用知识外，还得深知行业动向、市场行情、企业文化，才能策划出一系列令企业乐于接受的有偿方案。

企业的舆情分析以及培训。畜牧行业的上市企业在媒体公关以及舆情监督方面比较薄弱，新牧网已经开展了一期舆情培训班。此外，针对部分企业，可以开拓舆情定制服务项目。畜牧行业已经有媒体在尝试这方面的业务，如果《农财宝典》出手，凭借深入行业的优势，将有独到的表现。其中的关键点在于，媒体做舆情定制分析，绝不能做成删帖公关生意，这与媒体的舆论监督者定位不符，也挑战了法律法规，存在风险。媒体做舆情报告，既需要精准，也必须专业。

企业内刊制作。越来越多的企业有内刊、公共微信，但苦于不懂包装内容，或是没有内容。而独家内容正是我们区别于其他行业的媒体的核心，我们可以承包一些企业内刊，定期制作。中小企业宣传册的制作：目前不少种猪场、经销商等都有制作公司简介的欲望，因专用性以及局限性，广告公司的设计不一定能符合他们的需求，同时这些中小企业也出不起高昂的设计费，因而《农财宝典》存在机会。

咨询服务。很多媒体人转行做咨询公司，其实畜牧媒体本身也可以做，而且还有非常多的优势。问题在于，企业投了硬广告，往往就不再愿意为咨询服务付费。咨询服务可以与全案营销结合起来，这种业务适合面向大企业与进军新市场的企业，他们有迫切的需求，也愿意为此买单。目前，我们的遗憾在于掌握了大量终端资源与信息，却不知道如何发挥特长。同时，采编团队要达到咨询公司的水平，大多数人还需要思维转换，学习掌握独特的分析工具与理论模型，这是一个对单兵素质要求较高的行业。为企业量身定做营销方案可以作为咨询服务的一种。

全案营销。根据我们对市场的熟悉程度，我们能够为企业打造从宣传到销售、产品推广等一条龙的服务。

线下活动

媒体的作用在于整合资源，为各方服务。而线下活动可以在很大程度上满足各方的诉求。线下活动不但能够让媒体接地气，还可以让媒体脱离旧的盈利模式，实现媒体企业化转型，可持续发展。近年来，我们探索了众多活动形式，在行业中掀起了一波又一波高潮。

华南畜牧业博览会。2014 年，农财宝典以华南畜牧业博览会为名，在广东茂名、广东四会、广西博白这三个地方举办了三场博览会。其中，茂名的博览会已经是第三届，颇受好评，盈利较好。未来，我们将考虑在湖南、福建等地的主产区开展类似博览会，与行业强势机构合作，把华南畜牧业博览会推广到整个南方地区。同时，考虑到广东省未有国家级的高大上的博览会，我们可以尝试联合多家机构，在广州琶洲会展中心组织一场国家级博览会，增大单个项目的营业额，挑战一下高难度。畜牧团队操办地方性博览会已经驾轻就熟，基本可以克服各方面的困难。

凤凰山论坛。凤凰山原是广东猪业大型活动的据点。凤凰山论坛则是一个专门针对中国最大肉类产业——猪业的论坛，发端于全国养猪水平最高的地区——广东，辐射全国，涵盖整个养猪产业链。

凤凰山论坛是公益论坛，每每召开于养猪行业面临重大事件或处于关键节点的时刻，将一个相对封闭的生产行业打开，发出养猪人自己的呐喊的同时，让公众表达行外人对该行业的诉求。论坛着眼于揭示事实真相，分析产业走势；特点是民间、开放和建设性；“真话、真相、真知灼见”是论坛的核心价值。

凤凰山论坛是养猪业开放的民间议事平台，利用媒体优势，将行业的诉求、民众的心声和专业人士的意见，传播到社会各个层面，形成舆论场，让社会各界都来关注中国最大的肉食品产业，让国家的政策更符合养猪业的实际和社会大众的利益，让各级政府都自觉地落实中央和地方关于扶持养猪业的各项政策，让养猪业更加健康地发展。

每届凤凰山论坛现场都有数百人，包括养殖户、种猪企业、饲料动保企业、经销商、肉食品加工企业等，涵盖了整个养猪产业链。经过媒体传播，参与讨论的人数逾万。

农财宝典每年定期举办两场 200—300 人参加的高端论坛，凤凰山猪业论坛与农财宝典年会论坛，颇受业界关注。目前的论坛偏重于资讯交流，针对特定时期的疾病流行情况，我们每年还可以开 1—2 场农财宝典猪业技术论坛。

走合作社。2013 年，农财宝典成立了合作社联盟。2014 年，我们启动了“带您走合作社”项目，主要是举办科技下乡小型论坛。考虑到未来合作社将是一大中坚力量，同时企业有意识黏合这部分资源，畜牧宝典将在这方面发力。问题在于，目前大多数合作社仍然凝聚力不足。

走猪场活动。自 2012 年起，农财宝典开展了“带您走猪场活动”，即与知名种猪场合作，号召有兴趣的养殖户前往参观，现场讲解甚至购买。这一活动深受种猪场、饲料企业的欢迎，每期参与养殖户在 30—80 人之间。未来，走猪场活动将继续升级，扩大到全国甚至是国外。从经营上看，各方都有受益，都比较满意。未来种猪的营销或是畜牧宝典增收的一大亮点。

运动会。2014 年，新牧网举办首届广东养猪业羽毛球精英赛，持续数月，声势浩大。该项目整合农财宝典金牌经销商作为分赛区。组织羽毛球比赛、篮球、足球、乒乓球比赛等，倡导健康的生活方式。时机成熟，我们可以直接策划更多畜牧行业运动会，包含田径等各类普及性的运动项目。

中国生猪业风云榜。自 2011 年起，中国生猪业风云榜已持续了 3 年。这项

活动非常高大上，能够全方位影响畜牧行业，为媒体赢得声誉。评选类活动适合利用网站和微信两种新平台，持续地做评选，撬动上层企业资源的同时，为新牧网带来了大的点击量。

农财宝典征文比赛。2012 年、2013 年，我们举办了两届高校征文大赛。2014 年，由于各种原因，暂时中断。为持续性影响我们的潜在读者（畜牧行业的大学生），每年持续在各大高校进行征文或调研活动，仍是必要之举。毕竟，争夺年轻用户是媒体继续存在的根基。

养猪大学。畜牧行业的培训一直存在，但并无多少真正被认同的机构。新牧网有志于为从业人员提供黄埔军校式的一流培训。新牧网与温氏集团旗下的种猪公司及国家生猪种业工程技术研究中心已经达成合作协议，即将开展培训活动。这一项目具有战略意义，关键看实际操作的人能否运作好。

总裁沙龙。总裁沙龙的目的是做高端俱乐部，营造高端圈子。2014 年，新牧网开了首届投融资俱乐部，约 20 家企业高管参加。老板关心的话题，与普通员工完全不同。未来，仍需精心策划，持续开展。或可以产品为主线，聚集几个企业高管、几位职业经理人（需要找工作或换工作的那些人）和几个集团化猪场的老板，策划话题，进行头脑风暴，以此达到深入交流的目的。

经销商培训。南方农村报牵头成立了广东畜禽经销商协会，目前成员 50 多个。要想发挥好这个平台的作用，关键还在于我们要做实事，赢得经销商的尊重与认同。邀请权威专家，专门针对某个领域进行交流，让经销商全面获得该领域的知识，是一条可行之路。2014 年，我们邀请了两位教授给经销商授课，获得好评。

调研报告。目前畜牧组已经探索了母猪料调研报告、鼠药调研报告、电商调研报告等形式，充分证明，这是一条新的业务路子。鼠药调研报告和电商调研报告均有不菲的收入，利润较高，同时便于记者积累资源，一举多得。调研报告的弊端也很明显。普通的行业调研具有公益性，企业愿意接受，如果被调研对象认为媒体的部分调研是用于商业盈利，他们很可能不再愿意配合。媒体不能扮演商业间谍的角色，需要保持自己中立的地位，因此有些项目是不能接的。

新媒体业务

自从有了新牧网、微信等新的平台，畜牧媒体存在新的想象空间。目前，新牧网经营额超出 100 万，已经实现盈亏平衡，但随着人员增加，成本或激增。新的媒介平台有新的特点，也需要新的盈利方式，才能做大做强，不至于吃老本，或拆东墙补西墙。新媒体的业务可以有很多种。一、广告：网站、微信广告。很多畜牧网站都有花花绿绿的广告，但新牧网广告较少，一方面是我们价格相对较高，另一方面也是我们不打算以此为主要盈利方向。当然，新牧网的广告容纳量冲上几百万应该问题不是太大。新牧网的微信平台粉丝巨大，非常受行业看中，也可以吸纳一定的广告。二、电商：互联网公司做电商是大势所趋。当然，电商也有其难点。选择什么产品、如何支付、如何解决渠道等都是需要考虑的问题。目前的采编团队并不能适应电商业务，电商项目上马应该由专门的专业团队来操作。三、会员收费：如果能够提供独家资讯或服务给会员，新牧网可以向会员收

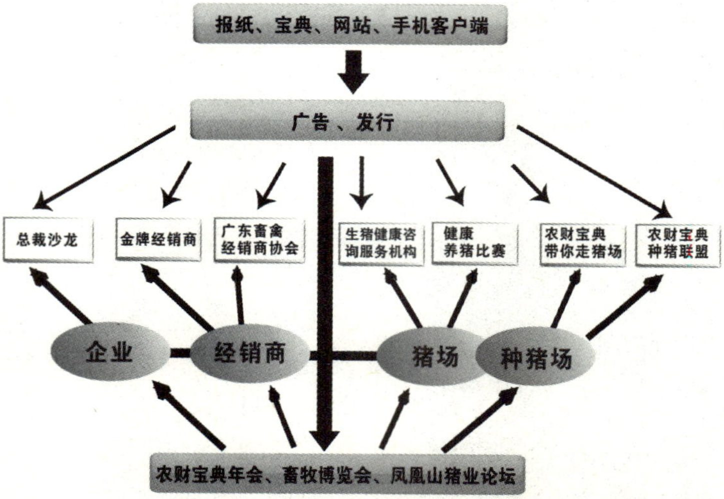

取一定费用。只要会员数量达到一定级别，便可实现平台梦想。四、线下活动：所有农财宝典的活动，新牧网都可以承接，并且有新的展示平台。依托新牧网，寻找资本介入。新牧网如果能够再度融资，引进新的人才、资本和管理制度，可以在很大程度上解决不敢烧钱烧不起钱的问题。网站要想做大，就得奔着上市这条路而去。

介入实业

畜牧媒体介入实业，早已不是稀罕事。南方农村报也有大平台公司等数个实业平台，有一定的经验。目前，经温氏集团与南方报业两大集团同意，新牧网管理团队正在筹备成立新公司，该公司未来可以介入添加剂、种猪、兽药贸易甚至生产等实际业务。做实业，一看机制，二看实际运作的人，这项业务有无穷的想象空间。

当然，做实业，与做媒体完全是两条道路。考虑到媒体的转型时间与空间受限，我们未尝不可以牵手部分有共同理念的大企业，再构平台。只要人在，就不愁没路走。

养猪行业的彻底规模化集约化大约还剩下5—10年时间。这10年，是留给中小企业最后的生存时间，也是畜牧媒体转型最后的窗口期。需要做好准备面对一个高度集约化的行业，这是一个严峻的挑战。

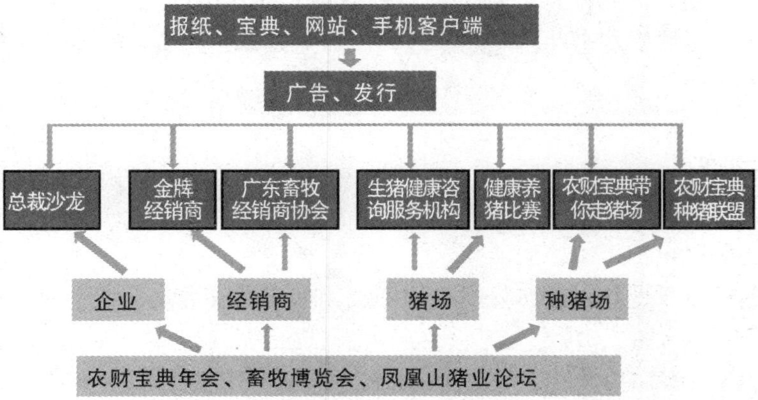

畜牧板块的全产业链共同发展

（本文作者彭进系《农财宝典·畜牧版》执行主编）

以生态系理念重构水产板块运营模式

□张　璐

▶张　璐

2011 年 1 月，《养殖宝典》改版更名为《农财宝典》，并拆分为畜牧版和水产版。此时，南方农村报水产板块正面临着重大的转型危机。彼时在水产行业，互联网对传统媒体的冲击尚可忽略不计，但行业媒体“内容+发行+广告”的运营模式已经面临生存危机。

被迫转型

这是一场提早到来的被迫转型。

危机的直接表现是，宝典分拆广告提价，水产板块营收直线下降。仅存的几个客户均属“关系户”，投放量不大。业务人员面对危机可使用的营销工具有限。一方面，报社对客户的需求了解不深，另一方面，客户整体上不认可《农财宝典》除品牌以外的价值，也不知道《农财宝典》除了刊登广告外，还能为他们提供什么增值服务。

行业媒体依托行业发展。一切脱离行业特点，妄论行业媒体转型策略的做法，都是扯淡。水产板块面临的危机，与行业发展的特点密不可分。概括而言，主要有以下几方面原因：

一、大企业营销渠道下沉，全行业掀起“服务营销”热潮。

伴随着水产饲料行业的高速整合，到2009年前后，基本形成了四大企业寡头竞争全国市场的局面。空白市场基本被瓜分完毕，增量主要来源于两方面：一是兼并小企业，二是提高现有养殖行业的生产效益。在此背景下，大企业为抢夺市场，开始全面渠道下沉，大量业务员奔赴生产一线。以大型饲料企业——海大集团为代表的服务营销热潮，席卷全行业。饲料企业从原来只与经销商交易，维护好客情关系，发展到利用庞大的业务员队伍直接服务养殖户，通过服务提高产量，进而提高投入品使用量。在此带动下，各类动保企业、种苗企业下乡开展服务，培训蔚然成风。

受此影响，水产行业大小企业一线业务员数量大增。传统的行业杂志是典型的渠道媒体。水产主产区面积并不大，基本在沿海县、镇。企业渠道下沉的直接后果是，企业业务员可以轻易全面覆盖水产养殖主要区域，其对养殖户的了解和渗透，远远超过行业杂志。而其与养殖户的交易额，也足以支撑其下沉服务的成本。在此背景下，单纯在媒体上发布广告的营销价值越来越小。企业需要的是能够直接帮助其提高客户转化率的落地服务。

二、水产行业高度分散，行业媒体发行覆盖率不高。

水产养殖业集约化程度低，作为受众的养殖户、经销商呈现出明显的“小、散、乱”的特点。而作为客户的企业，则呈现两极分化的状态。水产饲料领域大企业基本呈现寡头垄断局面，他们依靠雄厚的资金实力，基本可以将业务员密集覆盖所有主产区。水产药品、种苗领域则以小微企业为主，主攻本地市场，很少跨区域经营。

在这样的背景下，行业媒体的处境则非常尴尬。依靠传统发行渠道，由于单价极低，邮路不畅，很难将杂志送到一线养殖户手里。与农户“小而散”相对应的是，基层读者普遍文化素质不高，对深度内容敏感度低，对各类营销活动敏感度高，对服务性、实用性资讯敏感度高。种种迹象表明，在原有的轨道上，单纯依靠将内容做深做透，难以赢得受众和客户。

三、行业资源不足，专业能力亟待提高。

《农财宝典》隶属于传统报业集团，非行业组织或农业部门下属杂志。完全市场化的定位，决定了其不像很多官办媒体那样，可以利用行业资源、行政资源，谋求与企业的合作。随着企业专业能力的提高，要想更好地为客户服务，为读者服务，必须提高自身的专业能力。

长期以来，《农财宝典》以客观、公正的观察和记录享誉水产行业，在赢得行业尊敬的同时，擅长凌空高蹈、高谈阔论，记者始终与业界若即若离，始终未能融进行业圈子，欠缺接地气的一线养殖技术内容，难对现实产生直接的指导或参考价值。

作为行业媒体，《农财宝典》越发感到危机，这种危机不是来自新媒体的冲击，而是来自业内企业的压力。我们的客户比我们更加专业，对基层的影响力更大，渗透力更强，行业资源更丰富。这也是当时乃至现在很多行业媒体的现实，也正是在此背景下，媒体间恶性价格竞争的情况愈演愈烈，生存状况每况愈下。如果不能提升自己的专业化水准，不能为读者和客户创造价值，仅仅依靠多年积累的客情关系，即便可勉强生存，也非常艰辛，且无法持续，更不能赢得行业的尊重。

自我反思

现实逼迫我们重新思考自身的定位，全面构建新的经营模式，首先是从源头重新认识自己。

一、行业媒体与大众媒体的关系

《农财宝典》作为行业媒体，面对的是专业受众，属于典型分众传媒。水产行业在中国农业中又是典型的边缘行业，在这个行业里鲜有关系国计民生或受社会普遍关注的公共话题。与分众传媒相适应的是圈子经济，受众关心行业利益多过公共利益，关注专业资讯胜过公共资讯。

而《农财宝典》身处大型报业集团之内，编辑、记者从职业基因中受大众传媒思维的影响至深。优势在于，新闻敏感性强，认识问题有深度，内容极具思辨性。但大众媒体面对的是非专业受众，它的商业模式是以公共话题和新闻性吸引尽可能多的人关注，以此换取超高发行量，进而赢得广告。大众媒体受众基数大，依靠眼球吃饭，属于“注意力经济”；分众的行业媒体，依靠专业受众吃饭，属于“专业力经济”。

用大众传媒的思维去办行业媒体，会出现致命的缺陷。我们一边强调公正、客观，突破行业小圈子，在业内树立公信力与影响力；但另一方面，选题新闻性有余，专业性不足，很多所谓的重大议题看似关乎宏旨，却游离于行业之外。给人的感觉是，曲高和寡，内容生产能力强，但与现实割裂，无法落地。所谓的内容优势，有品牌、无资源，有美誉度、缺变现力，它无法建构起系统性的商业模式。

二、采编与经营的关系

采编与经营分离是媒体健康运营的基本原则。但在传统的媒体单位，采编与经营不但分离，甚至相互对立、相互制衡。这在“广告+发行”的商业模式下有其合理性，一方面防止媒体腐败现象发生；另一方面，只要内容足够好，就能赢得读者订阅，经营就能吸引到广告投放。面对越来越激烈的市场竞争，广告模式的市场空间越来越小。这要求媒体真正回归到市场竞争的主体定位，立足市场，真正服务读者、服务客户。媒体需要在已有的品牌基础之上，延伸出新的盈利平台。另一方面，新的平台需要媒体“营销传播”的支撑，“营销传播”的功能将利润转移到延伸出去的平台上。

任何企业内部的组织关系都必须服务于其商业模式。在新的商业模式中，我们需要重新反思内容部门的定位，全面改造自身的盈利和影响力生成模式。如果用眼下最热门的平台战略和群体创造概念观之，就是要打破原有单纯以内容为中心的价值观，建立以商业价值为中心的群体创造价值观，实现价值创造过程中的分权，使之由原来媒体内部的高度集权转向由读者、客户、合作伙伴、内部员工等各个群体的互动。构建一个庞大而且可以重构的资源网络，打破传统界限，拓展利益相关者之间的联系，为媒体生态系统中的参与者搭建平台，并创造出新的商业价值。

在这个过程中，采编必须与经营相互配合，两者相互依存、相互成全，而不能是两张皮，各行其是，甚至同床异梦。在内容产品化、内容活动化的道路上，要实现从内容传播到产品传播，从“内容—发行—广告”盈利到通过“内容营销”延伸平台盈利，必须打破采编和经营原有的对立格局，建立和而不同的良性互动。在各自保持独立性和专业性的前提下，做到相互配合、相互支持。

三、内容中心与用户中心

在《农财宝典》的改版过程中，我们逐渐意识到，传统的“内容为王”思维在行业媒体的运营过程中正遭遇挑战。挑战来自几方面：第一，专业读者对内容的敏感度差；第二，记者编辑所生产的内容，服务性不够强，无法满足读者对市场行情、技术的需求（由于采集信息渠道所限，我们无法提供也无法传播最及时的市场和技术资讯）；第三，内容本身无法形成完整的商业闭环。

业界需要的其实是行业信息服务，不是我们绞尽脑汁在办公室中空想出的“话题”“噱头”。但提供信息服务是系统性工程，需要前端的信息提供、传播技术、传播渠道以及经营配套等环节。以提供及时价格行情为例，需要在全国布点，每天更新，这些内容从新闻报道的角度看没有新闻价值，但这是业界最关注的刚需信息。要满足读者和受众这些需求，必须同等重视内容的采集和产品的设计、科学合理的传播媒介的选择、有效的经营和科学的管理。也就是说，媒体单一地依靠内容已很难生存，必须建立起系统性的思维，必须从广告主和读者两方面思考，既要到达广告主所感兴趣的受众，又要满足读者和受众的多层次需求，来设计媒体的产品和生产相应的内容。

媒体需要一个“去我化”的过程，真正树立“用户中心”。不是以新闻自身规律作为判定内容优劣的唯一标准，不考虑内容之外的任何环境因素。所谓的用户中心，就是承认媒体作为经营主体的属性，以全方位满足用户需求为手段，实现媒体企业与用户的利益共赢。以优质内容为手段，搭建由客户、读者等各方共同参与的多功能平台，构建媒体生态系，以寻求多方利益最大化为最终目的。

生态系建设

在梳理清楚上述问题后，我们开始在水产板块围绕生态系建设重构行业媒体的盈利模式。如同所有企业的竞争一样，媒体的竞争也已经由单纯的内容竞争，转变为以内容为平台的整条媒体产业链的竞争。

随着行业的发展，用户需求越来越复杂。在很多情况下，仅仅提供一个产品已无法满足他们日益丰富的需求，媒体必须提供一个整体解决方案和综合体验，这要求媒体真正成为资源整合的平台，打造一个以媒体为核心的，能为各方创造商业价值的生态系统。

建立以“满足用户（受众与客户）需求”为中心的生态系，旨在不断了解对媒体最有价值的核心用户的需求，并确保在战略上和实际运作中都能比对手行动得更为迅速。媒体本身并不具备服务用户的所有资源，但整合力是媒体的天然优势，媒体满足用户需求所需要的资源，完全可以通过与商业伙伴互利互惠的合作来解决。

在这个生态系统中，媒体将自身定位为用户利益的管理者，必须认真评估每一类用户或细分市场在生态系中的价值，并能够基于此调整战术与战略，向目标市场的客户提供竞争对手无法达到的价值，并能够使生态系每一个组成部分达成共赢，互利互惠。

生态系的基本思路，是在养殖户、经销商、大型企业、高校专家、各类投入品企业、中小型水产加工企业全产业链建立一系列平台和活动，网罗核心资源。平台之间共存共生，不同的组合方式形成不同的利益关系，演绎出不同的盈利模式。我们希望经过一段时间的积累，最大限度发挥生态系的“榕树效应”，在各个环节形成更完善的子生态系。《农财宝典》像中药铺，各个平台是药材，我们希望经营人员成为高明的中医，可以针对不同的企业，开出不同的处方，创造不同的盈利方式，从而摆脱与竞争对手在价格或某一单项服务上争长短。

一、聚焦，聚焦，再聚焦

水产行业养殖品种繁杂，从淡水鱼、海水鱼到虾蟹、贝类，再到龟鳖等观赏品种，每一个品种都有自己一条完整的产业链。每个品种之间的差异性极大，产业链运营的特点各异，值得关注的东西也异常庞杂。如果纯粹从新闻价值的角度，跟随热点事件、公共话题的节奏做报道，内容就像水中的浮萍，看上去很亮眼，但缺乏根基，无法落地。

在对所有品种和整个产业链做过系统性分析后，我们将主要精力放在养殖量最大、从业人员最多、投入品使用量最大、变现可能性最强的几类：草鱼、罗非鱼、对虾、石斑鱼、海鲈、黄颡鱼、生鱼、加州鲈。这些成为我们关注的“核心品种”。

再对每个品种的产业链做深入调研，评估每个品种产业链各环节的利益关系。可以清晰看到，经销商是各大企业争夺的关键对象，而大养殖场、优秀养殖户的示范作用，同样被业界看重。很明显，经销商和优秀养殖户群体正是我们最要寻找的“核心用户”，是可以撬动产业链上下游的“关键人物”。

媒体的本质是提供信息服务与营销服务。我们首先要调整自己的角色，从行业观察家转变为核心用户的利益管理者、服务者。在此指引下，报道的选题也发生了转变，从原来跟着新闻事件跑，转变为以服务核心品种的核心用户（经销商、优秀养殖户）与核心客户（上游企业）为目的，从满足核心受众的需求出发，提供既可以落地，又可以有效积累行业资源的内容。

二、内容产品化

《农财宝典》的内容生产能力一直备受业内人士认可。在相当长的一段时间内，水产行业内出现另一个很尴尬的现象：各大网站的行业信息，多半来自《农财宝典》的原创内容；但与此同时，这些内容并不能为《农财宝典》带来任何收益（知识产权保护不力，各种内容被无偿转载，很多甚至不被署名）。当我们把所有精力用在内容生产，但有时得不到应有回报时，必须考虑如何增强内容中《农财宝典》的品牌辨识度，使杂志的影响力借由内容平台真正传播出去。

于是我们开始思考内容产品化的思路。一是，增强内容的实用性和专业性，在刚性资讯中下功夫。二是，让内容品牌化，并根据内容采集、生成、传播的特点，将其做成产品，让更多业内人士共同参与、共同分享。针对业内人士对价格行情的关注，我们先后推出了中国虾价指数、中国草鱼价格指数、中国罗非鱼价格指数，并基于此着手开发中国水产服务信息云平台。在中国水产服务信息云平台的微信公众号中，可实现用户报价，即时查询虾价、鱼价的功能。

【案例】中国虾价指数

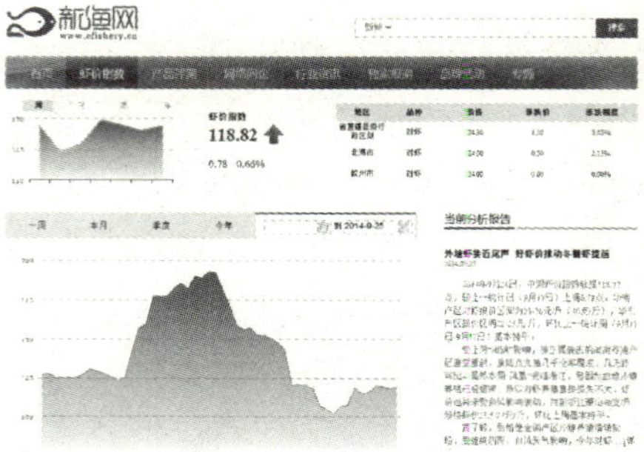

《农财宝典》整合多方资源，于2013年4月开始发布中国虾价指数。

中国虾价指数是在近年来对虾交易活动日益频繁的背景下应运而生的，作为中国对虾产业首个全国性、权威性、科学性的行业指数，它不仅是反映对虾市场行情变动的重要指标，而且是观测对虾行业经济形势和周期状况的参考指标。中国虾价指数将成为虾价行情的“指示器”和对虾行业经济景气变化的“晴雨表”。

中国虾价指数从全国对虾主产区选取部分有代表性的区域作为指数样本，并加入主要对虾进口国的报关数据，计算时将选取的成分产区对虾产量和价格纳入指数计算范围。所选区域总产量占全国南美白对虾年总产量的65.95%，完整覆盖我国对虾主产区。由于对虾价格与规格高度正相关，为保证样品价格的标准化，指数选取市场上最主流的40支/斤规格为监控规格。

中国虾价指数是如何得来的?

基准价格（P）为2013年3月26日当天各地报价经计算得出。其中各地基准价为算数平均得出，全国基准价为加权平均得出。

（1）占比权重（f）计算公式：$fi=ai/\sum an$。

（2）基准价格（P）计算公式：$P=\sum ancn/\sum an$。

产区日均价格计算公式：$Pi=\sum cn/n$。

在剔除无效数据后，各产区内数据信息采集点的价格数据的算术平均数，即日均价格。

全国对虾日均价格计算公式：$Pt=\sum Pnfn$。

对虾价格指数生成公式：$I=Pt/P\times100$。

如某日全国对虾即时日均价格为26.4元/公斤，而虾价指数正式上线日的价格为24.6元/公斤，则价格指数是：$I=26.4/24.6\times100=107.32$。（注：精确到小数点后两位）

此外，除指数计算产区需要，我们中国虾价指数还结合了报价系统，完善整个对虾行情分析。价格采样严格遵守统计学规律，保持“中国南美白对虾价格指数”的权威性和科学性，对虾主产区的随机采样点为：年产量5万吨以上的地级市，每个市数据采集点 50 个以上；年产量 2—5 万吨的地级市，每个市数据采集点 40 个以上；年产量 1—2 万吨的地级市，每个市数据采集点 30 个以上。（采集点按区域内县级市年产量权重分配）

中国虾价指数样本数为 23 个市县和地区，指数基日为 2013 年 3 月 26 日，基点为 100 点。指数公布后，发布方会根据南美白对虾市场变化情况定期或不定期变换样本地区，并根据样本产区的实际情况，及时对指数进行校正，保证指数的科学性和有效性。2013 年底（2013 年 12 月 25 日）收盘 124.96 点，指数保持上行，指数走势充分反映了当时的现时虾价及其趋势。截至 2014 年 9 月 3 日，收盘点位为 119.67。

中国虾价指数报价源，来自国内对虾主产区有代表性的对虾饲料或渔药经销商、养殖个体户和成品虾收购商等。能真实反映一定时期国内南美白对虾价格的变动方向和变动程度，可以为对虾产业链从业人员和农业经济学者分析判断对虾市场动态提供信息，便于对对虾市场大势走向做出分析。

中国虾价指数已经运行一年多时间，发布频率为一周一次（除春节修整 1 期，共已发布 77 期），固定每周三下午出分析。价格采集员在每周二将当地对虾塘头价（冰鲜 & 活鲜）、加工厂收购价以及冰鲜批发市场价反馈给农财宝典对虾产业研究室分析师，分析师根据当时价格以及多方行业人士的观点及即时行情，做出一周以来价格行情分析，并对未来一周虾价走势做简单预判，为对虾产业从业者的决策提供参考意见。

目前指数发布平台有《南方农村报》、《农财宝典·水产版》、南方农村报官网、新渔网、鱼虾通手机客户端、农财宝典·水产版官方微博微信等，此外，也被其他水产养殖类农业网站及各大农业证券网站广泛全文转载。

在同行业价格行情分析稿件中，“中国虾价指数”点击量、转发量一直位居首位，成为行业指标。受限于报价点覆盖面仍未全面普及养殖镇级单位，甚至村级单位，报价仍有待改进提高。未来后台报价系统更新将更加及时，报价频率将提高至 1 天 1 次或者 1 周 2—3 次，行情分析将提高至 1 周至少 2 次，力争提供覆盖从塘头到虾中、到加工厂、到批发市场、到消费终端、到出口的即时变化的行情。

【案例】中国水产信息云平台

水产行业普遍缺乏可供参考的生产信息指导，新媒体技术的发展使行业人士对信息权威性、准确性的要求也相应提高。应该说，准确的信息发布与分析具有刚性需求的特点。

根据我们对养殖户的了解，价格行情与养殖技术是他们最关心的两个内容。我们认为，报社可以借助移动互联网技术，整合行业资源，为水产养殖业提供最有价值的行情与技术信息服务，将其打造成水产养殖行业的生产资料。

从具体的产品形态来说，云平台以微信平台、APP、网站等等作为载体，将价格分享、行情分析和技术案例作为核心产品，定期发布高质量产业分析报告，举办行业会议。

因为草鱼养殖成功率相对比较高，毛利比较低，养殖户对价格的变动更加敏感。为此，我们选择以草鱼为切入点来做中国水产信息云平台。

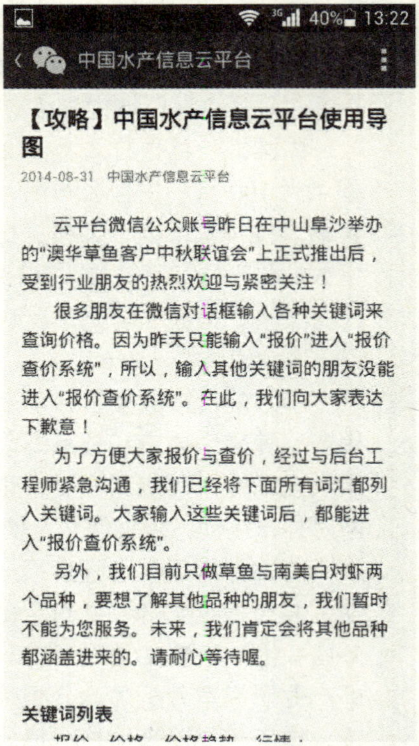

价格分享方面，我们在广东、湖北等地选择了一些厂家的业务代表、经销商或者养殖户作为报价点，通过互利的方式来报价。

应该说，报价不是难点，难在对价格走势进行分析与预判。这需要对整个草鱼供求关系有详细的调查与判断。而且，作为大宗水产品种，草鱼是一种全国性的鱼，在全国范围内流通，产业数据与分析必须具备全国视野。

从供应角度来说，我们会从以下一些方面做调查。

1. 养殖概述

重点调查各个主产区的草鱼养殖历史、面积、塘租与水源特点、养殖户特点（观念、年龄、兼业性）。

2. 养殖模式

养殖模式是一个包含着技术、信息与决策的综合问题。这个板块重点从技术角度调查各个地方鱼种与成鱼的常规养殖模式（品种搭配、投苗规格、密度、时间与上市时间、规格）以及相应的技术支撑要点。

3. 特定年份养殖信息

指鱼种销量与规格以及成鱼投苗面积、密度、成活率与投喂特点。

做完上述三个方面后，我们才能比较好地对特定产区特定年份的供应量与集中上市时间做判断。不过，因为草鱼会在全国范围内流通，特定省份的产量，未必是该省的全部供应量，还可能包括从外省流入的草鱼。为此，调查草鱼流通渠道、流向，不同主产区之间的流通量、流通渠道，以及什么情况下会发生跨省流通等等，非常重要。

除了分析产量之外，我们还需要做需求量的分析。草鱼的需求分析，应该在整个水产品需求框架下来分析。先从水产品需求来分析，它需要我们对城镇化进程、消费者收入增长、人类营养结构发展等宏观面有深入、详细的数据分析才可能得出水产品需求的长期走势。然后，我们才能在此基础上做草鱼需求的长期走势、短期走势与特定市场走势的分析。

无论供应量分析，还是需求量分析，他们都需要以大量数据为基础，这是最考验团队能力的地方，但也是真正最有价值的地方。只要我们能够在这个方面做出成绩，将云平台打造成养殖户、经销商的生产资料，就不是一句空话，以大量数据调查与分析基础上的数据产品就可以产生。

行情分析之外，我们还计划与具备优秀养殖经验的投入品企业合作，共同打造实用的病害预报与防治技术产品。只有将行情与技术共同做起来，养殖户才会将其当作生产资料来看待。

【案例】农财系列产品特刊

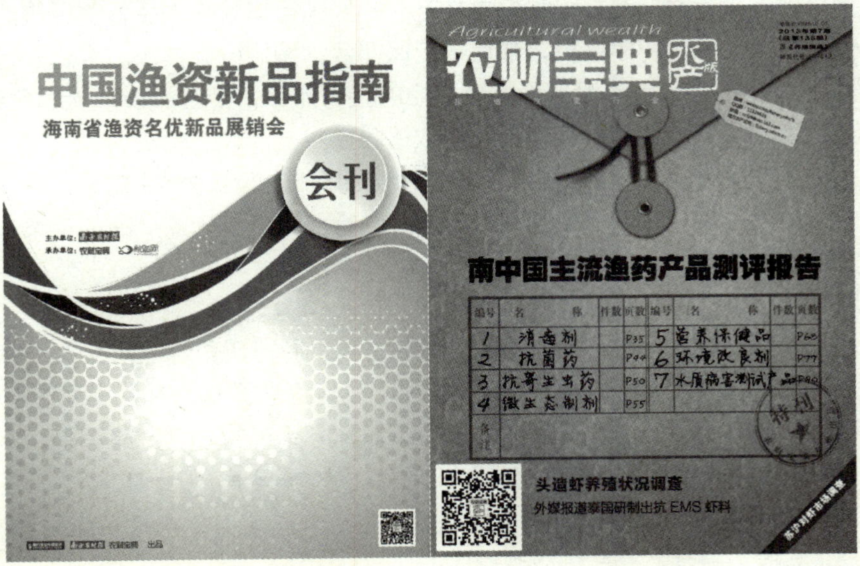

2013年7月，《农财宝典·水产版》推出《中国渔药产品测评报告》，2014年2月，推出《渔机产品测评报告》，2014年7月，推出《海南渔资新品指南》。这三次策划，都是以“名录”的形式，通过对行业的扫描，实现载体自身功能的提升和强化。

在这三次策划中，《中国渔药产品测评报告》占的篇幅最多，所刊登产品500多个，涉及企业近百家，由10位记者，用时2个月完成。《海南渔资新品指南》所刊登产品约180个，涉及企业近50家，用时约1个月完成。

设计这些策划的初衷，是“抓住行业的核心”，企业需要提升销售，而农户则需要好的物资，围绕产品来做文章，就形成了这一系列策划的中心思想。

这几个策划在不到半年的时间内次第呈现，除了自身内容的充实，还是南农全案营销的组成部分之一，既可独立发挥作用，又可作为南农科技下乡直通车、渔资展销会等活动提供辅助，更重要的是，作为资深行业媒体，《农财宝典》通过“名录”的框架和形式，体现了几项独特的理念。

理念一：厘清行业乱象，倡导正确价值观。

水产业是一个集约化程度较低、以小散户经营为主的行业，存在着许多失序，甚至违规的现象，从屡次药物残留引发的食品安全事故就可见一斑。以药物产品为例，套用批文号、使用违禁药品、含量标注虚高超高等现象屡见不鲜。在这样的背景下，我们推出《中国渔药产品测评报告》，罗列了全国主要省份的企业及其产品，同时通过企业自评、经销商和养殖户测评的方式，准确标注出各个产品的性能、优劣和各项指数。

本次策划以全国各省区为单位，每位记者负责几个省区的相关企业，由企业推荐并自评产品，另一方面，我们再从产区的经销商与农户入手，测评该产品的真正性能，两个方向同时进行，最后再配以图片，按照分类排版。经过筛选，该策划涵盖了国内水产领域相当一部分企业的主力产品，而且品质符合相关法规，为厘清药品领域的乱象提供可资参考的依据。

《渔机产品测评报告》也是这样，作为应用时间较迟的一种物资，很多农户对渔业机械的了解较缺乏，该测评报告通过对行业中优秀企业产品的搜集，起到了明显的正面效应。

理念二：为真的好产品开辟出路。

《海南渔资新品指南》是配合南农海南农资、渔资博览会的产品，在例牌的会刊基础上，增加了渔资新品的相关资料，种类包含饲料、药品、种苗、器械等。这类产品有两个特点：一是大规模、市场网络完善的企业产品不多，多数为有成长潜力的中小型企业；二是有部分渔资产品，并没有在海南市场上出现，但是企业存在着较强烈的进军海南市场的欲望。这本手册高效联通了企业和农户，同时满足二者的需求，起到了服务行业的作用。

理念三：形成三方互动，提升综合服务能力。

其实，类似的“扫描”专题，《农财宝典》多年来一直在做，例如每逢春季水产投苗季节，固定的《种苗企业扫描》栏目；还有更名之前的《养殖地理》系列，更可谓当时宝典的头牌栏目。之所以能够一直坚持，很重要的一个原因，就是充分迎合了企业开拓市场的需要，在那时候，整个水产养殖业还处在快速上升期，各企业也在快速扩张，新进入一个地区后，手握一本详尽、客观记载了当地资料的手册，无疑是有力的武器。

打造三农综合服务商，在于不仅为三农企业与农民提供多样化、全方位的服务，更重要的是和行业的各个环节不断形成紧密的连接。作为行业媒体，无论是想得到行业的认可，还是介入更深的领域，专业性是首要的一点。这样，围绕产品这个核心，以媒体为网络，成功联结企业和农户，形成了对综合服务的有力支持。

三、内容活动化

传统行业媒体在内容生产中有几个天然的缺陷：其一，传播渠道基本在企业圈子内传播，所谓“谁写谁看，写谁谁看”；其二，受众参与性不强，基本是采编团队折腾，读者只能被动接受，行业内难产生共鸣；其三，内容与经营、整体战略相脱离，无法形成合力。

这些缺陷造成的弊端也显而易见，由于养殖终端的读者普遍对内容敏感度低，而对活动的敏感度高，因此很多费尽心思策划的内容无法产生预期的效果。内容自己不会长腿，其效果往往发挥不出来。

于是，我们提出“内容活动化”的思路，就是针对一些业内普遍关注的话题，将其以活动的方式推出，在内容的采写中运用运营思维。在内容中植入品牌和营销的元素，在活动中吸引企业的参与。

这种做法的好处在于：其一，打造了活动品牌，做好活动变现的铺垫工作；其二，使报道更有噱头，扩大了内容的声势，更容易引起行业的关注；其三，活动可以吸引产业链各环节人士参与，参与的过程就是内容传播的过程，解决报道后的内容推广问题。

针对我们关注的核心品种与核心用户，我们先后策划设计了一系列活动。虾王争霸赛旨在网罗业内一流养殖能手，分享其成功经验，同时吸引投入品企业的关注。与此思路相近，我们又陆续推出黄颡鱼养殖大赛、生鱼养殖大赛、海鲈养殖大赛等；为积累优秀经销商资源，传播先进的经营理念和销售经验，我们推出了良好商誉经销商系列评选；为向养殖户提供更多产品信息，吸引更多企业的关注，我们推出了月度人气产品评选。所有的活动都会根据进程，由记者全程寻找新闻点跟踪报道。活动与活动之间并不孤立，而是相互配合，例如，良好商誉经销商获奖者有权提名月度人气产品的候选名单，养殖能手又可优先免费试用人气产品，良好商誉经销商颁奖典礼还可同时举办人气产品的推介会，等等。这样形成了一个紧密的价值网，举办活动的同时可以产生内容，内容的生产与传播正是在推广和营销活动，活动之间形成一个互利互惠的生态圈。

【案例】虾王争霸赛系列项目

中国是主要的对虾生产国，对虾产业是水产养殖业的重要产业之一。南方农村报、农财宝典从2013年开始举办首届广东虾王争霸赛，分享、探索的对虾养殖模式和经验，给日渐低迷的对虾养殖业，传播身边的对虾养殖正能量，打造对虾产业的年度盛典。

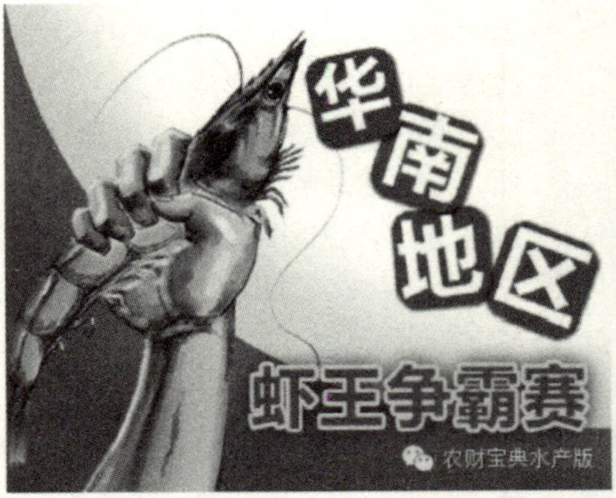

榜样力量，全媒体平台传播

虾王争霸赛以《农财宝典·水产版》、新渔网、微信为载体，以对虾养殖户自荐，经销商、对虾投入品企业推荐的方式发动养殖户参与，同时农财宝典·水产版10余名精锐记者也在调查的同时寻找各地优秀的对虾养殖高手，总结成功的养殖技术、管理模式，给予广大养殖户参考帮助，为对虾养殖户、经销商、企业等提供一个相互交流和学习的平台。通过一个养殖周期的调查评选，挑选出优秀的对虾养殖户，召开了虾王大会，会上邀请对虾产业顶级的专家教授做点评，以榜样的力量推动行业的良性发展。

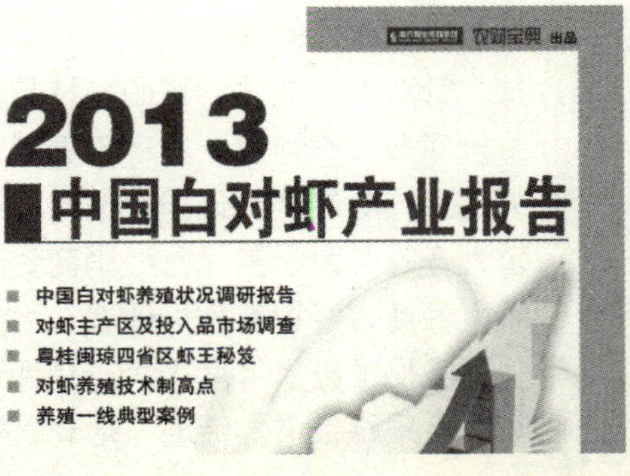

大会上养虾能手和专家们真诚、专

业、风趣的对答让会场不时响起一阵阵掌声与笑语。会后，不少嘉宾都表示，此行收获颇多，虾王大会要多开，除了可以学到新知识，还可结识到许多新朋友，交流养殖技术。也有嘉宾感到意犹未尽，称上台介绍养殖技术的能手还可以再多点，与养殖能手之间的互动时间也可以再多些。

2013 年虾王大会共计有 300 多名嘉宾前来，主要是养殖户、经销商和产业链相关企业代表、高校专家，他们来自广东、广西、海南、福建、浙江等对虾养殖主要区域。会上还举行了“2013 广东虾王争霸赛颁奖盛典”和《2013 中国白对虾产业报告》发布仪式。该报告的调研范围覆盖广东、海南、广西、福建、江苏、浙江、上海 7 省（市、区）27 个地级市，不留死角，对中国所有南美白对虾主产区养殖模式、投入品市场状况、成功经验和行情走势，进行全面、深入地毯式调研。2014 年，虾王大会继续成功举行，经过这两年的推广宣传，虾王争霸赛已经在华南地区有了一定的影响力，成为对虾行业重要的年度会议。

【案例】系列养殖比赛

广东养殖生鱼 20 多年，现养殖面积 4 万多亩，主要集中在佛山和中山地区，产值 30—40 亿元。随着养殖规模扩大，近年生鱼价格波动大，养户跟风心理强，病害增多，养殖过程出现滥用药物等问题，已影响到生鱼的可持续发展。为了引导养户回归理性，健康养殖，让行业健康发展，南方农村报、农财宝典·水产版联合顺德区生鱼养殖协会举办广东首届生鱼养殖争霸赛。

本届“生鱼王争霸赛”以南方农村报、农财宝典水产版以及顺德区生鱼养殖协会为载体，寻找广东各地生鱼养殖能手，总结成功的养殖技术、管理模式以及市场分析能力，试图通过“榜样的力量”，给广大养殖者提供借鉴与学习的机会。本次活动的主题为“健康养鱼、绿色养鱼”，参赛养户200人以上，通过《南方农村报》、《农财宝典》、新渔网、南方水产论坛、中国水产门户网、南农微信微博群、鱼虾通以及南方农村报短信数据库发布比赛启事，以及顺德区生鱼养殖协会自荐会员或者优秀的非会员养户参赛。可以通过个人自荐、企业推荐、协会推荐、政府部门推荐、媒体推荐几大通道参赛。保证参赛者是当地养殖能手或企业示范户。由农财宝典、企业专家组成组委会，在收鱼当天回访参赛选手，见证收鱼情况和产值，详细记录出鱼规格、亩产、成本、售价等，与养殖户签名确定产量及产值，计算亩效益。根据一个完整的生鱼养殖周期（放苗—出鱼），按亩产效益的高低评选出一等奖、二等奖、三等奖。亩产效益=生鱼产量×（销售价格-成本）/池塘面积。

评出优秀养户后，于2014年底举办中国生鱼论坛，组织国内生鱼著名专家学者、企业、经销商养户及有关政府部门共同研讨生鱼的未来可持续发展，分享生鱼优秀养殖选手成功经验，并出

品《中国生鱼产业报告》。

海鲈养殖争霸赛由农财宝典联合珠海市斗门区白蕉渔业协会举办，黄颡鱼养殖争霸赛由农财宝典独家发起，其思路与操作手法与生鱼比赛相似，都吸引了一线养殖户、投入品企业、经销商的广泛参与。

【案例】良好商誉经销商评选

以报道改变行业为理念，以服务行业发展为己任，是《农财宝典》创刊十多年来在中国水产行业立足之根本。超过10年的行业积累，在拥有10万数量级读者数据库、数千名核心经销商积累的基础上，从2012年底开始，《农财宝典》相继在粤、琼、桂三地启动水产行业良好商誉经销商公益评选活动，诞生了10名广东省良好商誉（饲料类）经销商，10名广东省良好商誉（渔药类）经销商，10名海南省良好商誉（饲料类）经销商和20名广西良好商誉经销商，覆盖当地对虾、草鱼、罗非鱼、石斑鱼、生鱼、黄颡鱼等常规养殖品，在各地各品种主产区树立了行业标杆。

活动开展中，当选或获得提名的良好商誉评选活动的经销商，一度成为新锐企业开发当地市场所要寻求的重要合作伙伴，《农财宝典》在水产行业影响力和公信力再次得到见证和提升。

一个国际调查机构，对国际上经销商进行调查得出结论：如果你有一个好的产品，也有一个好的经销商的话，用户的满意度就可以维持在56%这样的水平；而当你有一个好的产品却有一个差的经销商的时候，用户的满意程度只有36%。对应来看，表现出来的就是你的产品不如竞争对手的产品。如果跟竞争对手比，你的产品比较差，但是你有一个好的经销商，用户的满意程度就能达到49%；而产品不好，经销商也不好，用户的满意程度就没有了。

企业追求核心技术，追求一流产品，同样也在追求优质经销商和养殖户，毋庸置疑，经销商是决定企业利益最大化的第一客户。《农财宝典》作为全国特别是华南地区水产行业最具影响力和实力的专业媒体，我们的第一读者也恰恰正是企业的第一用户。

走访当地极具影响力、在养殖户和上游企业有较好口碑、养殖技术服务水平高、能为养殖户提供综合服务的经销商，是活动主办方筛选良好商誉经销商的渠道之一。除此之外，良好商誉经销商公益评选活动也得到了通威、海大、粤海、恒兴、渔愉鱼等知名企业的支持，推荐自己企业核心客户角逐各地区良好商誉经销，树立企业形象，为行业打造诚信榜样。

知名企业的加入，养殖户的积极推荐，从根本上拓展了活动参与度。在此基础上，活动主办方利用中国最具价值涉农全媒体集群——《南方农村报》、《农财宝典·水产版》杂志、新渔网、农财宝典·水产版官方微博微信平台、鱼虾通手机客户端、专业 QQ 超级群和微信群等，广泛宣传与动员，提升活动知名度，保障了良好商誉经销商公益评选活动的参与度和公信力，得到了业内的广泛认可。

【案例】月度人气产品评选

月度人气产品评选是南方报业传媒集团主办、农财宝典承办的一个特色活动。举办月度“最具人气产品”评选活动，根据养殖季节变化，选出市场上广受经销商、养殖户喜欢，销售、口碑俱佳的水产药物、机械、种苗等人气产品，并将其推荐给更多的经销商和养殖户。

活动既能为养殖户选购优质渔需用品时提供指南，又能为经销商选择代理产品时提供参考，同时提供经销商和生产商相互认识了解的平台。该栏目也成为《农财宝典》一个服务企业和养殖户最实用的栏目。

活动设定为 2 个月一期，每期收集三大类渔需投入品，每类各 6 个候选产品名单，候选产品由《农财宝典·水产版》金牌经销商、历届良好商誉经销商、华南水产病害防治联盟成员、华南水产健康养殖互助会成员提名推荐，其他人员也可以推荐，但需 5 名以上联名。每个候选产品都将由提名人做简短点评，并对效果及性价比等指标做评分，以供投票者参考。所有候选产品都将刊登在《农财宝典·水产版》相关版面，以及在官方网站新渔网和官方微信上推送，以供用户投票。

为保证评选活动的公平公正性，投票方式分为专业投票和大众投票两个部分，专业投票人为农财宝典专门邀请的基层行家（资深药品经销商、技术推广站人员、相关技术服务人员等），大众投票人则为广大关注该活动的读者和用户。专业投票和大众投票各占最终票数权重的 50%，以权重得分制进行打分计算，分数高者当选。专业投票一位投票人只能投一票，大众投票一位投票人（通过网络投票的则是一个 ID）每天只能投一票，投票手段为关注官方微信后回复候选产品特定代码，系统自动计算得票数。

获选的月度人气产品将在次期《农财宝典》相关版面、新渔网、官方微信等平台进行公示报道，并邀请获选产品企业相关人员对其产品特性进行更详细的点评，以供读者更好地认识该产品“有人气”的原因。活动自2013年举办以来，得到了广大行业人士的重视和认可。

四、资源组织化

未来的传媒是以内容为中心的，加入越来越多非内容的服务、非内容的价值创造的传播与服务，而且它的非内容的价值创造远比内容带来的市场价值大得多。南方农村报将自身定位为具有独特价值的三农服务商。而服务所依靠的是建基于品牌影响力和内容营销力之上的各种资源。

为了更好地积累资源，我们在记者日常的采访中更广泛地接触核心用户，有意识地建立起强大的数据库。以水产为例，对核心品种如对虾、草鱼、罗非鱼等，都建立了庞大的经销商、优秀养殖户数据库。这也成为我们为中小企业提供营销服务的重要抓手。

但在积累资源的同时，也遇到了问题。由于记者工作的局限性，对积累起来的人脉资源加以维护，往往缺乏可持续性。采访过后，混了一个脸熟，但很可能接下来相当长时间没有联系。如果不能为核心用户提供可持续性的服务，并发生互利互惠的关系，所谓的资源积累，也就变成了机械地收集名单。

正如著名传媒学者喻国明所说，在移动互联网的冲击下，人类正经历着一场关系革命，微博、微信等通信手段的出现，真正使建立在关系资源基础上的社会资本得到了重新分配。在关系革命的背景下，媒体的价值也在发生变化，嵌入圈子、跨界整合、功能聚合成为媒体发展的关键词。

针对这一问题，我们开始思考资源组织化的问题。将各种资源有效地组织起来，通过QQ群、微信群等现代通信手段，以及《农财宝典》开设的栏目、组织的系列活动，使其形成可以独自运作的社群。在这个过程中，农财宝典可以真正嵌入行业圈子，并通过各种活动实现资源的跨界整合。基于这个思路，我们在产业链各个环节牵头成立了各种组织。例如，我们建立了以动保产品经销商为主要成员的华南水产病害防治联盟，并建立QQ群，帮助他们交流病害防治技术和最新疫情信息；开设《会诊吧》栏目，在这个群体中定期发起新话题，引导联盟成员参与讨论。我们建立了以大型饲料经销商和规模养殖场为主要成员的华南水产健康养殖互助会，并定期组织现场观摩活动，增进成员间的互动与交流。针对水产高校在校大学生，我们成了全国水产高校实践创新联盟，促进高校间的交流合作等等。这些工作的目的就在于使资源组织化，获得内生的可持续发展力量。事实证明，这种做法取得了不错的效果。

【案例】华南水产健康养殖互助会

华南水产健康养殖互助会（以下简称互助会）是由南方农村报、农财宝典发起，以华南各地规模养殖场、合作社和饲料经销商为成员，本着守望相助的原则，旨在搭建华南地区规模养殖场之间的沟通交流平台，及时传播和推广各种行业信息及先进技术的一个公益组织。

在设置互助会成员加入条件时我们就做了严格的限制，必须是养殖场、合作社和饲料经销商，其他身份的人员不得加入。对希望加入的成员我们要求其必须地处水产养殖主产区，养殖模式科学、规范，符合可持续发展理念。重视技术革新，愿与同行交流合作，资源共享，互利互惠。用于承担社会责任，积极带动周边农户发展，推动行业健康前行。同时对成员的生产销售能力也设置了门槛：养殖场、合作社生产能力必须达到草鱼 50 亩以上，对虾土塘 30 亩以上，高位池 20 亩以上，罗非鱼 50 亩以上，其他特养品种 50 亩以上；饲料经销商水产饲料年销售额必须达到 300 万元以上，且资金链情况健康，代理和销售的产品美誉度高，在业内口碑好，不经营假冒伪劣产品。

设置以上加入条件主要是为了保证

鱼虾三级混养 罗非鱼年亩产6000斤

◆《农财宝典》记者 梁善椿

"罗非鱼苗和虾苗标粗过塘混养，一年可养3造，罗非鱼年亩产6000斤，对虾亩产200斤左右。"5月11日下午，由《农财宝典》主办、湛江市海荣饲料有限公司特约的"华南水产健康养殖互助会现场观摩会"走进湛江雷州北和镇石头榴养殖场。来自粤西等地20多名经销商和养殖户参加了此次活动。

活动中，该养殖场老板庄有寿分享了鱼虾混养心得。据其介绍，在养殖过程中，罗非鱼标苗过塘2次，实现了3级养殖。"罗非鱼苗先在铺了地膜的高位池标粗，达到50-60尾/斤规格时，过塘到10亩左右的二级养殖池，达到5-6尾/斤规格时，再过塘到40亩面积的三级养殖池，罗非鱼投苗密度2500-3000尾/亩。"庄有寿说。

在二级养殖池时，再把经过高位池标粗、规格达到1000尾/斤规格的二代虾苗过塘与罗非鱼混养，虾苗投苗密度2-3万尾/亩，全程投喂罗非鱼料和饲化料。在第一造养殖中后期就开始着手第二造罗非鱼苗和虾苗的标粗，充分利用池塘，一年可养3-4造。

"罗非鱼套养虾，养殖水质稳定，罗非鱼和对虾存活率都很高，养殖效益稳定。"庄有寿表示，目前罗非鱼养殖成本4元/斤左右，鱼虾混养虾的产量可以解决养殖成本开支，罗非鱼产量属于纯利润。据悉，目前庄有寿拥有2个养殖基地，共1000多亩养殖面积，2013年全年纯利润近500万。

难能可贵的是，在庄有寿石头榴养殖场基地，参观者在现场了解到，通过水渠与闸门贯通，该基地400多亩池塘全部实现了养殖水体的流通循环，保持了水质的肥活爽嫩。

部分参会人员合影留念

参观罗非鱼苗一级标粗池

场主庄有寿（右二）与参观人员现场交流

池塘之间的闸门，用于养殖水体流动循环

用于养殖场水体循环的抽水泵

工人正在投料

查看罗非鱼苗标粗状况

互助会成员的高品质及高活性，有效抓住和影响基层意见领袖及带头人，达到以点带面的目的。

前期筹备工作是相对比较困难的，主要是首批成员的吸纳需要做大量的工作，在宣布成立互助会的同时我们希望首批成员能够达到20个以上。为此我们对以前记者采访过的一些养殖场进行筛选，挑出符合条件的进行逐一邀请，同时邀请相关上游企业（饲料企业、加工企业等）推荐，把他们的一些星级客户推荐成为我们互助会的成员。首批成员确定以后，为了达到最佳的宣传效果，我们选择在一年一度的“中国水产业风云榜暨农财宝典年会”（水产业界的年度盛会，每年这个时候都会有来自水产业各生产环节的大量人员参与）上进行互助会成立的启动仪式。

在第一批成员确定以后，后续成员的吸纳就方便很多了，主要通过以下方式吸收新成员：各地政府渔业部门推荐、规模养殖场及经销商自荐、相关企业和协会推荐、记者采访过程中邀请。在媒体宣传的配合下，新成员很快呈滚雪球式增长，在不到半年的时间内，总共成员增至65位，平均以每月5—10位的数量在增长。

为了使互助会能够持续健康地运行下去，我们为成员提供了以下服务：利用互助会平台及时获取华南地区相关行业的行情、技术等信息；免费或优先参与行业内各种技术交流及学术交流活动，优先获得《农财宝典》提供的各种先进技术、新产品、金融服务等详细资讯；免费参与农财宝典举办的互助会优秀成员养殖场参观交流活动；维护成员合法权益，农财宝典在媒体力所能及的范围内为互助会成员提供法律、政策咨询。

除了线上的各种信息共享（通过QQ、微信、网站、报纸杂志等媒介）以外，互助会还每月定期举办独具特色的线下观摩活动，寻找成员内或行业内具有代表性的一些养殖场，召集成员前往观摩学习。与以往的参观交流活动不同的是，互助会的观摩活动是不吃饭、不住宿、不收费、低成本、纯学习的交流活动，一般活动只进行半天时间，参观人员自行前往指定集合地点，不举办课堂讲课，直接到达生产一线和养殖池塘边参观交流。这种新模式也得到参会人员的大力推崇。观摩会规模设置一般为15—20人，以保障达到最佳的学习效果，同时每场会议均以县域为单位，既方便参观人员前往，又针对当地养殖特点。

【案例】华南水产病害防治联盟

华南水产病害防治联盟（以下简称“联盟”）是一个以南方农村报、农财宝典为发起者和联结者，以广东各地优秀渔药经销商及基层技术服务人员为成员的公益组织，旨在提供一个能让渔药经销商、养殖户、企业三者之间交流互动和共享技术信息的平台。

作为农业媒体，经常会收到读者打来的电话或发来的信息，寻求技术指导，希望能通过我们帮忙解决其生产过程中遇到的各种问题。于是便萌生了一个“读者提问，记者跑腿”的想法，进一步设想到，何不利用媒体平台的优势，打造一个基层技术专家库？联盟由此而来。

联盟的成员主要是华南各地的渔药经销商以及一些技术实力较强的基层行家，他们的优势在于病害防治及提供养殖管理指导，正符合了现阶段水产从业者普遍渴求技术的心理。对联盟的成员，我们做了如下要求：渔药经销商必须年销售额不得低于 50 万元人民币，经营规模在当地名列前茅；地处水产业主产区，在当地口碑较好，所代理和销售的产品美誉度高；诚信经营，无制假售假行为，无不良记录，已通过 GSP 认证；资金链情况健康；成员养殖技术服务水平必须要高，能为养殖户提供相应的综合服务；重视知识，重视人才，重视员工培训，团队素质高；重视制度建设，企业已开始按照现代化企业管理制度运作；勇于承担社会责任，积极推动行业健康发展。

以上标准主要是为了保证联盟成员的高素质，我们希望找到在病害防治技术上有相当实力的基层行家，这批人长期身处一线生产，经验丰富，既能很好地为我们的读者提供技术服务，又是媒体宣传一个很好的发声筒。

联盟筹备阶段，通过政府畜牧兽医及渔业部门推荐，寻找到一批在各地均比较优秀的渔药经销商，通过逐一走访筛选，确定了首批成员，并在“中国水产业风云榜暨农财宝典年会”上进行了推杆成立仪式，首批成员共同参与见证，政府主管领导致辞，为联盟的启动及运行造了一个很好的势头。

后期联盟成员的吸纳主要是通过以下途径：各地政府推荐、经销商自荐、相关企业推荐、记者采访过程中邀请。经过一年多时间的积累，联盟成员已经达到 73 人，平均分布于华南地区各主要水产养殖产区。

对于联盟成员，我们提供媒体平台（QQ、微信、网站、报纸杂志）供成员之间交流、学习及合作，邀请成员免费或优先参与行业内各种技术交流及学术交流活动，组织行业经验成果的推广应用，同时还为成员提供相应的法律咨询及信息服务，反对不正当竞争，保护知识产权，维护成员的合法权益。

为了更好地体现联盟在病害防治和技术服务上的特点，我们开通了专门的读者提问通道，广泛征集读者的各种问题，邀请联盟成员开诊作答，并通过杂志《会诊吧》栏目，每期以内容的形式呈现。我们还对联盟成员的技术专长按照养殖品种进行了分类，使得联盟成员提供的技术指导更有针对性。

渔药经销商也是水产业中十分重要的渠道资源，他们推动甚至影响养殖模式及养殖技术的发展，是行业发展的中坚力量，也是各上游企业十分关注的对象。

整合这部分资源，对媒体发展及影响力的打造显得至关重要。

【案例】《农财宝典》金牌经销商

金牌经销商是一个集打造明星经销商及促进杂志发行的项目，在华南地区各水产养殖产区寻找一批实力、信誉、理念等各方面均比较优秀的合作经销商，授予“《农财宝典》金牌经销商”称号，利用媒体平台及资源优势帮助其迅速成长为所在地区经销商的佼佼者。同时金牌经销商购买部分杂志用于其所服务客户的派发和赠送，在促进发行的同时也利用经销商渠道传播媒体价值。

对金牌经销商我们做了如下设定：

1. 金牌经销商分三个级别：市级、县级、镇级。经销商分类的依据为经销商经营店面的居所，在镇上为镇级，在县城（包括县级市政府所在地）为县级，在地级市市区为市级，市级以上如省级和片区经销商归入市级。只有一家门店就看该门店所在地，有连锁店或者分店则看总部所在地。对于金牌经销商，我们将授予“南方农村报《农财宝典》金牌经销商（XX类）”的牌匾，允许其在店面内悬挂。

市级及以上经销商：代理《农财宝典》至少100套/年，可授予牌匾。每个地级市同类产品的经销商不超过两个。

县级经销商：代理《农财宝典》至少50套/年，可授予牌匾。每个县（县级市）授予金牌经销商同类别农资经销商不超过两个。

镇级经销商：代理《农财宝典》至少30套/年，可授予牌匾。每个镇同类别农资产品只允许授予一个金牌经销商。要找当地最大、最有影响力的经销商。先到先得。

2. 金牌经销商按照类别划分为：饲料类、渔药类、种苗类、器械类等。

3. 金牌经销商可免费参加由本刊主办的相关会议、论坛、培训和招商等活动。

4. 在媒体职责和能力范围内，协助处理业务过程中遇到的各类问题，如种苗维权、市场信息咨询、生产技术服务等。

5. 在杂志上开辟《金牌经销商》栏目，每月为金牌经销商提供动态内容宣传。

6. 制作华南金牌经销商分布地图，并公布所有金牌经销商联系方式，每月在《农财宝典》上进行公示。为经销商进行宣传推广的同时也接受各方监督。

金牌经销商授予流程一般为：对有意向的经销商进行调查走访—掌握其基本情况，筛选合格以后，双方签订合同—铭牌制作—授予金牌，并做挂牌专访，于次月《农财宝典》上刊登。

金牌经销商项目自运营以来，已陆续授予金牌经销商总计达 40 名，未来还将不断增加。项目对媒体掌握和影响经销商这一重要渠道资源具有巨大的推动作用，对杂志发行量的提升更是一个十分有效的途径。以广东省为例，全省约有 40 个地处水产产区的县或县级市，以平均每个县或县级市拥有 10 个镇计算，一个镇授予一名金牌经销商，一名经销商最少订阅杂志 30 套/年，则每年总共可增加发行量 12 000 套，这对一本杂志的发行量来说是非常可观的。

【案例】水产中国调研及中国水产院校大学生行业实践创新联盟

2013 年初，由农财宝典发起，联合全国重点水产院校和行业知名企业共同组织，以鼓励和资助我国水产院校在校学生进行行业实践和田野调查的“水产中国——全国高校大学生行业联合调研活动”（以下简称“水产中国”）启动，活动旨在于关注当前中国水产养殖业发展状况，促进大学生对水产养殖业的深入了解和思考，实现水产院校毕业生与产业的无缝对接。

华南农业大学前进的快乐渔人

上海海洋大学微爱队

广东海洋大学海之蓝队

福建农林大学金鱼妈妈队

西南大学梦之队

广东海洋大学海洋先锋队

湖州师范学院太湖水星队

河南师范大学康达尔实习小分队

青岛农业大学海洋调研队

活动自启动以来，得到了全国 13 所重点水产院校的积极响应，广东海洋大学水产学院院长谭北平、上海海洋大学水产与生命学院党委副书记林海悦、华中农业大学水产学院党委副书记吴义生、华南农业大学动物科学学院党委副书记蔡汇民、海南大学海洋学院党委副书记王桂林、湖州师范学院副校长叶金云、集美大学水产学院党委副书记郁军态等院校领导对水产中国给予了大力支持并广泛动员。首届水产中国吸引了全国 13 所水产院校共 25 支大学生队伍 205 名学生报名申请，最终 14 支队伍共 120 名大学生成功入围。

水产专业大学生积极参与，院校领导老师鼎力相助，水产中国开创了中国水产院校大学生联合行业实践之先河。2013 年水产中国调研主题为：营养饲料与水产健康养殖。该主题得到国内水产营养饲料知名专家学者的支持，上海海洋大学冷向军教授、广东海洋大学谭北平教授、中国农业科学院饲料研究所周志刚研究员、中国科学院水生生物研究所解绶启研究员、宁波大学周歧存教授、华中农业大学王春芳副教授、华南农业大学潘庆教授、苏州大学叶元土教授、厦门大学艾春香教授、湖州师范学院叶金云研究员和集美大学叶继丹教授等接受活动主办方邀请，担任水产中国顾问，以不同方式指导大学生进行社会实践。

在 2013 年暑假里，14 支水产中国大学生调研队伍不负众望，在全国 9 省市 31 个地级市（区）成功开展调研，实地走访了各水产主产区渔业主管部门、饲料生产企业、苗种企业、养殖企业、饲料经销商和养殖个体户，共完成有效调查问卷 947 份。

鉴于 2013 年水产中国调研活动的突出表现，当年 11 月 12—16 日，在福建厦门举办的第九届世界华人鱼虾营养学术研讨会上，世华会组委会同意水产中国 1 000 份调研报告入袋会议资料袋，得到与会者的广泛关注。

当今新媒体沟通交流是日常生活学习不可缺少的一部分。通过奖项设定，水产中国调研活动鼓励学生利用新媒体手段，加强信息传播与交流。水产中国来源于高校，更要回归于校园。在完成调研报告撰写后，农财宝典指导水产中国大学生自行组织校园报告会，鼓励学生邀请本校专业老师和企业人士参与报告内容的点评，升华大学生在活动开展过程中对行业的认识和未来就业情况的把握。学生社会实践成功以报告会的形式来展现，这是不可多得的突破与创新。

水产院校大学生终归要投身产业，企业的加入是水产中国的一大亮点。广东粤海饲料集团等企业，在该活动开展前，参与了多个高校动员会议，并在学生调研过程中给予引导与支持，指导大学生进行行业实践。实地调研结束后，企业派业务骨干点评学生行业调研报告，提升在校大学生对行业的认识，让大学生受益匪浅。

在“首届水产中国——全国高校大学生行业联合调研活动”取得阶段性成果的基础上，农财宝典再次联合国内水产院校和知名企业，开拓性成立了中国水产院校大学生行业实践创新联盟——以联盟的形式，统筹组织全国水产院校大学生参与专业学习和实践。

2013年12月15—16日，由农财宝典发起，中国工程院院士、中国海洋大学教授麦康森倡导的中国水产院校大学生行业实践创新联盟（以下简称“水产院校联盟”）筹备会及成立仪式在广州举行，上海海洋大学水产与生命学院党委副书记林海悦、广东海洋大学水产学院党委副书记王海燕、集美大学水产学院党委副书记郁军态、华南农业大学动物科学学院党委副书记蔡汇民、华中农业大学水产学院党委副书记吴义生、海南大学海洋学院团委书记郭孝伟、湖州师范学院教师邵仙萍等领导老师及部分学生代表，渔愉鱼水产服务有限公司总经理李悦悦、广州市信豚水产科技有限公司副总经理崔祥、广东恒兴饲料实业股份有限公司总部行政人事中心副总经理周剑熙、广东粤海饲料集团中山粤海饲料有限公司总经理彭卫正、海南卓越生物有限公司总经理龚守成等企业代表见证了全国首个水产院校大学生行业实践联盟的成立，联盟名誉主席由麦康森院士担任。

水产院校联盟是由媒体、高校、学者和企业倡导，为中国水产院校学生提供专业学习与实践的服务性公益型组织，宗旨是资助指导中国水产院校大学生进行专业学习与实践，培养学生专业技能和产业意识，打造产学研紧密结合的实用型学习平台，为促进中国水产业发展储备更多高素质的专业型人才。

联盟设置机构有名誉主席、主席团、秘书处、执行委员会等，名誉主席由中国工程院院士、中国海洋大学教授麦康森担任；主席团原则上是水产院校联盟最高组织，由各个高校水产专业相关学院院长或主管学生工作党委副书记或团委书记或系主任及企业家担任，目前确定加入联盟的院校有广东海洋大学、大连海洋大学、上海海洋大学、中国海洋大学、华中农业大学、华南农业大学、西南大学、青岛农业大学、钦州学院、浙江海洋学院、海南大学、集美大学、湖州师范学院；秘书处是主席团下设机构，由农财宝典记者梁春桥担任，负责统筹和协调联盟日常工作，以联盟的名义组织的活动，秘书长需向主席团成员汇报；执行委员会是联盟日常工作机构，由各个高校水产专业相关学院学生会干部担任，负责联盟活动策划、组织和执行工作，秘书长统筹。同时，联盟要邀请国内知名专家学者担任顾问，组成专家顾问团，指导大学生进行行业实践创新活动。

目前，水产院校联盟已成功在全国各水产院校开展了“水产中国——全国高校大学生行业联合调研活动”、《农财宝典》征文比赛、《农财宝典》编外记者、《农财宝典》编译记者、专业学习大讲堂等活动，未来还设立中国水产业英才奖学金、专业知识竞赛等。

企学媒三位一体，是水产院校联盟的独特之处。参与以联盟的名义组织的活动，发起高校的学生可获得一定经费的资助，并优先获得中国水产业励志奖学金的提名；发起企业可通过联盟系列活动的赞助或冠名，推广企业品牌，提升企业形象，扩大企业品牌在校园及行业中的影响力。同时，在活动开展过程中，发起单位也要承担一定义务，高校负责组织学生参加联盟举行的各种活动，并派专员协调指导联盟日常工作，推荐优秀毕业生到联盟发起企业就业；企业为联盟发起高校的学生优先提供实习和就业岗位，并负责派遣业务骨干到各个高校担任编外老师，指导学生专业学习；媒体负责联盟日常工作的统筹、协调和宣传，并为高校学生的实习和就业、企业品牌推广搭建平台。

水产院校联盟的发起成立，是《农财宝典》对中国水产业专家学者数据库、高等院校、行业企业等资源的进一步整合。把产业链延伸到行业未来的主人——水产院校大学生，联盟为在校大学生提供全面了解我国水产业发展现状的平台，缩短了高等学府与产业之间的距离，其影响深远，意义非凡。

【案例】业务员自媒体联盟

从几年前的微博，到现在的微信，人们可以通过这些现代化、电子化的手段，向不定向的大多数或特定个体传递信息，我们说，这是自媒体的时代。随着通信越来越发达，微信、微博、QQ 越来越成为水产业务员沟通学习交流的平台，更是不少业务员服务客户的营销平台。

农财宝典水产版微信曾做过一个调查，水产业务员们如何通过微信做营销？其中，34%的人表示，会用微信向客户发布一些及时性的技术注意要点；分别有24%的人表示会通过微信搜集客户群，建立客户档案库和定期发布产品信息、行情报价等；仅 4%的人表示只是将微信作为纯粹聊天的工具。

从这个数据也可以反映出，借助现代的通信手段，业务员也可以成为信息发布的媒介，成为信息的发布者和传播者。

于是，农财宝典发起成立业务员自媒体联盟，其具有如下功能。

1. 交友平台。业务员只需提交姓名、性别、年龄、爱好、技术专长、区域、工作单位、个人照及微信号（或 QQ 号、微博账号等），我们将定期在微信上发布信息，帮助业务员建立自己的专属营销圈。

业务员自媒体联盟自 2014 年 7 月 1 日成立以来，颇受到行业人士关注，截至目前，共有 31 名业务员报名加盟，他们分布于水产行业相关产业链条，包括饲料企业、渔药企业、添加剂企业等，他们大多从业多年，有较为丰富的一线技术服务经验，能够及时、专业地处理养殖户的一些技术难题；同时，也有一部分行业新兵加盟，他们希望通过这个平台可以有学习交流的机会。

2. 病害防治交流平台。针对养殖难题，我们将邀请联盟内优秀业务员解答，定期推出，打造业务员中的“技术明星”。

在农财宝典微信平台开设的《养殖技术 100 讲》栏目中，联盟成员也发挥自己的技术特长，为养殖户排忧解难。

3. 信息发布平台。我们将定期发布业务员提供的病害案例、行情走势、新产品信息、工作心得体会等。业务员可以在这里吐槽、讲八卦、点评行业大事，成为水产行业的“超级麦克风”。

社群时代已经到来，未来是属于超级经纪人的时代。超级经纪人利用社交平台的红利，积累资源、知识、经验等帮助他们在“平凡的世界”内打造出连接价值，创造出非凡的业绩。由农财宝典发起的业务员自媒体联盟就是要打造明天的超级经纪人。

【案例】新渔女郎

长期以来，水产行业因其低端、粗放的行业特点，鲜有优秀的女性参与。近年来，随着行业迅速发展以及资本市场的介入，水产业逐步走向规模化、现代化，也吸引了越来越多的女性加入这个行业。新渔女郎评选旨在通过评选的方式，发掘水产行业女性从业者的美，展现她们在工作与生活中的风采，呼吁行业关注女性的发展，弘扬健康向上的行业风貌。

活动自 2014 年 1 月开始以来，就备受业界关注，共有 30 名女性报名参赛，她们分工于水产行业产业链条上的各个环节，包括饲料企业、养殖企业、专业合作社、种苗企业、渔药企业以及饲料经销贸易企业等等，职务也涵盖了技术、销售、后勤、财务以及农场主等。虽然她们来自不同的岗位，但她们有一个共同的特点，那就是热爱水产业。

此次评选共分为两轮举行，第一轮为海选阶段（1—6 月），第二轮为复活赛阶段（7—8 月），以一个自然周作为投票周期，共进行了 8 轮评选，在复活

赛环节中，原来未能晋级的候选人再次参与评选，每周末位淘汰票数最低的候选人并加入一名新候选人，每个投票周期结束，票数清零，新加入候选人后再继续开启投票，最后按得票数决出6名月度新渔女郎。

活动中展示候选人翩翩风采的生活近照，还展示了她们的参赛口号，无一不体现出她们对工作、生活健康积极的态度以及对水产行业的热爱。

此次活动总共在30名候选人中评选出了12名月度新渔女郎，经其本人授权后，主办方将为每位私人订制一张专属月历，并集结成2015年的挂历作为礼品推广。

为体现评选的公平、公正，此次评选采用网页投票和微信投票两种方式，且每个ID只能给每个候选者投一票。经后台检测，此次活动共有超过10 000个ID参与了投票，足以体现出业界对活动的广泛关注。同时，通过此次活动，也很好地打造出了新渔网的品牌影响力。

五、坚守内容品质制高点

伴随着移动互联网在水产行业的普及，信息采集、编辑、传播的方式都发生着颠覆性变化。特别对于行业媒体这种普遍原创能力较弱的媒体领域，导致普遍出现内容粗鄙化的现象。一方面，信息传播开始碎片化，有深度、有反思的文字越来越少；另一方面，受众的阅读

封面故事 COOVER STORY

对世华会过去与未来的认识

习惯开始转变，由原来的以“行”为单位转变为以“屏”为单位，有品质的深度报道越来越无法占领市场。

尽管如此，并不意味着可以放松内容的品质。《农财宝典》在业内最被认可的便是内容生产和策划能力，不夸张地说，内容是《农财宝典》的立刊之本，是与同类杂志体现差异化的最核心竞争力。

我们这样定位内容在《农财宝典》各项工作中的地位：以高品质的内容和活动策划，占领行业的舆论制高点，充分体现《农财宝典》作为行业风向标的品牌价值。

我们特别强调要做好以下几类内容：其一，坚守媒体良知和价值，在水产业内激浊扬清，确立行业公信力；其二，通过行业报道揭示行业逻辑，透过专业视角解释行业问题，以理性的态度、科学的方法论、正确的价值观审视行业问题，不做人云亦云、有闻必录的应声虫；其三，针对核心用户，精心策划重大选题，一以贯之体现业内媒体最高水准；其四，以巧妙的创意和议题设置能力，占领行业制高点，确立自身的品牌价值。

实践证明，越是大企业，越看重媒体的品牌和内容生产、策划能力。品牌是可以溢价的无形资产，而作为媒体，内容则是支撑品牌的最重要元素。在媒体转型的滚滚洪流中，应该特别指出，内容虽然已不是唯一的核心竞争力，但是一切竞争力的基础。我们强调内容的专业化与实用性，强调选题应该与经营工作、资源积累工作相配合，但并不意味着可以降低对内容品质的要求。内容不是万能的，但没有内容，绝对是万万不能的。正是因为强大的内容生产能力，农财宝典微信无论从阅读量还是粉丝数量，已经成为业内最具价值的媒体官方微信。

【案例】《汇·世华会二十年》

2011年第八届世界华人鱼虾营养学术研讨会在成都完美收官，盛况空前。世华会从1991年筹备算起，到今年正好走过20年。目前，它已经成为汇集全球鱼虾营养与饲料各个领域最新研究成果，水产学术界规模最大、最成熟的交流平台，受到全球业界普遍关注。最难能可贵的是，在20年的发展历程中，它成功整合了学术界和企业界资源，完成了从单纯的“学术峰会”到顶级的“行业盛会”的完美嬗变。历届世华会几乎囊括了全球华人鱼虾营养领域的顶尖学者和行业知名企业。放眼整个农产业，如此历史悠久、汇集海内外产学研多领域精英的会议，也极为罕有。

世华会与水产饲料行业同发展，既是行业历史的见证者，同时也是行业未来发展的风向标。为此，《农财宝典》策划了20多页的大型封面报道。整个报道总共分为今生、前世、行业、经济四个部分，近3万字，图片数十张。花这么大篇幅为世华会立传，国内媒体尚属首例。报道一出，引发业内人士共鸣，得到很多专家的高度评价。

李爱杰（我国水产动物营养与饲料专家和奠基人、中国海洋大学教授）：非常感谢你们那么花心思对世华会做了这样一次专题报道。整个报道从头到尾我都看了，写得很好，采访扎实，内容充实。我个人很满意。

冷向军（“第八届世界华人鱼虾营养学术研讨会”组委会秘书长、上海海洋大学教授）：报道很好。但是可能由于年代久远，有些采访对象对细节的回忆可能有所出入。不管怎样，总体还是很不错的，也期待有下一次的合作。

薛敏（“第七届世界华人鱼虾营养学术研讨会”组委会成员、中国农业科学院饲料所水产动物营养与饲料研究室主任）：这期世华会20年发展历程集锦办得很好，看到很多老照片，很感慨。世华会在中国的20年直接体现了中国水产养殖和饲料工业发展的历程，从世华会合作企业也可以看到有几个常青藤企业一直不断地对世华会予以支持。我本人从1995年协助李爱杰老师承办第二届世华会，到自己主持承办2008年第七届世华会，对这个行业大会是有特殊感情的。在过去20年间，会议规模越来越大，影响力也不断提高。特别是从第五届开始都邀请了国际上水产动物营养的知名专家，使世华会的“国际化”程度

COVER STORY 封面故事

沉浮

中国水产业的“转型财富”

28

进一步提高。近两届还增加了企业家论坛的环节，使得世华会和行业的距离进一步拉近。贵刊已经从各个方面对世华会的繁盛和进步做了整理，这期刊物很值得珍藏。

艾春香（“第九届华人鱼虾营养学术研讨会”主办方组织者、厦门大学教授）：首先非常感谢你们为报道世界华人，特别是我国大陆水产动物营养研究和饲料研发成果做出的辛勤劳动，你们的劳动有力地促进了行业的健康发展。

《汇·世华会二十年》的报道具有鼓舞人心、振奋行业的作用，这不仅是为世华会立传，更是为我国水产动物营养与配合饲料学科的发展记录历史，具有较高的收藏价值。从你们简短的介绍中进一步加深了我对世华会的认识，对首届世华会的筹办、顺利召开以及随后的 7 届世华会的成功举办所取得的成果以及对产业发展的影响有了更深刻的认识。

薛华（广东海大集团股份有限公司董事长）：报道很不错。行业媒体就应该对这样的行业会议做更多的报道，让更多的业内人士知道和了解。

蒋洪斌（广东恒兴饲料实业股份有限公司副总裁）：谢谢你及你们团队为行业所做的奉献，作为一个行业从业人员，我及我的团队向你们致敬。学习了你们该期报道后的深刻体会是：给贤者使命感，给智者启迪感，给业者顿悟感，给观者激情感。盛会 20 年，传承思想，探究方法，引领行业。行业 20 年，急起行，急起行，前途去，结同盟，使命擎天柱，业如虹。

朱友谊（北京桑普生物科技有限公司上海分公司总经理）：你们做这么一个回顾主题很好，我们也要问 20 年的世华会给我们水产行业，尤其是水产饲料行业带来了什么。首先是一个专业的技术和科研平台的搭起，让更多的学生和刚刚进入该行业的年轻学者有一个交流的平台，让更优秀的科研和学术报告跟大家共享，共同探讨一些研究方法，避免一些领域重复立项研究的资源浪费；第二是培养了新一批技术人才，目前我们这个年龄的一批“企业家”或管理者，尤其有专业背景的同仁都受益于世华会，当然从世华会走出国门的年轻学者就更多了，包括邓博士等一批优秀学者。更有大批学者本科或从事的研究本非水产营养和饲料专业，现在也转入这个行业，并且很成功。第三，也是最明显的成绩是创造了一大批成功的技术型的大型水产饲料企业和饲料添加剂企业，他们自立、自强、创新、守法、护法，给水产饲料行业健康可持续发展做了特大的贡献，才有今天的水产饲料产量在全球排第一，达到 1 500 万吨。太多感慨了。

这组报道不但成为世华会的一个总结与记录，更勾起一代水产人的集体回忆，成为他们津津乐道的话题。

【案例十六】《一条舶来鱼本土化的 20 年》（多宝鱼）

2012 年是中国引进大菱鲆 20 周年。20 年间，我国自海外引进的水产养殖品

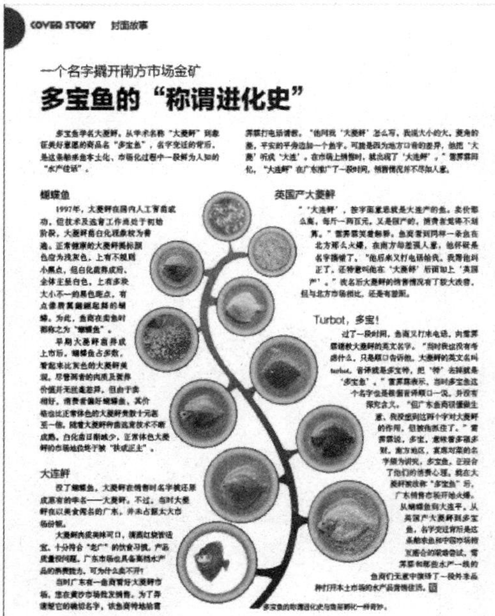
COVER STORY 封面故事

一个名字撬开南方市场金矿

多宝鱼的"称谓进化史"

蝴蝶鱼

英国产大菱鲆

Turbot，多宝！

大连鲆

24 | 农财宝典 Agriculturalwealth |

种数以百计，但从科研、市场、可持续发展等多因素综合考量，大菱鲆无疑是其中最为璀璨耀眼的明星品种，书写着水产业的传奇。

大菱鲆的引进源自雷霁霖院士早年一个愿望：找到一条鱼，肉质好，耐低温，可在冬天生长，并要把它产业化，填补北方水产没有产业化海水鱼品种的空白。历经一番搜索，曾经的皇家贡鱼——大菱鲆闯进雷霁霖的视野。

为实现这个美好的愿望，虽历尽波折，但终于圆梦。大菱鲆游进中国，翻开中国水产行业崭新一页。没有经历挫折的成功是微不足道的成功，这条"舶来鱼"在中国虽然年轻，但 20 年间却经历着其他本土水产品即将经历的沉浮与兴衰，几乎可以说是中国水产业的一个微缩景观，映衬着这个产业的昨天、今天和明天。在它身上集结着水产品工厂化养殖、产业化发展、可追溯体系、产学研结合等等一系列当下水产行业乃至大农业领域最热门的话题。更难能可贵的是，大菱鲆不但经历，并且正在探索新的出路。

这组报道关注大菱鲆在中国的 20 年进程，剖析其具有代表性、开拓性的产业化发展之路，不但是为了对这个产业 20 年的风雨历程立此存照，更是希望通过借鉴大菱鲆产业来探讨中国水产养殖业未来的发展趋势和方向。

该组报道采访了与大菱鲆产业相关的近百名业内人士，不但追忆往昔，更不乏深刻的思考。特别是雷霁霖院士对报道给予高度评价，对封面设计尤为赞赏，称其"造型灵活且富有文化韵味"，并专门找人传话，希望获得电子版，保留这张图。

【案例】《餐桌上的误解》

前不久，一则包含“打针水产品”内容的文章以不同形式在微信圈、微博等社交媒体广泛传播与发酵。原本是给草鱼打疫苗的正常养殖行为，被这些文章描述为“给鱼喂激素”，成了危害食品安全的行为，让水产业界蒙冤。

平心而论，很多水产品确实不够安全健康，水产行业从业者还需要做很多努力。不过，类似对行业的误解并不少见，每年都会在社交媒体以及传统媒体上出现。作为水产行业媒体，我们有责任纠正这样一些误解，为行业正名。

为此，编辑部选择了“黄鳝喂避孕药”“鱼虾使用‘鱼浮灵’会致癌”等 4 个消费者存在误解的地方着手梳理误解传播路径，邀请权威专家解读个中问题与原理，等等。

专题采取了实地采访、电话采访以及文献梳理等方式。以《黄鳝与避孕药的“缠绵”史》为例，专题采访了国内黄鳝主产区湖南、湖北的养殖户、经销商、厂家业务员，以及位于主产区的长江大学、华中农业大学、中科院水生生物研究所黄鳝研究专家，采访了就黄鳝使用避孕药在公共媒体上发表过观点的广州中医药大学医学专家。此外，专题还从谣言产生的 20 世纪 90 年代末开始，梳理了过去 10 多年的公共媒体报道与部分学术文章，并就少数有影响力的报道，联系过相关

封面故事

餐桌上的误解

24 黄鳝与避孕药的“缠绵”史
26 国外能用但有停药期 国内还没有药残研究
28 新兽药国标或不再批准生产“鱼浮灵”
30 海水晶：源自海水 安全系数更高
32 一个谣言可毁掉一个行业

记者、编辑，发现食品安全问题在传播链条与辟谣上的一些问题。

专题最后呈现了《黄鳝与避孕药的“缠绵”史》《麻醉剂运鱼：国外能用但有停药期　国内还没有药残研究》《新兽药国标或不再批准生产“鱼浮灵”》与《海水晶：源自海水　安全系数更高》四篇主打文章。同时，编辑部还配发了农业部全国水产技术推广总站用药指导处处长王玉堂的评论——《一个谣言可毁掉一个行业》，从宏观角度对这样一些误解做了分析，并提出缓解这类问题的建议。编辑部也就此专题发表编者按，在承认食品安全问题非常严峻之际，也希望本专题能够有助于公众重建信任与理性。

报道出来后，业内外反响强烈。首先，水产行业从业人士非常认可报道，认为该组报道以专业的方式，站在行业角度厘清了部分萦绕于水产品安全的各种传言、误解，有助于公众客观了解水产业。

其次，部分党报与公共媒体在本专题基础上，深度挖掘（比如《南方日报》），让此话题深入发酵，使得公众能够进一步理解水产业，理性对待食品安全问题。各大行业网站、门户网站也纷纷转载，形成热点舆情话题，展开激烈讨论。

整体来讲，该专题选择水产行业中4个食品安全误读事件深入调查，深度梳理以往公共媒体报道，发现政府、学界与媒体在辟谣过程中均有不严谨的做法，并加剧了社会信任与理性的缺失。文章从养殖技术、行业现状、传播学等多角度，解剖食品安全误读事件产生的机理，在纷繁复杂的信息中，不但揭示了事件的真相，并且厘清了产生误解的深层次原因；不但为行业发声，同时为公众解惑。

【案例】系列产业报告

南方农村报水产类的产业报告，开始于2013年，当年推出了《2013年广东草鱼产业报告》和《2013年中国白对虾产业报告》，由水产组记者合作完成，到2014年，又陆续推出了广东加州鲈、黄颡鱼、海鲈、生鱼和华南石斑鱼产业报告。

操作这样的行业报告，基于以下几个出发点：一、行业中还从未有过类似的，对某一大区域（华南、广东）的某个水产品种情况进行整理，缺乏系统的、全局性的数据。二、《农财宝典》记者在多年的采访中，积累了大量材料和数据，很有必要进行整理，通过资源的组合，得到更优的媒体产品。三、通过新的媒体产品和权威发布渠道，利于强化和行业、企业的联系，提升综合服务能力。

既是新闻报道，又是行业资料。

在这七个产业报告中，根据各水产品种的不同，操作执行的方式也不一样。

白对虾报告始于由《农财宝典》首创的“中国对虾价格指数”，这是当前中国水产业的最大总品种之一，产量巨大，涉及地域广，从业人口众多。有鉴于此，我们从前期准备阶段开始，就制定了详细的信息采集地点和对象，地点涵盖广东、广西、海南、福建、浙江、江苏等省区，采集对象有养殖户、经销商、相关企业人士、流通商等等。从 2012 年开始，《农财宝典》分别对福建、海南、广西、广东粤东、粤西地区的对虾养殖业进行过多次深入报道，在此基础上，形成了覆盖全面、数据翔实的产业报告。

草鱼是中国养殖量最大的鱼类，和白对虾不同，草鱼产业报告是由《农财宝典》和广东通威饲料有限公司联合发布，利用媒体的资源和采编能力，借助饲料企业的市场网络共同完成。该报告用时约一个月，由于时间较短，以及合作企业的需求，所以聚焦在广东市场。除了本身盈利外，该报告还有力地支撑了当年的“草鱼产业链构建与品牌鱼营销”研讨会和后续一系列相关活动。

至于其他五个报告，所涉及的都是广东特色水产品种，它们都有共同的特点：行业总量不大，分布的区域性非常明显，从业人群相对固定，行业附加值高，涉及的企业和产品品牌较多。在操作过程中，我们整合各位记者所掌握的资源，有效聚焦，重点突破，以镇级行政区域为单位，逐地进行扫描，在整理行业资料的同时，还实现了三点战略构想：①在整理资料的同时，及时收集并报道了其他同类媒体遗漏的行业新闻；②突破行业重点信息源，更新、丰富《农财宝典》的数据库存和资源储备；③利用产业报告的机会，和相关企业发生密切联系，保持并提升自身的影响力，强化《农财宝典》的公信力和变现能力。

贴近一线，有效聚焦。

由媒体推出产业报告，在水产行业中属于首创，在七份报告中，所有的信息源均来自一线人员。和政府部门的报告不同，产业报告中除了该品种的产区分布、养殖现状、养殖模式、育种、病害等面上资料以外，还纳入了价格变化与流通、生产投入品等相关情况。我们力图通过更加新颖的模块设置，突出媒体办产业报告的独特性和有效聚焦。

以价格与流通板块为例，我们的信息搜集对象有以下几个：渔业主管部门、养殖大户、饲料企业、流通商、水产流通与加工协会。保证准确论述，结论经得起推敲，并且带有一定的预判性。这其中包括数据的搜集、整理制图、相关经济因素分析等等，在实际操作中，这几乎是每个产业报告工作量最大的一块，由专门人员操作完成。

在投入品方面，我们的焦点放在发展最成熟、行业价值最大、占养殖成本最多的饲料领域，包括主要饲料品牌及比例，各饲料产品的使用效果、市场评价、相互竞争、总体销量、市场格局变化等等，在这其中，除了各饲料企业人士，分布在各地的经销商、养殖户是最重要的环节，采用采访、问卷调查等方式进行。

通过有效聚焦，产业报告既包含了水产品种的常规情况，又强调了受众（养殖户、经销商、企业人士）所需要的信息要素。满足受众的需求，就是媒体价值的体现，作为行业媒体，通过这样一份报告，把整个行业各个零散的点，编织成一张网，同时利用首创的机会，占领行业舆论的制高点，掌握发声的平台，两年来的业界反馈证明，我们达到了既定目标。

（本文作者张璐系南方农村报编委兼农财宝典水产版主编）

两大板块经营负责人的同题问答

□王贤原　钟怡群

▶ 王贤原

▶ 钟怡群

问：作为千万级别的业务板块的运营负责人，如何看待市场份额？如何评估本行业的业务拓展空间？

钟怡群：畜牧板块2014年广告合同额，截至10月已经超过900万元。这个数字与大众主流媒体相比，犹如沧海一粟，即便与南农种植板块，也还有相当大的差距。但如果与国内畜牧媒体同行相比，还是有比较大的优势。据了解，目前国内影响力最大的行业网站年经营收入大约500万元，最老牌的一本养猪杂志则不到200万元。

目前南农系畜牧板块广告业务，我认为还有很大的拓展空间。一是一些老牌动保企业尚未深度开发。像中农威特、哈尔滨维科等都是极具研发实力和资金实力的企业，这两年通过多种渠道与企业高层保持密切沟通，阐述我们的媒体理念，获得他们的高度认可，而在三年前，这些企业还从来没有在《农财宝典》上做过广告。二是大型饲料企业还有很大的发掘空间，我们还没有找到很好的突破口。如果将这些企业盘活，完成1 500元万的任务指日可待。

王贤原：只要人类没有发明人体光合作用，能像植物一样，站在太阳底下晒一晒就饱了，呵呵，那么种植业就将长久存在。目前中国复合肥（不含尿素、磷铵、过磷酸钙等）年消费量在 6 000 万吨以上，华南六省区以种植果菜等高价值经济作物为主，而且复种指数较高，复合肥年消费量在 1 200 万吨以上，按每吨复合肥料宣传费用最低 10 元计算（高端新型肥料宣传费用更高），理论上宣传费用总额约 1.2 亿元。南方农村报在本区域较为强势，线上宣传和线下服务俱备，即使五五开，就有 6 000 万元宣传费用空间。因此，不论市场风云如何变幻，我们都将充满信心去开拓市场，通过多样化的服务手段，实现经营收入的持续稳定增长。

问：农业生产资料行业广告市场有何特点？对营销服务的要求如何，近年来又有什么变化？

钟怡群：农业生产资料行业的广告投放基本上还属于客户主导制，即广告版面大部分由厂家自己设计，广告诉求由厂家自行根据需要而定，广告预算根据厂家的销售目标而定，对媒体投放的选择完全根据企业自己的认知而定。他们把广告设计好交给媒体，在指定位置刊登出来，收到样刊，就算完成任务了。

不少厂家对于广告效果的评价依然停留在固有层面上，广告刊出以后看看一定时间内有多少电话打进来咨询。至于营销服务则有赖刊登几篇技术文章，报道几次市场活动来体现。近年来，有部分厂家开始尝试与媒体共同举办市场活动，作为对“硬广”的补充。例如跟农财宝典合作走猪场，办行业运动会等，互为借势、资源共享的模式越来越普及。

王贤原：审视近十年经过激烈市场竞争后的农资行业市场格局，肥料行业整合的速度越来越快，马太效应越来越明显，强者越强，弱者越弱乃至被淘汰。统计数据表明，行业前十名的肥料企业，市场占有份额已从五年前的 10%，增加到目前的 33%，而且还在不断扩大。金正大、史丹利、鲁西化工、开磷等正在脱颖而出，产能不断加大释放，成为行业的寡头。就像家电、IT、汽车、速食面等行业一样，经过充分的市场竞争，肥料行业也必然步上述行业的后尘，逐步进入寡头竞争的时代。

面对日趋激烈的市场竞争，农资企业日益强调通过提供优质产品和完善服务来拓展市场，提升销量，市场竞争到了拼技术、拼服务、拼管理的时代。他们一方面持续研发附加值高的新型多功效产品，另一方面销售重心进一步下沉，不断强化核心经销商、核心零售商的推广能力，注重抓好专业种植大户、家庭农场、农民合作社、种植龙头企业（集约化规模种植场）等有价值用户的销售，为今后巨头之间打硬仗做好准备。因此，他们对传媒行业服务的要求也将越来越高，要求更快、更广、更全方位、更综合化。媒体之间谁能提供更高质素、更多元化的综合服务，谁就能从企业中获得更多的宣传投入。

做独特价值的三农综合服务商，这是南方农村报多年集体智慧的结晶。为志在拓展华南六省区市场的农资企业提供全媒体、长服务链、线上线下并举的多元化综合服务，将一直是南农系发展的最大法宝。

问：你们既是队长又是所在业务板块的头号得分手，个人业务出现爆发式突破是在什么时候？你最得意的方案是怎样的？

钟怡群：我个人的业务其实还谈不上有多大的爆发，从30万元起步转型，当年做到80多万元，后来做到150万元，到去年突破300万元，只能算稳扎稳打，每年进步一点点，但有一点值得自豪，老同事离去留下的客户，我只挑了那么几个非常熟悉的，几乎可以忽略不计，其余全部留给新进入经营部门的同事跟进，没有坐享其成。今年因为广告政策调整，我把近80万元的老客户分给其他同事跟进，同时还要承担很多非广告方面的项目协调工作，所以要再往上突破就显得有难度，依然将目标定在300万元。但我将侧重点放在重要客户的深度开发工作上，并且收到了一定的成效。

至于最得意的方案，可以分为两块，一是广告方案，二是活动方案。因为我没有特别大的客户，因此都谈不上有多“得意”。广告方案中，帮意大利亚士可设计的“微营养　大效益”专题活动，并将该企业定义为“微营养全球领导者”，整个方案拿“微”字做文章，既体现了产品特性，又紧扣当前“微信、微电影、微社区”等社交热点，主题鲜明，传播方便，获得了他们高层的一致认可，至今，他们全国的市场推广活动都是按照这个主题来做。

活动方案最得意的应该算是2014年策划的“傲农杯新牧养猪人羽毛球大赛”，这一活动有几个创新：一是突破了活动的技术界限，养殖户聚在一起不是谈空洞的技术，而是一起运动，显得活力十足；二是充分整合了资源，将广东分为八大赛区，每个赛区交给金牌经销商承办，我们的工作量不大，而经销商多了一个跟客户黏合的途径，显得非常积极，多方共赢。

王贤原：衷心感谢南方农村报给种植板块经营人员提供了良好的创业平台。过往的十年，中国肥料和农药行业从粗放经营向注重品牌打造和营销宣传转变，无论是报社，还是我所在板块团队的成员，都较好地把握住机遇，板块业务量以平均每年10%以上的速度稳步增长，高峰时甚至达到50%，从率先超过千万元，到首次有头版全版彩色广告出现，到华南农资博览会的盛大举行，南方农村报中兴在一步一个脚印中稳健前行，报社事业发展的每一个成功时刻，自己和团队成员都深感自豪，并期待用努力和汗水，实现更大的突破。

问：传统纸质媒体广告出现下滑，你感觉到来自企业投放这方面的影响吗？

钟怡群：南方农村报和农财宝典这两年的经营总收入依然持续增长，我觉得有几个原因：一是新媒体对农业的冲击力传导需要一定的时间，因为农业相对而言属于生产力比较低下的行业，就业人员多以农民为主，素质并不算高，对新媒体的认知和需求还比较低，随着农二代崛起和更多高学历的年轻人进入这个行业，这一现象必定会同样发生；二是，相对于大众新闻媒体，我们的面比较狭窄，但反而让我们更加专业，显得更有根基，我们每个板块都深耕行业，在整个农业产业链上都积累了丰厚的资源，这都得益于十多年前农财部大刀阔斧的改革，将简单的农技版面转型做农业财经新闻，多年过去，回头想想，这真是一场奠定我们江湖地位的重大改革。

但不管怎样，新媒体的冲击或多或少正在影响着我们的读者和广告客户，目前，大部分主流客户都有自己的微信平台，也有不少企业明确表示从明年开始会逐步把广告投放的重心转向新媒体，这个大势是不可逆转的，越往后，这个趋势会越明显。

王贤原：传统纸质媒体广告出现下滑，个人认为不必要大惊小怪。从其本质来说，纸媒也是一种产品，是产品就会有其生命周期，有高峰荣耀时刻，也必定会衰落，正所“谓花无百日红”。关键是我们不能死抱住一个产品不放手，而是要发展创新的思维，紧跟形势，与时俱进。诺基亚守旧，巨人也轰然倒地。苹果创新也是时刻不敢怠慢，从苹果 1 代发展到现在的 6 代，还将不断创新下去。马克思辩证唯物主义说，任何事物有个性，也有共性。家电行业、汽车行业、IT 行业、农资行业、传媒行业，不同行业间虽然各有规律，但也有许多共性的地方，可以融会贯通。不断地丰富自己的产品，老产品升级换代，或者推出新产品；丰富自己的服务手段，发现需求，满足需求，甚至创造需求，缔造市场奇迹。许多农资企业如金正大、芭田、史丹利等，已实现了成功，作为传媒行业，成功的道理也是共通的。

非常荣幸的是，南方农村报集合大家的智慧，已从以往单一的报纸产品，发展到线上多媒体宣传、线下多元化服务等充满活力的体系，而且组合运用日渐熟练，针对不同客户的不同特点，进行套餐式多元化服务，满足客户需求。因此，只要我们牢牢把握住“独特价值的三农综合服务商”定位，优质产品＋不断创新＋善于营销，我们就可以始终立于不败之地。

问：如何组建高效的广告业务团队，精英策略与人才培养如何结合？从记者到经营，其间经过怎样的历练？

钟怡群：我 2010 年从采编转经营，工作目标就是打造一支有战斗力的经营团队，改变单打独斗，没有战略不讲战术，只会签认刊书卖版面的粗放经营。5 年过去了，原来的广告业务骨干陆续离职，不断有新人补充进来，而总体业绩非但没有受到影响，而且持续上升，团队做广告的风格也务实了很多。我认为高效的经营团队，首先要有共同的目标，能够真正理解“独特价值三农综合服务商”

的核心定位，并贯穿于服务客户的过程，而不再是单纯的“拉广告”。二是要有足够的广告知识，在写方案的时候让客户觉得你确实专业。三是要足够勤奋，让客户觉得你很重视他。四是要有一定的资源积累，包括产业的上中下游，在关键时候能够让客户眼前一亮。

广告精英策略的好处在于，因为有了之前的采编经验，使得经营人员在帮广告客户提炼推广主题、策划营销活动更有优势，容易跨过广告业务知识的门槛。无论是林礼广、杨明还是孙亮，他们从采编岗位进入广告部门，很快就成为一员虎将，在两年之后广告额都可以超过 200 万元。比如杨明，业务突破能力很强，开发了很多大客户，广西扬翔对其服务也非常满意。因此，媒体要有意识地给有潜力的人才提供转型的条件，树立其信心和发展方向。这与培养采编人员的道理是一样的。

我从记者转型做经营，过程还算顺利，一来服从组织安排，二来确实也不排斥做广告。最大的考验是转型第二年，《农财宝典》改版后把广告价格提高 50% 以上，那时自己的广告额才 70 多万元，心想这怎么可能？本来宝典广告价格已经是行业最高，还要提价这么多，真担心客户会集体冷对，导致经营全线溃败。确实，一开始客户意见非常大，但经过深入沟通说服，加上当时市场还没有太多选择，因此客户尽管有怨气，也只能接受。之后，我们在资源的组织化方面做了很多努力，尤其是金牌经销商项目的开展，跟厂家的合作关系变得更加紧密，同时在终端的影响力更加强大。

另一个考验就是心态的转变，以前做记者，后来做农财宝典副主编，出去采访什么的还是有一定江湖地位，有稿就有工资，感觉职业尊严感非常强。而做经营后要从企业口袋里掏钱了，而且还有任务，否则没饭开，这个心态的转变确实需要一点抗压能力。

第三个考验来自广告知识理论知识的匮乏，临阵抱佛脚恶补了不少经典广告名著，加上工作上的不断积累，现在也能边学边卖了。

王贤原：对于一个成功的组织来说，团队建设的重要性不言而喻。报社经营工作非常繁重，建设一支富有战斗力的团队尤其关键。近年来根据工作的需要，报社不断从采编、发行部门抽调精英，充实种植经营团队，这支团队里面有沉默寡言思索创意的，有踏实工作服务不倦的，也有贴近地气善抓落实的。团队注重实干，不浮夸，强调自觉学习、聪明学习、实战学习，在每年走访外省客户时以老带新，在实践中自我提升，学以致用。

非常荣幸的是，这支团队多是由报社抽选具有多年工作经验的员工组成，每个人都有良好的业务功底，既可以单兵作战，也可以合作打团体战，组合搭配，效率颇高，我当然希望有更多的报社精英加入这支团队。

问：客户对硬广的配套服务要求不断增加，比如大量的线下活动成本投入，意味着媒体广告边际效益递减，如何应对？

钟怡群：纸媒广告边际效益递减，这是市场发展的必然结果。总结起来有三大因素，一是以前南农系没有太多的竞争对手，厂家只能选择我们，我们有足够的话语权，而现在其他媒体的市场意识越来越强，他们没有我们的发行量与公信力，只有通过更低的价格和更多服务来黏合客户。二是生产资料企业的市场竞争也越来越激烈，单一通过广告来促进销售已经越来越难实现了，厂家更多地要在市场一线拼占有率、影响力，在营销费用有限的情况下，只能把广告费用砍掉。三是新媒体的发展让企业的产品信息和品牌形象有了更多传播途径的选择。

不管环境怎么变，我们只要抓住一点：企业的钱往哪里投，我们就要往哪里闯，企业的市场导向也是我们的经营导向。未来的经营，一定是深度参与企业的市场推广，因此要求媒体经营人员必须具备更加全面的专业知识、营销知识和策划能力。要不我们怎么敢说是能够“提供独特价值”的三农综合服务商呢？

王贤原：正如此前所说，面对日趋激烈的市场竞争，农资企业日益强调通过提供优质产品和完善服务来拓展市场，强调营销贴近地气，低重心化越来越明显。企业一方面是在线上进行品牌宣传，持续提升品牌美誉度，俗称空军；另一方面是在线下开展大量的会议营销和技术服务，采取有力的措施，扶持、帮助核心客商成长、上量、跃升，俗称陆军。线上品牌宣传+线下会议营销，陆军空军协同作战，共同用力。正所谓顺应时势，适者生存，市场有怎么样的需求，我们就要推出多样化的产品和服务，线上有更快、更广、更好品质的宣传媒介产品，线下有更贴地气、更全方位、更综合化的服务手段，如南农科技下乡直通车、走农场、渠道招商会、南农乡村院线，以及全案营销、视觉形象设计等等，整合报社线上、线下业务的资源，针对不同客户的不同特点，进行组合套餐式多元化服务，在满足客户需求的同时，线上、线下业务相互配合，相互推动，相得益彰。

今时今日，只要是市场竞争充分的行业，就要丢掉一本万利、空手套白狼的幻想，弯下腰来，多干勤干，并认真实施绩效考核，开源节支，通过多元化的服务，客户满意，企业发展，通过综合效益实现稳定持续增长。

问：无论是报纸还是杂志，承载的广告量都有限，目前新媒体广告比较少，如何拓展新的平台吸引客户满足需求？对开发新媒体广告有何设想？

钟怡群：我大概统计过，在现有的价格体系下，《南方农村报》和《农财宝典·畜牧版》能够承载的广告容量约为 1 000 多万元，要实现 1 500 万元的目标，单一的纸媒已然不能实现，因此必须通过线下的品牌活动来实现，如现有的走猪场、凤凰山论坛、年度风云榜、畜牧博览会等。另一块就是通过新牧网来承载，目前新牧网虽然有影响力和知名度，但广告开发还处于一个比较初级的阶段。新牧网的经营应该可以分为三大块：一是基础的页面广告，扩大影响力和维持基本运作；二是品牌栏目和一些评选活动的冠名，如羽毛球运动会、新牧女郎评选、价格指数冠名等。这些属于互联网传统的广告业务，并不是利润的最大来源，利润的最大来源应该是基于新牧网核心竞争力开发的产品，如价格指数、企业专项调研、市场数据产品等。

王贤原：如果把报社比作工业企业的话，采编部门是生产部，广告部是营销部，新媒体部就是研发部，专门负责研发高技术含量的新产品。在传统媒体转型的关键时期，热烈期盼南农新媒体部门能不断推出“人无我有，人有我优，人优我精”的新型农业资讯产品，好比农资企业推出新型多功效肥料产品一样，这样的产品更具市场冲击力，更受消费者欢迎。这些新型农业资讯产品推出后，我们要踏踏实实进行推广和普及，农户和客商懂用、爱用、常用，切身感受到这些新型农业资讯产品能够给自身带来有益的价值，并形成使用习惯，那么由此带来的二次资源贩卖——广告，也就水到渠成了。

问：目前在工作上你觉得自己最纠结的是什么？

钟怡群：我目前最纠结的是自己如何从传统媒体的思维向互联网思维转变，新媒体的经营思路、手段都跟传统媒体有很大的不同，当企业将宣传费用更多投向新媒体的时候，我能不能适应。而且作为畜牧板块的运营总监，如果我自己都不懂，又如何带领这么多的同事向前。

王贤原：作为经营人员，我目前最迫切的是如何进一步丰富自己及团队的创意想象力和品牌策划力，因为不管是传统媒体还是新媒体，媒介只是技术手段，而创意想象才是灵魂和核心竞争力。俗话说，熟读唐诗三百首，不会作诗也会偷。现在我常看别的行业优秀广告，从中得到启迪，获取灵感。包括追看高人气的品牌电视节目，如《超级女生》《中国达人秀》《中国非诚勿扰》等，琢磨别的行业的成功做法，能否借鉴运用到农资行业中来。总之，心有多大，舞台就有多大，一切皆有可能。

（本文作者王贤原系南方农村报经营有限公司副总经理，钟怡群系农财宝典畜牧版运营总监）

发行与品牌推广

卢宇福　周锦超　丁文琪　樊晓泳

报刊发行、品牌拓展与业务功能开发

李木华　当代农民会：南农科技下乡直通车

余显茂　何金键

南农乡村院线：农民家门口的免费电影院

发行与品牌推广

南方农村报发行部的功能，在近几年间实现了数次升级提档，功能逐渐强大。从常规负责邮发渠道维护，到小分队主动出击扫村扫镇促进订阅；从只推销一份报纸，到报纸、杂志、合订本多种产品全面精准推送；从单一的报刊营销业务，到搭建项目平台，整合企业、政府资源，开展多样化、全方位的涉农服务，包括南农科技下乡直通车、南农乡村院线等，这些项目让南方农村报接上地气。长年行走在华南农村基层一线，南方农村报发行与品牌拓展队伍，是宣传队，也是播种机，它不仅让南农品牌植根大地，而且不断地播撒着先进文化与实用技术的种子，这些种子在广大农村发芽、生根、开花、结果。

报刊发行、品牌拓展与业务功能开发

□卢宇福　周锦超　丁文琪　樊晓泳

▶ 卢宇福

定位：南农差异化发行策略的选择

就传统意义而言，报纸的发行即在报纸印刷完成之后通过邮政投递的方式，将报纸送到读者手中的过程，报纸发行的主体是邮局。但是随着市场经济时代的到来，报纸的发行也由过去单一的邮发转变为立体的整合营销模式。在报纸影响读者的过程中，发行就是将信息的传播者（报社）和信息的接受者（读者）结合在一起的中介，它就在这个过程中起到了桥梁和纽带作用。目前，国际通用的评价一份报纸影响力的标准主要有三个：发行量、主动阅读率、传阅率。在这三个标准当中，只有在一定发行量的基础之上才会衍生出后两者。所以，一份报纸的发行量对其影响力有着至关重要的作用。

近年来，以互联网、手机等为代表的新媒体不仅极大地丰富了传播形态，改变了传媒格局，还对整个世界尤其是中国社会的发展产生了全方位的、革命性的影响。新媒体带给传统纸质报纸的冲击和影响是史无前例的。尽管如此，传统纸媒的发行仍然具有十分重要的实际意义。

首先，纵观历史，信息的传播媒介经历了前后几次变革，广播的出现并没有取代报纸，电视的普及也没有让广播和报纸从此消失。任何一种信息媒介的出现都只是对信息传播途径的一种完善和补充，各种传播媒介之间都是相互层叠、互相补充的，而不是直接取代的关系。虽然新媒体的发展给传统报业的发展带来了极大的冲击，但是报纸的存在仍然具有其实际意义，报纸的发行同样具有实际市场的需求。

南方农村报发行目标群体在中国的最基层，做发行难，做农业类报纸的发行就更难。农业从业人员主要集中在农村以及偏远地区，因此南方农村报的发行具有“点多、面广、战线长”的特点：由于村镇多呈现点状分布，交通不便，读者分布也较为分散，涉及人群较广，有农民、村镇干部、退休老人或者农村医生、教师等。另外，由于很多村镇受经济发展条件限制，往往身处大山深处，所以常常会出现投递人员为投递一份报纸动辄骑自行车行走十几公里甚至数十公里的情况。

经过几十年的发展，我国报纸发行主要分为三种：第一种是从建国初期就一直存在的“邮发合一”的模式。所谓“邮发合一”就是报纸的发行依托邮局发放；第二种就是自办发行，即报社建立自己的发行站，利用自建渠道进行报纸的发行；第三种是随着市场经济的发展，而出现的多渠道发行，包括成立报刊零售公司等。这三种发行方式各有优势，但又各有不足。

邮发合一。把报纸的发行工作交给邮局来做，报纸的生产和流通是截然分开的，把送信与送报捆在一起，把多家报纸捆在一起，把报纸征订、运输和投递捆在一起，把批发和零售捆在一起，这种“一分开、四捆起”就是“邮发合一”的基本特点。其优势主要体现在：第一，拓宽了报纸发行的深度和广度。在“邮发合一”之前，报纸的发行范围局限在铁路沿线、交通枢纽地区，而很多偏僻地区和许多县市甚至几乎看不到报纸。通过“邮发合一”，邮点网络遍及全国，点多，线长，面广，只要是邮局公开发行报刊，凡是邮路通达的地方都能订阅到，这样一来，便大大地扩大了发行网点的覆盖范围。第二，提高现有资源利用效率。

但是，随着计划经济弊端的不断暴露，单纯“邮发合一”的缺陷也越来越明显，邮局与报社之间的矛盾也日益突出。主要原因在于：第一，报纸由于发展需要，必须不断改版、扩版，一旦扩版，邮局发行的费用就要上升；第二，邮发的费用比较高，服务质量也相对较差，而改进的难度很大，这点最令报社不满。特别是邮局不能把当年报款一次性还给报社，而是分批次给，这点严重影响了报社的经营发展。“邮发合一”的这种缺陷也就直接导致了自办发行的产生。

自办发行。顾名思义就是报社利用自身力量开办发行，拓展发行渠道，不再依靠邮发这个单一渠道。《南方日报》于1998年步入了自办发行的行列，成立“南方报刊发行公司”一炮打响，集团各报的发行也进入了自办发行的网络。自办发行不仅弥补了上文提出的“邮发合一”的方式中报款无法及时回收的问题，同时也让报社在注重内容制作的同时，注意到对发行成本的控制。但是，自办发行相对邮发而言受到区域性限制更大。自办发行渠道更适合本埠发行，如果涉及外埠的发行，建设自办渠道的成本劣势就显现出来了，《南方农村报》发行地区大多集中在交通不便的乡村地区，所以综合考量，《南方农村报》的发行主要还是依靠邮局发行，并得到了集团管理层的认可。

多渠道发行。到了21世纪，我国报纸发行逐步形成了多元化的格局。邮发的绝对垄断地位已经不复存在，各地报社自办的发行网络也不断完善，市场竞争日趋激烈。甚至外资也开始介入国内报刊发行领域，进一步加剧了报纸发行业的竞争，报纸的发行也进入全面营销阶段。《南方农村报》90%以上的订户都身处基层且自费订阅，除了利用邮发渠道和自办发行的方法，报社积极和区域媒体合作，负责主要城镇的发行工作。例如与《梅州日报》《茂名日报》《湛江日报》等报社合作，利用这些报社在当地发行网络的优势，不断完善这些地市的发行网络，负责当地主要城镇的报刊发行。

另外，由于邮发仍然是《南方农村报》重要的发行渠道之一，我们将邮局的发行费率从原先的35%提高到38%，用以激励基层邮局和投递员收订本报的积极性。这样的举措也得到了相应的回报，我报的发行量近十年来经历新媒体的冲击，不仅没有下滑，反而稳中有增。

除了传统的依靠邮发和完善自办发行网络，南方农村报发行部还紧紧抓住有利时机，发展零售网点。具体而言就是利用社会零售网点，开始以代销的形式拓展零售市场。目前这样的形式主要形成了以广州郊区为中心，发展辐射珠三角及周边农村市场的格局。这样的零售形式很大程度上满足了潜在客户的需求，也为争取潜在的固定读者起到很好的铺垫作用。截至目前，依托这种形式，《南方农村报》的零售发行量每期能够保持在3万份左右。

综上所述，以上三种发行渠道的相互结合、互为补充，构成了《南方农村报》有效发行的基础。面对如今多渠道相结合的发行趋势，对南方农村报的管理水平和运营能力提出了更大的挑战。毕竟从报业产业发展的历史来看，在报社发展初期主要精力是在采编也就是报纸内容上下功夫，而如今一个专业的营销团队变得非常重要。怎样建立这样一个团队？支持这个团队运营所付出的各种成本，与所产生的效益相比是否报社转型发展过程中所能承受？这些问题无时无刻不在考验着一家报社面对市场竞争时对市场的把控力和对营销团队的管理能力。这也是每一家报社所需要思考的问题。

20 世纪 80 年代中后期，《南方农村报》的最高发行量达 56 万份。当时可供农村、农民阅读的报纸种类不多，报刊市场竞争远没有今天那么激烈。农村订户和读者主要是涉农部门、单位、村委会、教师、退休干部和农民家庭（供孩子阅读和学习）。进入 21 世纪，随着经济的不断发展，信息传播媒介的大量丰富，新一代农村人口生活方式的改变，农村报的发行量维持在 38 万份左右。虽然现在的发行量与历史峰值相比有一段差距，但是相比别的报纸而言，《南方农村报》的发行量及影响力在全国省级农村媒体中仍然遥遥领先。经过实地调查得出结论，实际订阅情况是，种植户和农资店是第一大客户群体，村委、鱼兽药经销门店订户比例则旗鼓相当，医院、卫生站、士多店、教师、政府属于小客户群。

南方农村报读者结构图：

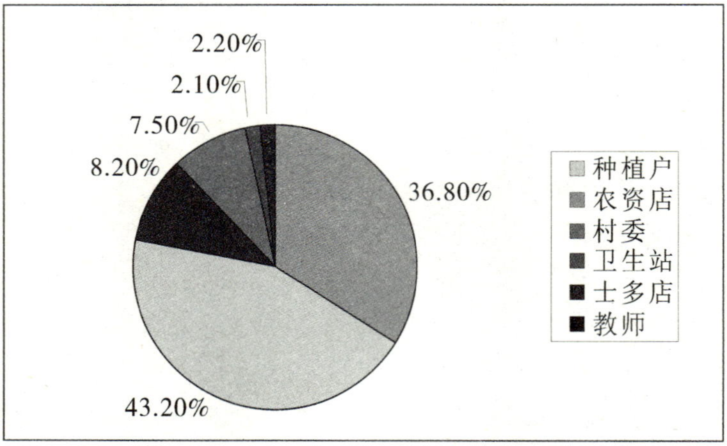

读者年龄分层明显，以农资店为例，30—40 岁区间的读者最多，约 62%，40—50 岁区间排第二，所以《南方农村报》读者是以中年为主的。调查显示，从没听过、见过《南方农村报》的人数为零，《南方农村报》在农民心中依旧是全明星地位，73%的调查对象都表示曾订阅过或者在零售店买过。可见本报读者是农村市场的主流人群，并且在农村地区同样有着稳固和深入的影响力。

南方农村报人意识到，千方百计地运作以列入行政发行的报刊行列，还不如选择琢磨农民以及细分市场中涉农受众的需求，并且设法满足他们，把报纸办到令读者愿意掏腰包订阅的程度。南农内部有此共识，不会向任何人和企业赠报，大家坚信一份成功走向市场的报纸可以获得令人难以想象的回报。研究市场不难发现，经过 30 年的市场化改革，农村早已经形成一个简洁、高效、无所不在的渠道网络。例如，农药、化肥、种子、兽药、饲料、动保、农膜、药品甚至还有摩托车等商品正是沿着各自的渠道深入农村各个角落。沿着这些伸向广袤农村的渠道，不但可以找到对口的读者，还可和他们进行更多的合作。对于广袤的农村市场来说，只有找到合适的渠道，才能更加便捷地服务农民。

一是可以通过农资渠道商推进报纸的发行，售卖农资产品的同时还可以把报纸卖给有需要的农民。二是可以依托这些终端门店创建读者俱乐部，让这些终端门店成为媒体在该地区的读者聚集场所，自然也促进这些门店的销售。三是可以依托这些门店对农民进行培训，包括各种技术的培训。四是依托这些渠道进行相关多元化业务的开展，除了把报纸和杂志卖给农民，还可以把优质化肥、农药、种子、农膜卖给他们，为农民提供更多类别的服务。

以上内容即《南方农村报》发行策略的简要阐述，但是让计划真正落地并非易事。首先需要的就是一个完善的数据库，完善的数据库能够帮助我们找到最需要服务和最有价值的客户。对于广袤的农村市场来说，高质量的客户数据建设就显得尤为重要。许多企业都试图创建客户数据库，但是普通企业收集资料困难较大，媒体创建数据库相对便利。一来可以结合公益行动进行，各个部门都愿意合作。二来可以结合日常发行和品牌拓展活动顺便收集，这样数据收集的成本就会大大降低。南方农村报发行部从 2009 年起成立品牌拓展队，目的就是要品牌拓展员们深入基层，与企业联合开展各种活动，一方面可以为报社创造收入，另一方面树立南方农村报品牌形象为报纸发行做基础和铺垫。在几年的工作过程中，发行部属下的品牌拓展队通过“南农科技下乡直通车”活动，收集到大量农户以及企业经销商、零售商基本信息，工作人员在活动结束之后通过电话营销的方式加强南方农村报的品牌影响力，促订报纸，以求报纸发行量的提高。事实说明，这样的工作路径对报纸发行量的提高是行之有效的。

收集资料、分类、入库等工作一定要引入绩效管理让其制度化。南方农村报近几年陆续建立了农资经销商、种子经销商、饲料经销商等类型的渠道数据库，水产种植苗场、农民合作社、柑橘场、菜场、香蕉场、甘蔗场、桉树场、猪场等种、养殖大户的数据库相继成形，并且在不断完善当中。

除了深入农村一线的“科技直通车”“读者俱乐部”“读者之家”等活动，利用南方农村报的活动主场比如“华南农资博览会”以及各种涉农产业论坛，进行点对面的宣传和推广同样不容忽视。发行部在海南、广西的农资展、畜牧展成功策划和组织了前期宣传和造势行动。在这一系列的行动中，品牌拓展队不仅针对活动本身进行宣传，还结合活动本身宣传和扩大南方农村报在当地的知名度和影响力。品牌推广工作量大，繁杂琐碎，但正如陈永主编所说，“谋事在人，善因必有善果”，这很有道理。

转型：从发行部到品牌拓展队

品牌拓展队被称为南方农村报的特种部队，人数维持在十来人左右，与很多报纸的发行队伍相比，它属于精英式的队伍，全部是涉农专业本科以上学历。实际的工作中，他们做的不仅仅是发行，还具备采编、广告等综合意识，它深知“无编不立，无发不成，无广不富”，这三者关系处理得好，就能很好地促进报社快速健康发展，品牌拓展队将此理论很好地运用在工作中。

与采编实现良性互动，是报社新闻线索报料人。品牌拓展队没有仅仅立足做简单发行，它要求拓展队员主动及时反馈基层走访所收集的新闻爆料；由于品牌队员常年接触读者，所反馈的读者意见能给报纸内容和版面的调整提供建议。正因为品牌拓展队所反馈的意见接地气，让采编部门树立“卖点”意识，对拓展发行市场有良好的促进作用。

与广告部互助合作，是品牌流动的广告。广告投资回报一是靠报纸发行质量，即发行质量越高，阅读广告的人数就越多，接受广告宣传并最终促成消费行为的人就可能越多，广告投资回报率就越大；二是报纸的读者状况，以及其是否具有相对应的消费水平；最后是报纸的公信力。综上所述，品牌拓展队接触的广告目标读者是行业中游经销商零售商，以及下游的行业种养户，保证了报纸的高质量发行。品牌拓展队常年在基层接触行业经销商、零售商，给予行业读者以强烈的视觉印象，见人如见报，加深了南方农村报“三农综合服务商”的品牌形象。此外，品牌拓展队根据市场走访情况及与农资企业业务经理接触的过程中，对行业产品进行调查及摸底，反馈有实力、有潜力的新产品给广告部。

与农财部等其他部门紧密结合，是业务推广的宣传队。配合农财部开展农博会、种博会、畜博会等大型展会的人员发动、宣传，配合金融组开展邮储创业大赛的承办，配合新媒体部推广系列微信，推广新牧网、柑橘通、虾蟹通、农资通等新媒体软件，配合医药组推广《南方居民就医指南》，配合农产品中心开展陈皮节、黄皮节、柑橘文化节，行业各端口均见南农品牌拓展队的身影。

附：品牌拓展队地毯式精准营销发行工作的细则

品牌拓展队围绕发行，按照南方农村报的定位，抓住核心读者群开展工作。南方农村报首先针对的是行业中下游读者群，以扫村扫镇为方式，针对农村报33类目标读者进行开发。

发行工作的目标读者——

1. 种植专业户和大户，包括种粮大户、种菜大户、种果大户、香蕉大户、桉树大户等；

2. 养殖专业户和大户，包括养鸡大户、养猪大户、养鱼大户、养鸭大户、养鹅大户等；

3. 种猪场、种鸡场、鱼苗场、珍稀畜禽养殖场；

4. 现代化农业示范场、养鸡场、养猪场；

5. 有文化的普通农民、回乡干部、退休老师；

6. 林科所、农科所、农校；

7. 农科站、兽医站、植保站、水土保持站、测报站、土肥站、蚕茧站、动物防疫站；

8. 园艺场、农场、橡胶场、林场；

9. 农药店、化肥店、种子店；

10. 饲料店、兽药店、配种站；

11. 农业局、畜牧局、水产局、林业局、水电局、科技局、教育局；

12. 供销社及其属下门店、农资公司及其属下门店、种子公司；

13. 村委会及其村干部、村小组长；

14. 镇政府及农业办、镇干部；

15. 村卫生站及乡村医生、镇卫生院；

16. 药店、个体医生；

17. 各级农村信用社及其网点；

18. 各级农业银行及其网点；

19. 移动、联通、电信的营业网点；

20. 农村小卖部、乡村饭店；

21. 木材加工厂、家具店；

22. 榨油厂、碾米厂、米店；

23. 摩托店、汽车维修店、单车修理店；

24. 水库、水电站、排灌站；

25. 农民专业合作社、流通协会，养猪协会，养禽协会等各种农业和科技协会；

26. 各种涉农公司、涉农科技开发公司；

27. 文化站、村文化室、农村书屋、图书馆；

28. 摩托车、农用车专卖店；

29. 农村中学、小学及其教师；

30. 农产品经纪人、收购商；

31. 饲料厂、饲料添加剂厂、兽药及动物保健品厂；

32. 农药厂、肥料厂、农机厂；

33. 基层农科员、农艺师、兽医师。

发行工作出发前准备——

1. 备样报、宝典、海报、小礼品、发行手册、行业专刊、客户资料登记表、地图等资料，最好有当地相关报道或内容较为丰富的报纸、杂志前然。

2. 熟读近期《南方农村报》《农财宝典》内容。

3. 初步了解出差市县《南方农村报》《农财宝典》的发行情况，以及当地的农业结构、经济水平、人口数量。

4. 准备当地涉农合作社、协会组织，乡村医生等相关客户资料。

精准发行的落地工作——

1. 到县市邮局了解情况，如有零售、发行站渠道也可择机前往。与县市邮局相关负责人接洽后，尽量依靠邮局的力量，前往各个支局，与支局长和投递员沟通。另外，视邮局的配合程度，如有需要赠送样报，可与报社联系，同时要求邮局负责部门做好赠送效果的跟进反馈。

2. 在支局处了解该镇目前农村报的实际发行量及结构情况，拿到当地投递员的手机号码或支局电话，方便客户联系上门收订。在支局内或门口张贴海报。

3. 从投递员处了解即将拜访的客户的基本情况，包括客户类型，经营规模，对本报的认知、认可程度等方面挖掘核心读者的订阅可能性，尽量争取投递员一起前往拜访，充分发挥投递员在当地的地利人和优势。

4. 乘坐摩托车（如投递员方便则坐其摩托车，否则租用摩托车）跑遍该镇上（两公里范围内）所有的化肥店、农药店、种子店、饲料店、兽药店、兽医站、农技站，有重点地拜访一些涉农的合作社、协会等组织，乡村医生和乡村士多店等 33 种目标客户。

5. 到访客户的门店后，表明身份、来意。根据目标读者的类型，找到客户感兴趣的话题，与客户寒暄拉进距离，取得客户信任。如有投递员在场，尽可能让其介绍并推介报纸；如无，则需视现场情况，适时地介绍。

6. 在客户处大约停留 20 分钟，填好客户登记表，调查是否订有《南方农村报》，做好店名、详细地址、负责人姓名、电话尤其是手机的登记。无订报的，如肯马上订阅的，即时让投递员来收订；如感兴趣，则叮嘱投递员跟进，回报社后再利用信函、短信等方式培养。赠送两支圆珠笔给他们做纪念，赠送宝典、行业专刊等资料，贴 2—3 张不干胶宣传广告。

7. 针对不同的客户，运用不同的说辞，尽可能地说服有意向的客户当场订阅。

8. 每天拜访行程结束后，回支局向投递员和支局长告知有意向订《南方农村报》的客户信息，并转告他们去收订。如果成功收订，记录相关的收订信息。

9. 当天晚上要整理拜访过的客户资料，汇报当天拜访过客户的基本情况。

精准发行的渠道优化——邮局篇

与邮局沟通分为两个步骤，第一步先跟市县局主管部门沟通，第二步前往各个支局。

1. 出差之前，事先电话联系欲前往的地市邮局主管报刊的市场部经理或报刊主管，说明去意，安排拜访事宜。

2. 前往目的地邮局与相关负责人接洽。了解本报在当地的发行情况、市场潜力，探讨结合当地实际的拓展方案。与其分享其他地方的成功经验，说明品牌拓展的意义、操作方法及预期效果，争取当地邮局系统的支持，根据市场潜力划分片区，有计划地开展工作。

3. 商定工作方案，包括确定前往各个支局进行市场拓展的行程安排，获取各支局的联系方式以方便提前通知，并建议将拓展队伍的行程安排告知各个支局；大收订期间，确定培训投递员的具体时间、培训方式是统一培训还是分片区集中培训。

4. 前往各个支局，具体展开工作。与支局长沟通，了解该镇目前农村报的实际发行量及结构情况，结合当地种养的实际情况及邮路的分布，确定一到两日的拓展流程。

5. 说服投递员一起拜访该镇上（两公里范围内）所有的目标客户。大约花费20—30分钟的时间，填好客户调查资料，并推介本报，没有订阅的尽量说服其订阅。

6. 在实际操作过程中，对投递员进行本报的理念及收订技巧培训，鼓励和督促投递员做好《南方农村报》的发行工作，和投递员探讨如何做好《南方农村报》的市场开发，及时表扬和鼓励当地投递员。

7. 结束各支局工作后，总结各镇的拓展工作及各个支局的实际情况，与县市邮局的负责人进行反馈，肯定成绩并适当地反映问题，争取当地邮局对本报的最大支持。

精准发行的渠道优化——培训篇

1. 与邮局沟通时，和市场部总监或报刊经理协商，确定培训时间和地点，争取器材及场所的支持。

2. 准备培训讲义、材料：包括PPT内容的更新（如加上当地的相关案例）、讲义纲要的打印、互动环节的器材、奖品等。

3. 培训开始，请邮局领导讲话，说明培训事宜，进行动员。

《南方农村报》的新订户高效开发工作步骤：

阅读《南方农村报》，掌握报纸的主要内容和卖点 → 按照33类目标读者群寻找一批潜在客户 → 报社安排样报有目的地向客户派送三次以上免费试读，培养阅读习惯 → 派送三次样报后一定要马上回访客户，介绍报纸内容并询问订阅意向 → 客户有订阅意向应及时收款、开单，完成收订工作。做好后期投递服务使其成为稳定客户

以上步骤可简记为：读报知卖点，按目标找客户，送样报培育市场，马上回访得订单。

报刊补订和客户维护工作指引——

坚定信念：一定要相信在农村地区，收订一份《南方农村报》比收订任何一份其他报纸都容易；作为农村地区的读者，最讲究的是实惠，《南方农村报》以其实用、价廉，正越来越受到广大读者的欢迎。

细化计划：收订《南方农村报》是一个过程，要树立一年365天都是大收订的意识，在平时的工作过程中要有意识地主动开发新客户，譬如每天、每月要增加多少新客户，给自己定一个短期目标，细化计划，逐步增长。

熟悉产品：经常看报，熟悉报纸的版面及里面的内容，利用本报内容多为客户服务。

跟踪客户：适时跟踪订户，做好客户维护工作，利用情感营销，平时多与订户交流，多为客户着想，做好投递质量的把关。

通过抽奖、问答等互动环节，进行现场交流，与投递员分享平时开发客户遇到的问题以及解决方法，并动员投递员之间相互分享。

精准发行的渠道优化——广告篇

作为纸媒，对《南方农村报》的宣传首先是通过邮政局及报社自有发行网络来完成，其次通过农村报自有品牌活动制造影响，再次是在读者中形成良好行业口碑以达到口口相传。品牌影响作为一种眼球经济，广告的宣传作用也从未被忽视。一直以来，南方农村报以多种形式广泛、深入宣传，广告海报、横幅、礼品等形式已是惯例。其次是户外硬广告的制作，我们的诉求点是围绕“三农综合服务商”“专门为农民说话，专业为农业服务”的定位及宗旨来开展，自2013年起，户外广告开始围绕大型品牌活动来制作，如“华南（广州）农资博览会”“华南畜牧博览会”等。

户外品牌宣传，2013年在2012年280块传统店招的基础上新增了122块，其中农村报招牌92块（省外28块），农博会招牌30块（省内21块、省外9个），截至2013年12月，户外品牌广告牌总共达到了402块。根据部门计划，

今年任务新增 150 块——广东省 100 块，广西 30 块，海南 20 块，目前已按进度推进。

为了让广告被广大读者记住，我们在品牌宣传的选址方面尤其谨慎。农村报户外广告主要受众首先是农民，其次是涉农企业及机构。因此，受众目标的出行情况、车流量及受众人群大小、安装位置户主对南方农村报的忠诚度等问题都是户外选址需要考虑的因素；其次，为保障户外广告质量及安全，对广告制作公司的选择、户外广告画面设计、广告安装发布形式、制作成本及相关法规等均需考虑。

常做广告的类型主要是大型户外广告牌。大型墙壁广告选择宣传“华南（广州）农资博览会”“建设美丽中国”“独特价值三农综合服务商”等形象及品牌广告，这类宣传在主干道、企业公司办公楼、大型经销商仓库、专业合作社尤为醒目，是目前户外广告牌的主要目标选址，制作内容时，添加公司、经销商、合作社名字，以表明联合宣传，增加彼此关联度。现在尝试使用喷绘广告布代替广告牌进行户外品牌宣传。约 2 平方米大小，在农资经销商门店、仓库、合作社办公场所，以及在一些小墙体位置，可以根据实际墙体位置大小安装 1—3 种内容，具有安装快、后续跟进容易、费用少的优点，可以快速大规模地覆盖。

店牌广告。选择“农村报+公司名字”格式，分为上下分、左右分，原则上是“三分之二是南方农村报内容，三分之一是合作方的内容”，具体尺寸及合作方要求，如果选择左右分，多数采用“左右各半”。此类店招以农资零售店为主。

室内广告。内容以“全媒体”“农财宝典”“直通车”等 X 架展示，或以“华南（广州）农资博览会”“建设美丽中国”“独特价值三农综合服务商”为内容的 KT 板展示。由于其灵活性，涉农类办公场所均可制作，目前主要针对邮政局/所，友好合作的农资公司、经销商等。

探索类型包括牌匾与形象店。乘合作社活动之风，寻找一批具有一定经营规模（面积、社员、销售等指标）、具有良好经营意识和模式、对市场嗅觉度高、注重品牌建设和科技创新的合作社，联合省农科院、华南农业大学等科研单位授予“科技示范社”牌匾，建立南方农村报合作社服务网络。形象店以店面形象升级为切入，寻找此前做有南方农村报店招的农资零售商，或此前合作过的读者之家，或农易通零售店，遴选一批特别认可及忠实的客户，建造一批读者俱乐部形象店（省外称为南方农村报联络点，挂牌后我们集中配合其开展几场活动），店面设计参照农博会农村报展位形式，以红色调为基准。该形象店承担读者之家功能，获农村报附加价值，如享受农村报现场活动、直通车等更多会员服务，柑橘通高级会员、农资通高级会员等；其义务更多在于提供新闻线索，宣传南方农村报媒体产品等。

另外，广告形式还包括种植大镇霓虹灯，邮政局网点 LED、店招、户外宣传等。各邮政网点大多已经安装LED屏，大收订之时应及时沟通，尤其种植大县，订报抽奖时更能用上，省去一部分横幅宣传，更高效及时地给读者以提示；在种植大县，逢果蔬上市，大量收购商不分昼夜进行收获，选择一些密集农业大县、大镇，或主干道，安装报牌大字霓虹灯，效果不错。

收集数据库和宣传品牌

截至2013年底，品牌拓展队累计收集和汇总了超过百万个读者数据，现已统一数据模板汇总到新媒体部。如何让品牌拓展队的劳动成果转化为盈利的工具，是值得思考的地方。可以有以下方向：第一，建立农资信息、短信平台。将数据库按地区、经营类别、种植品种及规模分类，以便于客户管理和信息发布。建立农资信息平台，可达到精准广告投放和客户服务的效果。选取部分读者数据库出版成册，比如《中国农化经销渠道概览》。第二，建立读者QQ群和微信群，维护和培养年轻读者对农村报的认可程度。培养忠实客户，发展年轻读者，建立零距离的交流互动关系。发展一批由我们发行部自己建立的核心读者群，完成每个品牌拓展员“五个一百”“五个十”“三个三十”“三个三”的要求。

关于外省根据地建设

南方农村报是定位于服务华南地区的三农媒体，在广东省已经具有相当大的品牌影响力，而对于农业基础良好而且地理位置相邻的广西、海南、湖南、福建、江西等地区，品牌影响力仍相对欠缺。一个产品进入新的市场，必然要经历从一个听说到认知，再到了解和接受的过程，报刊也不例外。塑造农村报品牌影响力也需要经历从无到有、从量变到质变的过程，而建立外省根据地无疑是拓展品牌的重要途径。根据南农品牌拓展团队在广西走访调查了解到的情况，团队创造性提出包括零售商促销会、报纸优惠券等形式，广告捆绑报纸发行及寻求战略合作伙伴等可操作性的措施。

【案例】福建漳州篇

工作内容。2012年深入漳州市、龙海市、长泰县、华安县、南靖县、平和县、漳浦县、云霄县、诏安县、东山县各乡镇开展工作，主要工作内容如下：

1. 拜访各县市办公室、农业局、供销社；
2. 走访各县市农资公司、经销商、批发商；
3. 走访各地农业专业合作社、行业协会；
4. 走访各县市乡镇，拜访潜在客户，开展报纸宣传、促订工作，建立读者数据库；
5. 制作户外广告牌；
6. 挖掘、记录未在本报刊登广告的农资产品。

工作成果。与南靖农业局、平和县委办公室、农业局、供销社、云霄农业局、漳浦供销社等多个部门、单位初步接洽，提出合作意愿，对各地农业情况有一定了解；对漳州各县市乡镇大的农资企业、经销商等有了认识，他们对《南方农村报》进入漳州市场都很感兴趣，希望有好的合作；与多个合作社负责人进行沟通，引起他们对本报的关注，大多数负责人希望能够借助农村报这个大平台有更好的发展；走访520位潜在客户，建立数据库。此次拜访的潜在客户主要为农资店老板和种植大户，他们之前对农村类报刊接触少，少量人订阅了《农资导报》，部分人从厂家业务员处见过《南方农村报》。他们对本报接受程度高，但希望能够有针对当地产业的行业新闻及服务内容；《农财宝典·农化版》在漳州进行宣传推广，客户接受程度很高，超过五成客户表示会继续关注并考虑订阅；制作户外广告牌5块；获取福建400余家经销商通信资料；获得潜在广告客户资料。

农资市场调查。漳州市是农资产品消费大市，化肥需求量为90万吨（平和县消耗40万吨）。农药年销量要占福建总销量的三分之一左右；农资市场大，农资店林立。根据走访资料整理，我们初步估计漳州市农资店将近2800家，分布在各镇圩和农村。其中平和县平均每个镇有100家农资店，30—50家分布在镇圩，其余50—70家农资店分布在各村组。

以霞寨镇为例，该镇分四个片区，保守预计有250家以上农资店存在。以大平片区为例，有建设村、西安村、坑内村、岩岭村、古龙村等六个村委，农资店30家以上的有建设村、西安村。古龙村据当地农资店老板所知已有22家。粗略统计大平片区有150家以上农资店，品牌员沿路走访40家以上。还有大量散落在各个村小组未走访农资店、沿路规模较小的农资店、未进行工商注册的农资店。

小结。农资连锁经营规模大，较成熟，主要有大自然农资超市、龙得宝、金正农、大地农科、龙益农资等多家公司。福建省大自然农资有限公司成立于2002年7月15日，主要从事农业生产资料的批发、零售，物流配送及农业科学技术的推广。已创建农资连锁店301家，发展加盟店135家，农资配送中心6家，农资物流配送覆盖全市121个乡镇1 260个行政村。公司配有专人编辑印发小报为农民提供农业信息。据了解，金正农农药连锁店在整个漳州有600间以上加盟店，其中平和县有75间。金正农农药连锁店总部设在南靖县的一个小村里面，但在南靖县一些乡镇多达10间以上加盟店。

农资市场特点。农资品牌繁多，竞争激烈。国内外诸多产品云集于此，有常见的知名品牌，也有刚起步的小企业，还有不少假冒伪劣农资产品；北方肥企攻势猛烈，宣传力度大，史丹利、天脊、金正大（包括金正大、金大地、沃夫特、嘉安磷）等多家销售门店随处可见，广告也是铺天盖地；广东化肥品牌并不多见。芭田的肥料见得比较多；广东天禾、江门植保等农资企业已进入福建市场，有较成熟的运作；很大一部分企业、产品未在本报刊登广告，如夏化集团、乐呵呵复合肥、无道理生态有机肥等；福建省农业厅、漳州市政府在平和县联合主办海峡两岸农资产品展销会（主要由平和县供销社承办），2008年至今已举办六届。展销范围包括各种农药、农药原料、中间体、植物生长调节剂、肥料、肥料原料、生物制品、植物植保器械、农用塑料、检测仪器、农药、肥料生产包装设备等农业生产资料相关产品，蜜柚产业相关产品等。闽粤（平和）农资物流交易大市场在平和县坂仔镇筹建，该项目是集农资、仓储、配送、销售和农业科技服务为一体的现代农资流通服务网络和农资产品集散地，总投资5亿元，占地250亩，总建筑面积25万平方米，项目建成后年可售农资产品300万吨，交易额10亿元以上，辐射福建、广东、江西等地。

报刊市场调查情况。经过走访调查，发现漳州农业发达，但产业分布不均衡，信息不对称，农民掌握信息不够及时。农业发达地区如平和县的农民同时扮演果农、果商、农资商等多重身份。漳州市报刊经营规模、效益都不错，在福建省名列前茅。漳州地区农业发达，农村类媒体市场空间很大，当地邮政也看好农村市场，在寻求好的三农报刊；农民需要专业的市场供求、技术指导信息，以及专业的农产品推广交易平台；各大农资连锁公司争相挤入当地农资市场，农户买到假肥假药的概率较大，急需一个监督当地农资行业，提供农资信息的媒体。当地没有一个专业、成熟的农村媒体，原有的《福建科技报》（三农板块）已经停刊。福建省农业厅有推广“农业服务热线”（即农业信息化综合服务平台），在农业大镇选择农资店设立服务点，但农民利用不多，现实意义不大；当地农资店、农民订阅报刊不多，经品牌拓展员介绍接触《南方农村报》《农财宝典》后，普遍接受，表示愿意进行尝试；当地蜜柚、茶等产业具有区域独特性，需要针对性的采编信息；农资市场大，品牌竞争激烈，急需有权威媒体提供广告宣传推广平台；农民生活水平高，工商广告潜力大。

【案例】广西篇

工作内容。走访了梧州市郊、苍梧县、藤县以及岑溪市4个市县共43个乡镇，对近百名支局长、投递员进行本报的收订技巧理论和实地培训，加深他们对本报的认识与收订；走访了广西南宁市畜牧、农资一条街，北海市三鸟市场种子街、水产一条街等，共计拜访了251个农业经营人员、80个种养大户；还在香蕉种植集中的广西宁武镇农贸市场，以及种植专业镇派发宣传单，宣传并赠阅农村报，发动种植大户订阅农村报，拜访农资店以及我们的读者。

工作成果。设立南方农村报广西联络点等关联项目，开展与广西扬翔饲料有限公司的合作。目前扬翔在广西全省用户群体约6—7万户，主要集中在南宁、玉林、贵港等地，河池、百色分布较少；扬翔饲料公司饲料事业部有5 000多名业务员、2 000 多经销商；每期 5 000 份《南方农村报》派发途径包括：由饲料经销商派发给养殖户，由业务员直接派发到养殖户，大经销商直接随料车派发，小经销商由扬翔饲料事业部物流办通过普通物流途径派发。

【案例】海南篇

工作内容。走访对象包括：（1）海口市内重要行业协会：海南民营经济协会、海南省芒果协会等；（2）重要科研机构：海南省农科院及下属研究所、海南大学园艺学院、海南大学农学院、海南大学资科学院等；（3）重要行业部门：海南省种子站、海南省农药残留与质量监测中心、海南省土壤农化监测中心等；（4）重要农资经销商及企业驻点：天脊海南分公司负责人、住商海南区域负责人、海垦农资、安泽海南经销商、众志诚农资、德福农资、海南正业、神农大丰、海南润诺农资公司及海口种子一条街；（5）重要农资水产集散地及配送中心：海口农药仓库、农垦仓库、琼北水产交易市场、海口货运南站、中化化工的货运仓库、海口农药化肥集中仓库、粤海农资大卖场、海口农药仓库、海南省储备肥仓库、海南省南北市场（蔬菜、水果批发）、海南省公益市场（蔬菜批发）、海口市新港水产码头综合批发市场；（6）重要行业媒体：海南农垦报、海南电视台；（7）重要乡镇、村委、农资水产门店，合作社及种养殖大户：演丰镇、灵山镇、三门坡、大致坡、龙溪、龙桥、龙泉、云龙、龙塘、红旗等 15 个乡镇，100 多个村委，200 多个农资水产门市，80 多个种养合作社，近 1 000 种养户。对其进行地毯式宣传及品牌拓展，东线途经文昌、琼海、万宁和陵水，直达三亚；西线横跨澄迈、临高、儋州、昌江、东方、乐东，覆盖海岛西部诸县。宣传范围覆盖海南省 12 个县市 130 多个乡镇，足迹遍布海南省内各大种植和水产区域，以及海口周边 20 公里范围以内的农业大镇、农贸市场、水果/蔬菜批发市场、水产市场等。对每个摊档逐个进行宣传发动，派发宣传单，并赠送报纸、门票。其中在海南最大农贸市场——南北蔬菜市场，进行了三次密集的宣传发动。还在凌晨一点钟到达海口公益市场、水产批发市场，在交易黄金时段针对种养户宣传发动。

工作成果。宣传区域覆盖海南 12 个县市区 130 个乡镇/农场，拜访客户超过 3 000 人次以上，走访合作社（农业企业）超过 250 个，拜访海南省民营协会、海南省芒果协会、海南三亚芒果协会，派发《农财宝典》250 本、合订本 275 本、《南方农村报》样报 15 000 份，悬挂横幅 300 条、喷绘 225 块，张贴海报 9 000 张，派发传单 35 000 张。

“四位一体”的服务：品牌拓展功能的延伸

南方农村报品牌拓展队常年不间断加强对基础核心客户的影响，2009 年起，利用强大的基础客户数据资源，南方农村报联合各级政府部门、农业企业等共同搭建起独具特色的三农百万读者俱乐部，并由此延伸出“读者之家、南方农村报科技下乡直通车、南方农村报科技推广示范社”等品牌项目。这些项目充分体现了媒体作为服务商，搭建平台的综合效应，实现了多方服务、多方共赢的“四位一体”，即服务媒体自身—服务农民—服务企业—服务市场的有机统一。

两级会员，分类管理。南方农村报读者俱乐部是由南方农村报发行部发起组建，2000 年起正式成立。经过多年的发展，截至 2014 年 9 月，会员数量接近百万，成为华南地区最具影响力的三农媒体读者俱乐部。为方便俱乐部管理，俱乐部将会员分为两类，即订户会员和报友会员。

订户会员是指本报常年订户或订阅新一年度《南方农村报》、《南方农村报·合订本》《农财宝典·农场版》《农财宝典·种业版》《农财宝典·水产版》《农财宝典·畜牧版》，或者关注南方农村报微博、南方农村读者俱乐部微博、南方农村报官方微信、农财宝典·农化版官方微信、农财宝典·种业版官方微信、农财宝典·水产版官方微信、农财宝典·畜牧版官方微信，自愿填写《南方农村报读者俱乐部入会申请表》，并提交订报发票、收据原件或复印件，审核通过后即可成为南方农村报读者俱乐部会员，发放订户会员卡，享受相应会员权利。

报友会员是指非本报订户但经常阅读本报，认同本报“新农村推动力”办报宗旨，“专门为农民说话，专业为农业服务”的办报理念，自愿如实填写《南方农村报读者俱乐部入会申请表》，审核通过后即可成为南方农村报读者俱乐部会员，发放报友会员卡，享受相应会员权利。报友会员卡持卡会员成为订户后，凭订报凭证待审核后可免费升级订户会员卡，享受高级别会员权利。

两级据点，服务到位。随着会员数量的增加，读者俱乐部管理难度增加，基础读者俱乐部分部建立尤为重要。从 2005 年起，南方农村报开始在华南地区开始建立读者俱乐部基础据点，通过据点负责人管理服务附近读者俱乐部会员。通过多年摸索，南方农村报创造性地打造双级读者俱乐部据点，分为常规据点和核心据点。

常规据点是指南方农村报品牌拓展员根据各地会员情况，选取当地乡镇政府、村民领袖、核心农资门市进行协商、确定、制作南方农村报户外广告牌等形式确定的读者俱乐部据点。截至 2014 年 9 月，已在广东、广西、福建、海南、湖南、江西等地建立 1 500 多个常规据点。以下为部分据点展示：

福建漳州

广西梧州

德庆县回龙镇

仁化县董塘镇

核心据点是指南方农村报品牌拓展员根据常规据点筛选出有一定实力的农资经销商，通过授予“金牌经销商”形式，提供更多的服务项目。截至 2014 年 9 月，南方农村报分别在种植、水产、畜牧行业建立的读者俱乐部据点有 200 多个。

提升会员，共建科技示范社。在农村劳动力减少和土地流转的大背景下，传统农业走向高效、集约化生产是必然之路，加上近年来国家一直倡导扶持农民专业合作社及家庭农场，广东省内规模合作社、家庭农场以及大基地数量越来越多，形式也多样化。相对散户来说，合作社具有抗灾能力强、综合成本低等多方面的优势，但品牌价值低、管理难度高、科技创新少、产品销售难等问题也制约着合作社的发展。目前，广东省内注册登记的近万个合作社中有规模、有特色的合作社大部分很多已经成为南方农村报读者俱乐部会员。同时响应 2013 年中央一号文件推进农业科技创新精神，南方农村报携手广东省农科院、华南农业大学等科研单位一起通过媒体宣传、科技创新等手段，推举一批规模较大、经营有特色的合作社、农场，协助其实现科学管理，拓展销售渠道，打造农产品品牌，提高经营效益。截至 8 月底，先后在广州、梅州、阳江、河源、韶关、清远等地成功推举出近30个南方农村报科技推广示范社。计划年内分别在粤中、粤西、粤北开办三场有关合作社、家庭农场经营管理的交流论坛，加深各合作社负责人、权威专家、涉农政府部门的联系，打造行业交流平台。

为受众提供除报刊内容以外的服务还包括组建行业朋友圈，组建南农科技专家团，提供专业服务。南农读者俱乐部相关QQ群，有柑橘群332810578、火龙果群287982564、蔬菜群169598582、南方农村报读者俱乐部公众微信群，合作社负责人、社员、相关行业专家、技术员等加入和关注，定期在群上推送一些市场行情、天气变化、实用技术等信息，并邀请专家在线上及时解答合作社员提出的问题。南方农村报联合华南农业大学、省农科院等科院部门，成立南农科技专家团，利用线上（网站、报纸）和线下（走菜场、果场、南农科技下乡直通车）实时解答种植问题。树立一批“南方农村报科技示范田”，优质肥料试验场项目企业负责提供肥料，合作社划出专区进行实验，媒体进行实验跟踪报道。另外，以休闲农业吸引游客、以旅游带动产品销售也在动议中，还可为合作社寻找对接超市、商场的渠道，拓宽销售渠道。

服务竞争时代，专业化浪潮席卷全球。在服务营销制胜理念的指导下，南方农村报顺势成立了自己的品牌拓展队伍。队员们大都毕业于全国知名农业院校，有扎实的专业基础，熟悉行业，服务意识强，服务形象佳，服务知识全，服务技能高。

每年，发行部都面向全国招聘品牌拓展员，经过网上收集简历，筛选面试，最终确定实习名单，进入实习环节。实习生跟随品牌拓展员下乡到各个地级市、县、镇进行品牌拓展活动。部门对实习生采取一对一模式，以旧带新，手把手地传授工作经验，实习生可接触到《南方农村报》最基层的读者群，见识过省内各大种植区。通过实习期后，实习生正式成为一名品牌拓展员，参加部门培训，掌握发行的理论知识。随后，还有集团、报社等组织的一系列培训，从集团文化、报社部门架构、采编业务等方面，全面了解南方报业传媒集团及南方农村报社。

品牌拓展员工作接地气，了解基层情况，团队合作好，所以很快能独当一面。发行部也不断地向报社内其他部门输出人才，采编、经营、农产品策划、杂志发行……各个岗位，都不乏从品牌拓展员成功转型的例子。近几年，南农新人的入职轮岗培训，都从发行部这个南农人才的蓄水池开始。

近年来，《南方农村报》发行逆势企稳，得益于及早转变发行策略。现在的发行，以传统发行为依托，辅之以品牌营销、合作营销、会展营销、互动营销、黏性营销等发行新途径。为了促进发行，提高影响力，提高服务农民、企业、市场的水平，发行部做出了种种尝试。

与邮局的创新性合作。在传统发行上，利用邮局丰富的发行网络协助本报的发行，并投入了一定的资金直接奖励基层投递员，鼓励发行。除此之外，广东省报刊发行局在2014年还创造性地参与到了本报的品牌活动——南农科技下乡直通车中，在活动上协助发行，配套现场点阅的优惠政策和小礼品赠送，各自发挥优势，把现场的受众发展成农村报的忠实读者。

开拓报纸团购新渠道。农资企业强调渠道下沉，《南方农村报》《农财宝典》的发行也在实现订户下沉。几年下来，品牌拓展员把省内的零售店都走了好几遍，订户成为固定读者，再继续这种方式，对促进发行量的作用将会逐年递减。从去年大收订开始，发行部转变发行思路，集中精力开拓合作社市场，力推团购报纸。走访大型合作社，说服社长一次性团购20份以上的报纸供社员学习。经过一年的摸索，合作社团购处于起步阶段，存在不少不完善之处，但还是得到了不少合作社的支持，团购量在持续上升，这也将是今后发行部促进发行的另一个可行办法。此外，品牌拓展员还走进了农场、果场、菜场、渔场、虾场，与种养殖户面对面交流，进一步了解他们的需求并进行反馈。

读者数据库的升级利用是一个战略性的课题。数据库营销作为一种基于网络技术的现代营销方法，具有更高的精准性和有效性。建立读者客户数据库，对农村报品牌影响力、发行量、广告额的提升，有着毋庸置疑的作用。因此，发行部一直致力于数据库的建立、维护与营销。

在前期， 本部门对数据处理、分析能力相对不足，处于原始电子处理阶段，利用Excel、Word、文件夹，无法做到数

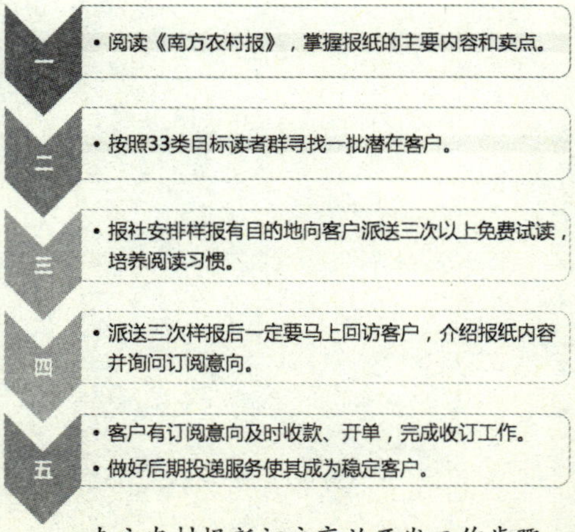

南方农村报新订户高效开发工作步骤

据存储量大、及时更新、修改、录入、分类等等要求；数据库利用程度低，缺少深层次、高效率、立体式运用，只停留在发信息、寄报纸等低压程度利用阶段。种种现象导致有效资源长期处于闲置状态。

从 2012 年起，发行部对已有的数十万数据进行系统的整理与录入，统一到 Access 系统，方便分区域、分行业查询与利用，以便于客户管理和信息发布。对于数据库管理与利用，目前除了进行品牌宣传、营销活动以及农情公益性服务，还有待进一步探索。

(本文作者卢宇福系南方农村报经营有限公司副总经理)

当代农民会：南农科技下乡直通车

□李木华　黄廉稳

▶ 李木华

“南农科技下乡直通车”项目是南方农村报最重要的基础推广服务平台之一。从 2011 年起，发行部接手该项目，以走基层、送科技下乡的公益活动形式，吸引受众现场参与，给种植户带去实用知识。经过三年的运作，在广东、广西、海南、福建、江西、湖南各农业产区巡回开展 300 多场活动，场均 150 人以上的规模，全面覆盖了华南 90%以上的主要的农业县市，近 5 万名农业大户曾到现场听课，派发宣传材料 20 余万份，间接受众超过 50 万人。

发现多方需求的交集

农资产品铺货到终端并不是销售的结束，还迫切需要强化品牌形象和产品信息。因此需要借助一系列终端活动的实施和传播，以实现与终端客户的深层次交流。“南农科技下乡直通车”的活动内容跳出了讲堂，除了现场授课外，还紧紧围绕一级、二级农资经销商的销售开展零售终端推介、示范田建设、农民观摩会、促销会等活动，直至提供全程管家式服务，进而提升企业品牌影响力和产品市场占有率。合作的企业认为，“南农科技下乡直通车”活动形式相比企业的农民会更有公信力，农化服务更集中有效，且能迅速带给企业助销的效果。目前，“南农科技下乡直通车”项目成受农资企业推崇的产品推广方式，也是南方农村报广告有效增量的配套手段。

2012 年，中共中央、国务院发布《关于加快推进农业科技创新持续增强农产品供给保障能力的若干意见》一号文件，重点强调提升农业技术推广能力，这一年，南农科技下乡直通车走上快车道。南方农村报牵头，发挥政府的行政力、媒体的影响力，借助民营机构的人脉资源，整合技术对口、产品对路的非竞争性厂家，紧扣各地农业生产中存在的突出问题，邀请极富专业经验的一线行业专家、科研院校老师和实战精英，送科技下乡，送解决方案给农民。

南方农村报品牌推广团队与各专业板块合作，共计三组 9 名专业运作人员。经过三年多的运作，南农科技下乡直通车项目已经成为发行部，乃至报社最重要的基础推广服务平台之一。项目汇聚了《南方农村报》的目标读者，活动提升品牌知名度和美誉度，达到促进发行的目的。从 2011 年至 2014 年 9 月，与南方农村报合作举办“科技下乡直通车”的知名企业达 17 家，活动费超过 300 万元。活动需要组织观众、联系产地、邀请专家以及发动宣传，费用高居难下，导致该项目利润较低。但该活动在华南六省区产生了非常好的社会效应，因此“南农科技下乡直通车”更像是南方农村报搭建的公益平台。项目先后与金正大、史丹利、瑞丰、天脊、凯米瑞、青岛中天、芭田、永盛丰、润田、邮政储蓄银行、木美土里、福利龙、拉多美、兆晖、宁夏大荣、中农广东、广东大平台、四川美丰等涉农企业合作，覆盖水稻、蔬菜、柑橘、香蕉、甘蔗等主产业，还涉及菠萝、杨桃、青花梨、三华李、花卉、火龙果等特色产业。

政府支持，企业参与，专业运作

“南农科技下乡直通车”不是一场活动或者一个栏目，而是一个根植于农村市场的系列活动，一个由媒体主导、长期持续、形式灵活、内容多样化的行动。目前已经涵盖了种植、水产、畜牧等涉农产业。

“南农科技下乡直通车”得到各级政府部门的大力支持，至今，超过 300位来自农业局、科技局、镇政府等部门的领导为直通车站台，亲力亲为支持科技下乡公益活动。梅州市农业局副局长黄帆表示：“农业专家亲临指导种植户，对当地农业发展有积极作用。现场的互动环节更是为农民解决了实际种植难题。”南宁市武鸣县农业技术推广站陆志典表示：“南农科技下乡直通车请来专家讲解香蕉黄化病，对我们提供了实际帮助，派发宣传资料让农民更全面地了解香蕉种植技术。”

金正大华南市场部负责人杨帆表示："南农科技下乡直通车接近老百姓，联合了报社和各级政府，对农民而言，可信度高，比起我们自己办产品介绍会效果更好。从农民的角度讲，在市面上买到好化肥好农药相对来说还是简单的，接触到知识的机会则是难得的。"北京永盛丰南方营销中心总经理陈文基表示："南农科技下乡直通车活动在企业与农民之间起到牵线搭桥的作用，把种植大户集中在一起，给企业提供宣传平台，让农户对我们企业品牌有认识，认准正品肥，拒绝假货。"史丹利东南销售公司总经理景波说："直通车活动确实为农户解决了施肥用肥、种植技术方面的难题，也为企业创造了一个很好的宣传平台。"

这个项目动用了庞大的农业专家库和农艺师资源，涵盖农学、植物营养、植物保护等多个领域，特别是实战派的专家。华南农业大学园艺学院曹先维教授、广东省农科院水稻研究所黄庆研究员对此表示肯定。华南农业大学园艺学院杨暹教授表示："南方农村报的科技下乡直通车开启了华南地区农民培训会的新思路，在为农民提供实在的农业知识和优质肥料的同时，也使我们了解到更多实际生产过程中存在的新的问题，为科研提供了方向。"

发现之旅

南农直通车连续六站走进养虾重地

《农财宝典》携手企业，在南沙、斗门、台山、电白、徐闻召开水产养殖交流会

南农科技下乡直通车

寻求公益项目良性循环

以水产板块为例，"南农科技下乡直通车"并从2010年开始至今，前后

共开办60多场，以宣讲会的形式，直接面对农民，地点遍布广东、广西和海南，场均参加人数50—60人，涉及企业30余家。2011年起，“南农科技下乡直通车”“罗非鱼养殖交流会”覆盖五大省区，一共举办28场罗非鱼养殖技术大餐。

2010年，时值原《养殖宝典》拆分为《农财宝典·畜牧版》和《农财宝典·水产版》，当时的水产版面临较大困境：竞争对手强势、广告客户流失、读者和行业影响面偏窄等等。其中广告客户流失的难题首当其冲。当时广告经营手段还相对简单，主要从帮助客户设计方案和塑造形象出发。和其他行业不同，水产业是一个特殊的领域，首先这个庞大的产业，从业人口数量虽然大，但经营个体小且分散，而且从业人群普遍文化层次较低，思维粗放，对很多观念理解不够，存在明显的信息交流屏障。还有一个很重要的因素，由于农村地域的特殊性，导致平面媒体很难营造通畅的宣传渠道，在宣传推广方面往往事倍功半。

面对这样的形势，我们怎样打造自己的影响力？虽然农村领域存在很多障碍，但我们有一个巨大的优势，就是数十年积累下来的品牌价值和公信力，那么就可以考虑直接一步迈到基层，去影响我们广告客户的客户，从根本点上提升我们对行业和企业的服务能力。“南农科技下乡直通车”项目的设计，是充分发挥媒体影响力，满足企业、媒体和受众三方需求的结果。简而言之，打破信息不对称，营造开放的行业公众平台；努力提升水产从业者的技术水平和职业修养，不断扩大、提高南农的影响力和品牌价值。这是在该项目活动中，始终贯穿的三个重要理念。

水产行业的企业有一个特点：大的很大，小的很小。对于大型企业，例如通威、海大这样的上市企业，或者恒兴、粤海这样的饲料集团，他们已经有非常成熟的商业网络，业务员和经销商动辄成百上千，对基层的掌握也相当熟悉。直通车排除了这部分对象，把目标瞄准数量更多、有一定技术、发展欲望强烈的中小型企业。以种苗、微生态制剂企业为例，他们有共同的特点：企业人员数量少，无法开展上规模的营销活动，产品单位利润虽较高，但总销量不大，难以支撑长期的推广。通过双方合作开办基层会议，企业获得接触更多客户的机会，作为《农财宝典》自身，一来可以获得新闻线索和内容，二来可以获得基层资源，除此之外还和企业形成了良好的互动。

我们不断尝试更多的合作方式，从与一家企业联合开办，变为《农财宝典》与多家企业联合举办。由于能够直接聚焦受众，在业务相互不冲突的前提下，企业对这种合作的方式，也很乐于接受，而对于农户来说，不同领域的企业发挥各自的特长，可以给他们全方位的信息大餐。话题和内容的设计方面，我们也在不断强调时效性、地域性、技术性、普及性。通过不断强化内容，始终紧贴农民，把媒体和各方面的弱关系转变为强互动。以媒体为载体和基础，利用企业的资源，抓住行业热点，聚焦受众，最终回馈合作伙伴，也为南方农村报开拓新客户市场打下基础。几方良好互动，可以让公益活动可持续，真正体现“综合服务”和价值变现。

【资料】南农科技下乡直通车工作流程——

问题与对策。目前发行部的工作重心从传统发行业务慢慢向新形式发行转变，其中南农科技下乡直通车也是促进发行的手段之一。三年多来项目日渐成熟，但问题也慢慢浮现出来。首先，项目的开展，需要地方政府的支持，但三年下来，直通车所到之处遍及全省，如何与政府可持续合作，值得探讨。现阶段，合作的企业客户越来越多，每个客户的需求不同，如何满足不同客户的要求，需要执行团队与客户之间磨合。目前直通车执行团队分为三组，每一组的标准和要求都不尽相同。为方便执行和后期的资源整合，对于整个团队而言，需要更加标准化的操作，为此制定了标准化操作流程。

参会人员发动工作标准。1. 发挥政府、合作社行政力量，沟通到位。2. 充分调动合作企业经销商、零售商积极性，落实到位。3. 每场活动印 500—1 000 张宣传单，在活动覆盖范围内通过各种渠道派发宣传单。4. 根据需求，部分场次可登报刊、短信平台、地方论坛、QQ 群等提前预告。

老师课件、参会名录、相片素材保存。1. 每场活动保留 10—15 张

专题

南农科技下乡直通车

“南方农村报·金正大科技大讲堂”——开创华南服务三农新典范

果蔗七分种三分管 金正人促优质高产

糖蔗收割贵又难 金正大助高糖低本

精品图片，应含会场整体情况、专家讲课、企业技术员讲课、发言、互动、前期工作等场面，并在活动结束一周内上传百度网盘。2. 按标准录入参会农户名录，并在活动结束一周内上传。3. 收集老师课件，并在活动结束一周内上传。

全媒体整合传播。1. 每期活动在报纸上进行 500—1 000 字的报道，适时可做专题，内容应具有看点，具传播性。2. 每场活动，在农村报或宝典微信上宣传一次，微博转发。3. 在农资论坛及农村报网站上宣传一次。4. 根据需求，部分场次需在地方论坛宣传；收集地方电视报道的视频。5. 定向传播，为每个直通车企业制作 5—10 分钟不同主题的视频，用于大区老总或市场部向老板汇报，让企业高层看到活动效果。

经销商人脉积累。1. 走访合作企业本区的经销商，录入基本信息，含有经销品种等，上传网盘。2. 适量走访区域内其他经销商，录入基本信息，上传网盘。

与地方政府合作。1. 坚持资源整合、互惠互利、可持续性合作的原则。2. 重视深度合作的挖掘。3. 每场活动组长必带以下问题开展工作，并把对以下问题的回答录入、上传网盘：(1)接下来一段时间，直通车再进入本区，我们找谁以及谁又有能力协助我们？(2)本区还有哪个镇？还有什么作物我们能做活动？什么时候合适？(3)当地政府、农业部门近期有活动计划吗？我们能合作吗？(4)政府不愿意参与，我们还有其他渠道吗？

项目执行人要主动了解地方政府领导的人员变动及职位变动。在平时工作中，与政府、合作社等单位对接时，探讨与其深入合作的可能性，把当地以后有可能开展的活动列出计划表，以便未来一二年内本报对整个活动的统筹。这项工作的基本目标是：2015 年直通车活动能有 200 个以上条件比较成熟的地点选择。

（张璐、周晓凤对本文有贡献）

南农乡村院线：
农民家门口的免费电影院

□ 余显茂　何金键

▶ 余显茂

2014 年，南方农村报启动了重大农村文化公益宣传推广项目——“南农乡村院线”。项目定位为“农民家门口的免费电影院”，开展“先进文化下乡，优质产品入户”，计划在省内 21 个地市乡村放映 300 场免费电影，惠及广大农民。

此项目得到广东省新闻出版广电局、广东省文明办、广东省农业厅大力支持和指导。2 月 18 日正式启动活动，随即引起广东省委宣传部和中央宣传部的高度关注。2 月 26 日，中宣部在当天出版的《每日要情》中，刊发《广东打造农民家门口多功能免费电影院》一文，推介 “南农乡村院线”项目。

2014 年 2—8 月，南农乡村院线已经完成了近 100 场电影活动，直接为 4 万多农民带来了欢乐与知识。放映地区主要在粤东、粤西、粤北的农业主产区，涉及 20 多个县市，近百个村镇，派发文化宣传资料近 10 万册，影响农民 500 多万人次，大大丰富了农村的文化生活。此外，通过传授华南地区的柑橘、香蕉、节瓜、荔枝、龙眼、西瓜、水稻等主要作物生产技术，有效提升了农民农业生产技术水平。2014 年 10 月，“南农乡村院线”荣获中国青年涉农产业创业创富大赛深圳赛区铜奖。

项目模式

南农乡村院线以“政府指导、媒体搭台、企业参与”的形式，在“送电影文化下乡”的同时，开展“名优工业产品下乡，先进农业技术入户，优质农产品进城”等活动，组织国内外优质化肥、农药、种子、农机、饲料、兽药等农资企业，以及家电、农用汽车、摩托车等工业产品和农村金融、电讯等知名企业，深入农村基层进行多元化的推广活动，协助企业更快、更有效地拓展农村市场，为企业开辟宣传推广的新渠道。

此外，整合城市农产品渠道与市场信息资源，帮助农民把优质农产品打进城市和拓展新市场，实现农业增效、农民增收。活动以“媒企联姻”的方式，达到多方共赢。

1. 新增渠道，搭建延伸服务平台。该项目的初衷是，在当前南方农村报已经形成的由报刊、网络、展会等构成的传播与服务平台的基础上，增加以声像并茂的电影为载体的传播形式，播放广大农民喜闻乐见的科教类、健康娱乐类和公益性影片（包括 3D 电影），兼播农民迫切所需的农业生产技术、农产品和工业品市场信息等影片，向农民群众提供多元化的三农政策信息、种养技术、农产品和工业产品市场信息等。

通过电影这一接地气的活动模式，深入农村，直接面对农户，一方面宣传报刊发行，另一方面搭建新的服务平台，新增传统纸媒所不具备的声像动态功能，弥补与读者即时互动的不足。

2. 创新模式，涉农企业需要差异化服务。当前，肥料、农药、种子、家电、医药等在农村市中，也出现了白热化的竞争局面，而且产品鱼龙混杂。为争夺市场份额，企业不得不使出浑身解数，甚至不惜重金以请农民吃饭、旅游等形式营销，导致农资营销费用在市场中不断攀升，号召力和信誉度却在不断下降。在这种情况下，农资企业要占领市场，必须实行差异化服务。

国内外大型知名的品牌农资企业，对借助具有公信力与影响力的平台进行营销尤其有需求。早在 2011 年，山东金正大就已与南方农村报另一个推广平台——“南农科技乡下直通车”合作，迅速席卷广东市场，至今活动仍如火如荼地开展。2014 年，住商肥料中国集团公司携手南农乡村院线，达到了“巩固优势市场，攻占薄弱区域”的良好局面。公司销售部部长余勇表示，与南农乡村院线合作，使住商肥料的品牌扎根南粤大地，家喻户晓。

此外，南农乡村院线还通过提供“私人定制”式的活动服务，做到市场细分与差异化，让企业既可有效巩固老市场，还可让品牌落地，拓展新市场。南农乡村院线体现了几大功能：通过下乡活动宣传让品牌落地；个性化的活动安排，巧妙地宣传、促销，实现产品现场交易；以电影活动为载体，发挥南农全媒体优势覆盖网络，影响中国数百万农户，形成了以点带面的全方位式宣传推广新模式。

3. 传播交流，增长知识方便邻里沟通。常有人问，现在家家户户都有电视了，谁还稀罕来露天看电影？许多村，每个月都有政府人员来放电影，没几个人看，你们怎么搞？

阳江一位老村长说，以前农村娱乐活动少，看电影、看戏是当时难得的精神大餐。现在尽管有了电视，不过但凡有电影或演出，他们都逢场必到。封开县一个老伯激动地说，村里10多年没放电影了，村民之间聚集交流少了，“今天终于盼到了”。在许多偏远山区，逢年过节村里会请人过来表演，这也是全村最热闹的时候。

既然农民素来有这种需求与传统，只要能创新活动形式和内容，整合各方资源落地，电影放映在农村市场的潜力就是巨大的。

同时，在城镇化不断加快的进程中，农村劳力越来越少，加上分散居住的特点，能够让农民直接享受的公共文化娱乐资源并不多。更重要的是，在日新月异的社会发展中，农民迫切需要各种知识提升，以及多元化的服务、信息和产品。

鉴于此，个别农资企业做过尝试，召集农民开会交流，或专门播放娱乐视频，或表演，合作企业看中《南方农村报》所具有的公信力与影响力，乐意参与这个项目。在活动中，不仅有科技服务、购物优惠等活动，还有电影娱乐大餐。目前，南农乡村院线已成为广大农民学习实用技术的课堂，也是农户交流聚会、拉近邻里关系的场所。

当前，农村市场不论是农业生产资料，还是生活消费资料，假劣产品坑农现象仍然比较多。我们在送电影的同时，还开展消费者权益讲座、消费常识普及等活动，让农民识别假冒伪劣产品，以免受骗。另外，还组织农资、工业产品以及农村金融、电信等企业开展名优工业产品下乡，为群众提供便利。

操作规程

活动专人专业专场服务，每一场因地制宜，达到“农民欢迎、企业满意、政府支持”的目的。在活动操作上，全面应用新媒体，通过线上、线下覆盖。活动自开展以来，工作组就开始为企业制订全年的服务计划，再逐步细化落实。

每场活动，工作组都会提前15—30天与各企业联系落实具体的活动地点、活动方案以及其他配套服务，通过南方农村报等多个官方微信、微博、网站进行活动预告与宣传，刊登广告、信息进行深入全面的宣传。在活动前2—3天，电影工作组将会进驻活动所在的村镇，展开地毯式宣传。除了工作组亲自下乡，张贴海报、横幅，派发宣传单之外，院线专用宣传车通过高音喇叭在田间地头巡回式广而告之。

活动当天，根据当地情况，白天举办展销会、农民会、观摩会等活动，晚上则通过电影视频开展活动。晚上，随着音乐响起，宁静的乡村一下就活跃起来了，村民三五成群地带着凳子从屋里出来，放映场地随即热闹起来。在播放电影过程中有时还举办产品、技术咨询等现场活动，不时引起一场大讨论。最后，活动在另一个高潮——现场抽奖环节后落下帷幕。

继续探索

下乡放电影，最有意思的是，你永远不知道农民什么时候会过来看电影。之前，根据天黑时间通知村民晚上 6 点或者 7 点半开场，后来才发现只通知开场时间，农民搞不清活动持续时间，心里没底。如果他们吃完晚餐 8 点多了，就会纠结：活动结束了没有？还要不要参加？后来总结经验，通知活动持续的时间，例如晚上 7—9 点，或者 8—10 点，他们就会安排时间了。

其实，放映最担心的是上座率问题。为吸引更多观众，电影小组想方设法，增加知识讲座、幸运抽奖、现场拍卖、挨家挨户发动等，甚至还有过请电影明星助阵的年头。在各种尝试后，我们现已掌握了完善的操作套路。

此外，下乡放映还遇到过不少问题或碰过壁，例如个别群众闹事、下雨被困、山路滑坡等。更纠结的是，受场地、机械、天气等因素影响，3D 电影在个别地方放映不了。

2014 年 8 月在罗定市泗纶镇的活动中，观众竟然高达 500 人！之前郁南连摊镇 400 多人，徐闻陈迈镇 380 人等。一系列数据说明：南农乡村院线有市场。在这些大型的场次中，参与的农资零售商都笑逐颜开，每场促销收获颇丰，甚至出现过阳春某村现场订购的住商肥料，占了全村全年 50%用肥量的火爆场面。不过，也有些地方经销商比较保守，担心渠道、回款等因素，不敢大胆跨出一步尝试与现场销售对接。

其中，出现过让人啼笑皆非的场次。2014 年 4 月 19 日，在封开县莲都镇茅平村，只来了 30 人左右，但其实已是全村群众都来了，这是史上当地群众参与率最高的一场。当地零售商选择此村放映的初衷是，这个村的村民都是他的重要忠实客户，这是，特意为他们奉上的“VIP 专场”。

目前，南农乡村院线平均每场观影人数达 200 多人，每场上座率均远超都市电影院，这是当前农村电影放映的骄人佳绩了。

（本文作者余显茂系农财新闻部副主任）

专刊及多样平台

专刊及多样平台

从涉农传统媒体转型为三农综合服务商，意味着媒体的组织形态要变，媒体服务的方式与服务的手段也要变。媒体从单一的传播功能，到重视平台功能的强化应用，专刊设置定位与策略的改变，以及从媒体业务板块中派生出来的一批新业务单元，成为整合资源的一个个平台，拓展业务的有力抓手，这些新的业务单元富有生机活力，它们是南方农村报战略转型的推进器，一方面对南方农村报整体起到固本强基、扩能增效的作用，另一方面也显示出越来越大的想象空间。

南方报业传媒集团三农研究院

□李丁丁　王宏旺

▶ 李丁丁

党的十八届三中全会，吹响了全面深化改革的号角，而农村改革，是其中的重中之重。从现在来看，三农发展的很多难题，不靠改革破解不了；农村生产力发展，不靠改革适应不了。目前，广东农村改革和农业现代化建设正如火如荼地进行着，土地确权、农村综合改革等也正在积极试点。国内和省内的农村改革大背景，使得三农研究与政策咨询将有很大的发展空间，三农研究院也将会有更大的发展舞台。

经过两年多的发展，南方报业传媒集团三农研究院（广东省南方三农咨询服务中心）取得一定的成绩，但也面临很大的困难。从前期的试验成果看，前两年主要围绕着休闲农业与乡村旅游规划设计来进行，伴随着人员的调整和一直存在的资质欠缺问题，休闲农业规划设计项目恐怕难以为继。因此，寻找新的增长点，成为当务之急。总的来说，三农研究院不转型升级将是必然。

定位：三农政策研究咨询与媒体公益

全面深化农村改革大潮正起，农业政策研究与咨询大有可为。三农研究院未来的发展将注重三农政策的研究与咨询，承接政府的调研咨询项目，并在此基础上承接举办有关三农发展问题的各种研讨会、论坛，为广东三农发展服务。

三农研究院隶属于南方报业传媒集团，本身具有媒体属性，所以三农研究院另一个升级转型的方向就是举办媒体公益活动。

路径：公益策划、承接论坛、申报课题

利用南方农村报在三农领域的专业性以及三农研究院的人才优势，为广东乃至华南地区的三农政策和产业发展提供咨询和调研服务。

依靠南方报业传媒集团、南方农村报的新闻和传播优势，三农研究院应依托新闻部，组织策划和实施系列涉农公益活动，做大做强。

公益活动策划。以三农研究院的名义，整合农村报和集团的传播优势，依靠新闻部策划和实施系列涉农公益类活动。

研究报告发布。在影响力打造前期，相关调研报告免费发布。同时把农财部一些专业性报告纳入整合到三农研究院这个平台上来，对于专业性强、商业价值高的调研报告，免费发布简本，报告全文需支付购买。

论坛活动承办。以三农热点问题的调研和咨询为依托，整合政府和高校专家资源，承办各种三农发展问题研讨会、论坛，为广东三农发展服务。

课题调研申报。与广东省农业厅、农办和扶贫办以及广东各地方政府建立良好关系，积极申报政府咨询与调研项目，拓展政府业务。

策略：整合资源搭建平台　全面打造影响力

整合资源搭建平台。全面整合南方报业传媒集团、南方农村报以及南农本身的专家资源，搭建三农政策与产业研究平台，打造广东乃至华南三农产业报告发布的专业平台。总的来说，就是把三农研究院打造成为一个能够打通农村报内部、整合集团资源与社会资源的优势平台。

组建虚拟团队。首先，重新梳理三农研究院的人员框架，获取集团领导的支持，以及农业主管部门的指导。其次，在原有基础上，重新整合、打造和包装更加具有知名度的专家顾问团队。第三，建立以南农新闻部记者编辑为研究主体的研究团队，同时聘用农财板块的记者编辑为农业产业研究员，组建三农研究院的核心研究团队。另外，聘用集团其他媒体对三农发展有兴趣的记者编辑以及关心广东三农的社会人士为兼职研究员。具体操作可参照南方舆情中心的专兼职舆情分析师配置方式，组建一个能够“上接天、下接地”的三农“虚拟”研究团队，研究人员的组织、培训等工作由三农研究院协调。

影响力打造。前期通过免费发布调研报告、组织公关活动、媒体公开报道等手段，提升三农研究院在广东地区的影响力和知名度。

1. 以南方农村报品牌项目“中国农村发展论坛”为突破口，以微信为平台，用三农研究院的名义，结合当下热点，公开发布相关议题的研究报告。

2. 以南方农村报、三农研究院的名义策划三农热点问题专题报道，包括农业

产业的系列报道。

3. 围绕三农热点问题做成研究报告，在相关平台上免费发布。如涉及敏感问题，不能够对外公开发表或报道的，以南方农村报和三农研究院的名义撰写内参。

4. 与高校三农研究所等建立战略合作伙伴关系，整合发布各研究所在三农领域的调研报告。同时，与高校合作承接国家、省三农领域的课题研究，争取在权威期刊发表文章。

5. 制作广东三农研究简报。不定时发布三农热点问题的简报，不定期刊发，免费赠送相关部门。

6. 建立微信公共号，发布三农领域的热点问题与相关的研究报告。

【品牌活动】

“南方农村报·中国农村发展论坛”是南方报业传媒集团·南方农村报联合华中师范大学中国农村研究院等学术机构主办，一个探讨中国三农问题的平台，通过团结一批顶级研究三农问题的专家学者，上联国家决策部门，下系广大农民群众，共同求解中国三农问题的根本出路，为解决三农问题提供决策参考，为推动中国农村的发展贡献更大的力量。首届论坛在2005年召开，目前已连续举办10届。

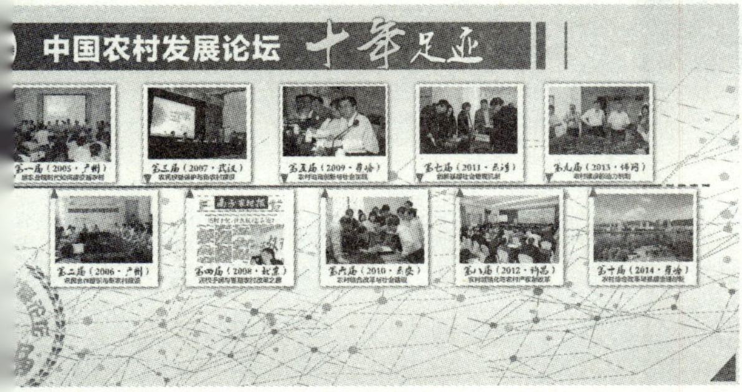

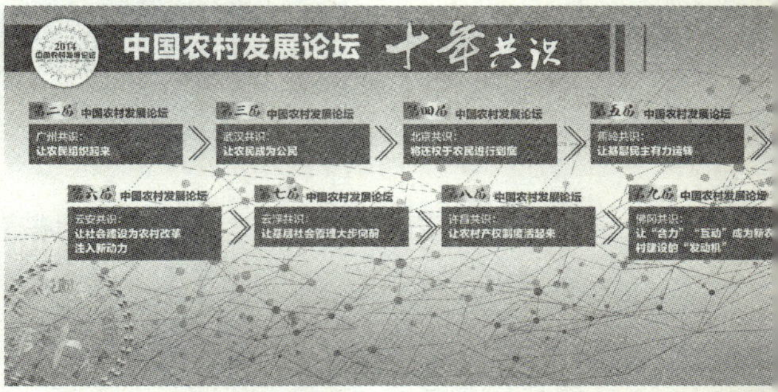

南农医药专刊的定位

□邓思淼

▶ 邓思淼

随着农村健康需求快速增长，城市资源越来越关注这个市场，资本投入也越来越大。南方农村报医药板块着力于消减南方农村“资源在左（医院、城市），市场在右（农村、专科患者）”的现实困境，消减医疗资源与市场的信息不对称，培育市场并实现经营目的。

突出重点，提升服务

医药专刊部必须提升服务能力，尤其是提升重点服务能力，才有可能达到预期影响。

要坚持服务农村重点专科病患者，要服务医院专科专家技术宣传，要服务农村健康意见关键群体，要以新型平台和营销活动，服务医药企业定制宣传，做出特色，构建优势。

《健康》版要从大众化健康知识宣传转型为重点专科技术宣传。以名医栏目为主阵地，突出服务农村特定的专科病患者，一是找准最具农村代表的典型病案，二是积极推介权威专科专家技术。

《乡村医生》版服务重点是乡村医生群体中的优秀代表，这是重中之重。乡村医生不仅是农村健康意见领袖，还是农村居住地自然形成的信息交汇与扩散的关键人物。广东省有3万多名乡村医生，只要争取获得5 000名乡村医生的长期关注，就能影响全省大部分农村居民的就医信息的流转，这也是《乡村医生》版未来几年追求的目标。因此，就这点而言，对《乡村医生》版及其《南粤好村医》栏目的建设与推动，再怎么重视都不为过。

《健康》版的重点就是专业性，在于精在于专。专业性并不是简单的医学概念的专业性，而是要求结合农村社会实际和市场经营特质，必须做到又精又专，突出重点，追求反响，才有可能达成服务质量与经营效益同步提高的目的。

与高州市人民医院的长期合作就是践行这一主张的成功例子。

高州医院虽然是一所偏远县级医院，但其规模与追求不低于省级三甲医院，有着优良的专科技术，需要大量区域外专科病人就医，而这部分患者又大多数是来自农村地区。《南方农村报》具有别的媒介所没有的先天优势，这也是双方合作的前提。《健康》版针对高州医院实际需求，组织开展宣传专科技术的“一病一治”报道及其推介形式，所带来的反响及患者就医的选择，达到甚至超出高州医院宣传计划的预期，由此奠定了长期稳固的合作基础。

与梅州市人民医院的合作难以为继则给我们一个提醒。这也说明医药专刊部工作中，还存在对专业服务重点、农村社会实际和市场经营特质的认识不足，表现在板块采编上不时呈现出偏于大众化的倾向，尤其是《健康》版不时出现宽泛的专业报道。这种情况值得警惕，它会悄然侵蚀南方农村报健康板块的专业特色。宽泛的专业报道做得面面俱到，想要影响所有人，看似全面，其实失去重点，导致反响贫弱。前期难以察觉，久而久之就难以收拾。梅州市是本报发行影响力最大的地区，与梅州市人民医院的合作宣传，竟然出现影响力不足以支撑合作的情况，这不是一两天造成的，而是积久而成的，其原因就是失之于此。

这也证明了一点，没有报道反响所带来的影响力的支撑，就会失去继续合作的可能性。

优化平台，拓展经营

专刊部要进一步针对市场需求优化板块，打造平台，策划活动，创造合作契机，实现经营拓展。

《南方居民就医指南》特刊是2014年专刊部工作的一个亮点，它是广东首部居民就医手册，也是对专刊部资源的一次全面整合，更是对专刊部这支年轻队伍的一次锻炼与考验。《南方居民就医指南》正成为专刊部在《南方农村报》之外的一张重要名片，一个新型工作平台。《南方居民就医指南》是以专刊部6人之力在完成部门正常工作之余完成的，获得合作单位赞助近 70 万元，预计售书所得 10 万元。

《南方居民就医指南》“高大上”专业水平及印刷品质，受到群众及业内的广泛好评与肯定，也带来了不俗的经营收益。《南方居民就医指南》做了广东版，有条件就可以做广西版、海南版，还可以做系列单项专科特刊，《南方居民就医指南》及其系列特刊的尝试，将给专刊部工作取得更大突破取得启发。

南粤好村医年度“十佳村医”评选活动，可以做成一个较为长期的活动。“十佳村医”评选活动可以在全省村医群体中迅速扩大关注度，3—5 年的活动期所产生的影响将会覆盖全省村医群体，其影响力、市场价值都是巨大的，目前就有数家药企表示有合作意向，前景可期。

中药材栽培及生产基地的推介活动，也是一个农村特色与南方农村报优势相结合的项目，其可行性是肯定的，目前正在筹划中。

(本文作者邓思森系南方农村报专刊部副主任)

从农村金融发散的多种业务构想

□郭任旭

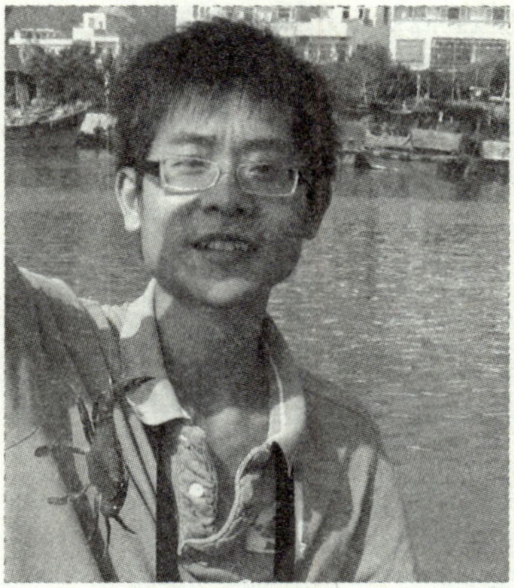

▶ 郭任旭

目前南方农村报农村金融专刊的合作客户，还是以几大国有金融机构为主。包括中国农业银行广东省分行、中国邮政储蓄银行广东省分行、人保财险广东省分公司。

阿里巴巴上市了，告诉我们大胆想象也是不错的。关于农村金融接下来的方向，有一些项目虽然在这两年的探索中遇到了困难，看起来也未必十分靠谱，但也还是可以想象一下。

南农惠农信用卡项目。这应该是这几年来农村金融最有想象力的一个项目，也集中体现了目前农村金融开展的问题。

从2010年与广东邮储合作首届创富大赛之后，我们便开始推动与对方合作南农惠农信用卡项目。同时推介的还有农业银行广东省行（由于农信社是地方独立法人，经营上各地联社独立核算难以统一推动，故信用卡项目未做重点推介）。

按照设想，“农户—经销商—银行”这样一个圈子在资金链上存在着优化的可能。首先，农户长期向经销商进行赊销，造成了经销商的资金占用。其次，农村的信用卡业务发展缓慢，银行在农村的信用卡一直难以落地。

我们的思路是，本地经销商由于长期与农户打交道，刚好弥补了银行为农户办理信用卡存在信用信息不对称这一关键的缺失。由经销商推介其若干优质合作农户，由银行发放信用卡给予信用额度，且该信用将专款用于农户在该经销商的农资消费（或者考虑给予每个合作经销商一个整体的信用额度，由其根据合作农户的情况再灵活进行调配），从而打通农户到银行这一环节，把农村信用卡落地。

南方农村报在这个过程中能发挥什么功能？首先，什么样的经销商可以与银行合作？在信用额度的授予把关方面，南农可以依靠长期以来的农村资源积累、对经销商比较紧密的互动（包括报道活动和其他经营活动）、对农村产业的发展信息的及时把握，从而对目标经销商的经营情况、信用资质以及风险评估等提供一定的评分参考或推荐。

另外，通过常年的活动策划来推广惠农信用卡。例如每年定期举办“诚信经销商”等活动，被评选为诚信经销商予以利率优惠等正面激励。相反，对于被农户投诉或者存在其他信用问题被核实的“黑名单”经销商，也将被降低或停止信用额度。通过共同参与各种产业活动，及时对信用卡授信额度进行调整。例如某农产业受益于新政策、市场需求扩大、价格提升等因素，可提示银行及时将信用额度进行提高；若某产业出现较严重的病害影响，例如前几年农行三农信贷部反映因黄龙病等原因而影响信贷质量等情况，我们也能够充分发挥行业媒体的专业优势，为银行提供预警。

对于上述项目的设想，邮储银行信用卡中心也与南农专门到肇庆进行了调研。不过，对于大规模铺开能够整合多少合作的经销商及带动多少信用卡办理量，银行在相关资源的预期上相对较高。另外，当前农村金融现状的问题还在于，银行机构对风险的谨慎态度。在后来的沟通中，银行也提出了一个令他们犹豫的关键因素，即能否在经销商之上增加一个环节，变成“农户—经销商—大型农业企业—银行”。例如，由类似温氏集团等大型的农业企业，为经销商或农户的信用卡额度提供担保。这样的推动显然有些困难，需要更成熟的时机。

总体而言，虽然几年下来有种种障碍和困难，但依然觉得这是农村金融一个十分具有想象力的项目。环境在改变，等待的是机会。

一、我们与上述产业链条的资源积累更加成熟（例如与经销商等紧密合作的规模有更进一步的突破）。

二、目前国内银行对农村信用卡整体开发热度不高，但是中央十分重视农村支付环境的完善，对未来农村信用卡市场应该会积极促进。［参考《中国人民银行关于全面推进深化农村支付服务环境建设的指导意见》（银发〔2014〕235号）文］

三、农村消费市场的发展，未来也会促进信用卡业务的开发。最新的研究报告显示，中国消费者信心总体正在上升，有趣的是，其中，大城市不仅没上升，反倒是下降了3个百分点，而小城市中高收入者消费倾向上升了8个百分点。而从实际观察看，农村无论在住房改善、普通家电乃至数码产品等的改善，

信用卡都是可以很好地发挥金融功能的。（参考波士顿咨询公司《中国中高收入群体消费报告》）

金融机构内部宣传服务。除了直接在《南方农村报》及《农财宝典》上进行宣传，农村金融能为金融机构提供更多的宣传服务，包括企业内刊服务，包括专业的设计、创意等。

在农资领域，这是正在推进的一项内容。在金融领域，这个方向还有比较多的困难需要探索解决。

首先，对于大型国有银行如中国邮政储蓄银行广东省分行、中国农业银行广东省分行等而言，内部宣传系统已经相对成熟。邮储银行有全国性的《中国邮政报》，广东邮储（办公室）是通信站之一。农业银行在国内也已经有《中国城乡金融报》，同样广东也是其中一个通信站。广东省农信联社《现代信合》双月刊也已开办近10年。

不过，地方联社在省联社统一的宣传平台之外，是否还有更具当地特色的宣传需求？目前省联社统一宣传平台是《现代信合》这本双月刊，一般只在营业厅展示。是否需要推出更多的宣传方式？例如我们在江门融合农商行了解到，其内刊已经做得很成熟。但对于一些宣传力量相对落后的区域，是否有我们介入提供服务的空间？

此外，地方农信社不定期推出各种宣传手册，目前来看，质量并不十分统一，像广州农商行、东莞农商行，其制作水平肯定是比较高的。对于部分相对落后，缺乏宣传设计资源的地方联社，我们能不能做些什么？

此外，除了地方农信社，还有这几年成立起来的村镇银行、小额贷款公司等实体规模不大，但同样很需要打造内刊等宣传门面的机构。和国有大行相比，这些机构的人员都是在这几年招兵买马组建起来的，目前在宣传方面不可能做得很成熟专业，如果价格合适，外包服务应该是不错的选择。当然，这些机构和银行相比规模要小很多，所以这项服务单利应该不太优厚，方向应该还是做量。

总体而言，这个项目接下来的关键点还是要能够迅速找到一家机构，做个样本，对我们自己而言可见盈利程度和操作成本，对于更多客户而言能够有个合作示范。

通过电商与农产业融合。未来农村金融的方向要与产业有更好的结合，目前做得还不够。

去年，邮储银行提出共同开发电商的设想，我们也专门做了方案。很多设想还比较初级，但是说明农村金融机构对盈利模式还不是很清晰的农产品电商也充满想象。

邮储银行进军电商，一个主要的优势在于，邮储银行及邮政快递在乡镇比较完善的网点布局能够成为农产品电商一个很好的资源基础。行业数据测算过，

“如果客单价低于200元，那将是致命的伤，因为物流成本和损耗将亏出血本，就目前农产品、生鲜电商的经营情况来说，每单40元的物流成本+损耗是必然的”。（创业邦：《深度剖析中国农产品电商为何难以盈利?》）

南方农村报在这个过程中可以发挥什么优势和功能?

首先，为电商平台策划推动各类名优产品活动。主要设想是通过定期在电商平台上推出广东名优特产，类似我们已经成功举办过的“岭南十大佳果”活动，但不一定要做大规模的落地活动，能吸引消费者眼球便可。南方农村报在这方面的报道资源、策划资源和公信力方面都是不可替代的稀缺资源。

其次，借用南方农村报的资源积累和公信力，共同成立组建农产品测评机构，为电商上的农产品抽检贴上检测标签。之前的想法是先借用华农等机构的资源，也曾委托广东省测试分析研究所报了一个费用方案。

再者，利用南方农村报强大的宣传平台和读者资源，组织优质产品上电商。这块资源应该是我们的核心资源，包括各类优秀的产业大户和合作社。

电商平台运作起来了，金融为优质客户提供信贷支持，为消费者提供一定额度的信用支付等金融功能。这个可以回归到上述南农惠农信用卡的项目设想里，我们可以为银行做很多的事情。

另外，一个比较天马行空的想法是，电商的关键是要有强大的物流体系，农产品生鲜更是如此。那么，如果物流体系能够建立起来，是否可以与我们的发行渠道做一定的结合？这可以解决两大问题，一是弥补当前邮政发行日渐突出的挑战，二是借此打通我们作为专业媒体在城市市民读者的这一个薄弱环节。当然，如果能够操作，是以普通发行的形式、一定程度的折扣订阅形式还是以免费形式？免费的报纸是否要与普通发行的报纸有差别？例如精简成若干重点版面？

总体上，这也是一件有想象力的事情，目前邮储还在严谨的论证过程中。此外，如果从发行的角度出发，将来即便邮储或其他大机构真正开办电商了，即便不能让我们在广告等方面直接增加收益，是否也可以主动考虑配合进去提供服务?

（本文作者郭任旭系农财新闻部副主任）

《消费周刊》：端口对接与消费拉动

□樊文泽

▶ 樊文泽

2009 年 2 月，南方农村报将原先的车市版、家电版整合，《消费周刊》正式面世。按照当时的设想，为读者提供更多种类的信息与服务，工业品行业便纳入此范围。在运营了 5 年之后，现对这一板块进行重新梳理与总结。

定位：单向唯一性到双向优势

我曾经认为，在某个特定的维度中，《消费周刊》在涉农读者圈中是有独特优势的。首先，《南方农村报》是华南地区唯一一家能够将触角延伸到农村基层的平面媒体，那么《消费周刊》自然是这唯一中的唯一。其实，站在涉农读者圈来看，他们要了解工业产品类的信息，方式是多样的，可以通过报纸、网站，也可以通过手机、朋友推荐等。他们要为自己购买的工业品进行消费维权，方式也是多样的，可以找熟人，可以找执法部门，如果要找媒体，也可以找报纸，也可以找电视台。

因此，我们关注一些在城市并不流行，但在农村却是主流的产品，如微客、摩托车等。对于这些产品的生产推广而言，《南方农村报》存在比较强的不可替代性。市场上还没有或者少有机构、公司为其提供量身定做的信息包，而涉农人群又对这一类信息有着比较大的需求，我把这看作媒体的双向优势。

手段：通过整合平台达到三通

通常人们有这样的普遍认识，农村市场信息不对称，信息渠道狭窄，同样的电器产品，农村市场的价格要高。农村市场广阔分散，很多厂家抱怨市场推广很难做，人力物力砸下去，反应平平，找不到合适的推广平台。

《消费周刊》就要做消费者、商家、厂家三通的桥梁。按照我们5年多来的经验，"三通桥梁"的基础在读者，延展点在厂商。定位的关键在于"三通桥梁"从哪边开始强化，显然，"三通桥梁"在消费者端的接口，更应当向提供定制化信息、服务方向转变。而"三通桥梁"在企业端的接口，也要同时向提供定制化信息、服务方向转变。这时候的"三通桥梁"拓宽工程，更像是从三个方向同时发力，而不是以某个方向为基础，向另外一个方向延展，寻找三个方向共同的利益点，进行有效对接。对接的领域不应当局限于信息，更需要延展到服务。

自2014年以来，消费周刊围绕着三方利益对接，进行了大量的探索，如邀请豪爵铃木（摩托车企业）参加畜牧博览会。经畜牧板块记者反映，猪场一般地处偏僻的郊区，交通并不方便，员工上下班，都使用摩托车作为代步工具。这一群体就是摩托车的主要消费群体。基于这点出发，消费周刊邀请豪爵铃木加入华南畜牧博览会四会站的参展，在现场卖摩托。活动当天，也取得了不错的业绩。今年，消费周刊还邀请京东商城（网络商城）参加广东种业博览会，撮合企业、读者参与微博、微信互动，为企业推广产品，以公益的方式推出宣传特刊等。这些项目正是基于三方利益对接。

目的：信息服务与利益点对接

厘清了《消费周刊》的定位与优势。接下来要评估《消费周刊》的目标是什么。近几年来，《南方农村报》大力开拓涉农产业专业读者群，他们是有购买力消费力的人群。

在这个大趋势中，《消费周刊》的服务对象也要适当切换。这对采编内容提出了更高的要求。比如从统计学上来说，对于养猪户而言，他们需要的小汽车、摩托车、家电类型，肯定与城市白领族有差别，甚至与普通村民有差别；他们关注小汽车、摩托车、家电的角度，也肯定与城市白领族有差别，甚至与普通村民有差别。这样的新闻虽然不一定能获得城市大众的眼球，但会获得关注群体的认可。

2014 年以来，《消费周刊》适当增加了对一些对服务对象适销的汽车产品的推介报道。包括一些从网络上采集而来的数据，属于内容的二次加工，我认为通过加工之后，这些内容才与我们的读者群吻合，才能引起读者的共鸣，最终影响其购买行为。因此对于产品推荐、信息推介类文章，旧的评判体系未必合理，让所谓的服务性文章不再是白开水，而是具备更多的可读性与服务性。以上所提到的“三通桥梁”，是要寻找三方共同的利益点，通过媒体作为中间方的服务来有效地对接利益点。

南方品牌策划咨询中心简介

□徐　靖

▶徐　靖

南方品牌策划咨询中心是根据南方农村报转型战略孵化的服务于三农的专业咨询策划特色机构。南方品牌策划咨询中心以提升中国农业核心竞争力，专注地方特产的品牌打造。

南方品牌策划咨询中心与全国顶级三农专家、涉农营销策划专家一道，为产区政府、农业龙头企业提供专业农产业发展、农产品营销系统解决方案。

服务功能。南方品牌策划咨询中心以全方位服务，帮助农民做好农产品销售工作，引导农民生产优质价高的产品，从根本上解决农产品售卖难问题，提高农民收入水平。

一是为企业提供农产品策划推广方案。目前许多企业拥有好的农产品，却不懂如何宣传推广，而这正是南方品牌策划咨询中心的长处所在，以媒体中心可为企业从包装到宣传再到销售提供一整套策划。

二是协助产区政府走出本地区，到大城市举办展会。目前不论农民、农产品加工企业以及地方政府，愈发重视特产品牌推广，只是苦于酒香出不了巷子，销售渠道不畅。而南方农村报在广州等大城市举办过菜心节、砂糖橘文化节、荔枝节等活动，均取得良好效果，积累了丰富经验。

三是组织农产品评比，挖掘农产品品牌价值。事实证明，以媒体为平台，通过一些评比活动，能够精选出优质农产品，把一个地方产品变成大众品牌。主办过一系列土特产评选活动，本报的“开发一个特产、造福一方百姓”理念已深入人心。

四是举办农产品展销推介会。以媒体的优势举办推介展销会，将同时达到宣传和促销的双重效果，快速帮助政府和企业打响农产品品牌。为农产品搭建产销上市的消费者对接平台，把地方优质土特产一步到位推向市场。

南方品牌策划咨询中心自2010年成立以来，在农产品品牌宣传打造、农业生态旅游、农业文化节庆策划，积累了较丰富的实践经验，从研究挖掘特产的历史内涵，提升特产的文化艺术品位，加强品牌的开发力度，提高特产的市场竞争力等举措切入，全方位提升农产品的市场附加值、市场知名度和品牌美誉度。通过打造特产成为一个区域的符号与名片，提升地方的知名度与地方文化内涵。

业务范围。项目规划类：农产品投资项目可行性分析报告编制；农产品招商项目商业计划书编制；农业产业化项目申报书编制；农产品标准化生产实施项目申报书编制；农产品生产流通农民专业合作组织示范项目申报书编制；一乡一品特色产业项目申报书编制。农产品产地国家地理标志、归属地申报。品牌推广类：农产品品牌战略规划与打造；农产品品牌形象策划建立、商标设计；农产品包装设计、摄影、制作；农产品宣传册设计、摄影、制作；产区政府形象或农产品影视宣传片、专题片、广告片策划及摄制；农事文化节庆策划与执行；农产品专题展会策划与执行；农产品上市新闻发布会、推介会策划与执行。其他服务：农产业专题论坛、研讨会、经验交流会策划、执行；涉农网站策划制作。

南方品牌策划咨询中心自2010年成立以来，通过不同的方式和途径，与各地政府联手，提供从活动策划、执行以及活动报道的一站式服务，帮助地方政府打造农产品品牌。

曾举办过的活动

广东十大最具人气土特产

首届中国英德红茶文化节

广东十件宝（旅游土特产类）评选活动

岭南十大佳果评选活动

信宜李花旅游文化节

广东人民最喜爱的土特产评选活动

首届广东柑橘文化节

第二届广东柑橘文化节

首届两广柑橘文化节
香蕉品牌打造与营销创新论坛（化州）
郁南无核黄皮文化节、黄皮产业发展论坛
德庆柑橘海内外产销对接会、柑橘产业发展激辩会
特产文化与品牌打造论坛

（本文作者徐靖系南方农村报农产品品牌营销中心总监）

策划设计与传播推广一条龙

□阮定国

▶ 阮定国

发现：农字号不要“矮穷矬”

记得有人上书总理说，中国农村真穷，农民真苦，农业真危险……三农领域被贴上了“矮穷矬”的标签。谁愿意做“矮穷矬”？但放眼国内涉农市场，发现品牌形象不高，视觉系统不明，推广手法不新……这样的企业不在少数。

发现问题，不等于有能力解决问题。

企业肯定也注意到这些问题了，但苦于找不到理想的服务商——他们要的是能读懂三农、读懂农企、读懂市场的策划与设计服务商，但目前能提供这种服务的，要么水平不行，要么要价太高。

一个企业的老总跟我谈起，他一上任，就满大街找设计公司，他要重新包装公司产品。可见，这种需求是刚性的。

《南方农村报》“具有独特价值的三农综合服务商”的理念，说明媒体服务客户的链条还可以延伸，而努力的方向是，形成客户享受南农服务的闭环。通俗地说，南农给客户提供一条龙的服务，不单是广告业务，连品牌打造、文化重塑、产品策划、办公系统和推广系统的设计，都“召之即来，来之能胜”。

理想很丰满，现实很骨感。南方农村报在2013年之前只有3个设计师，他们要完成1份报纸、4本杂志、3个网站，还有数不清的活动的设计任务，忙得不可开交。

2013年底，南方农村报决定成立策划与设计部，配备了文案组、创意组、设计组（平面设计与空间设计）、市场组、摄影与视频组，对内完成媒体出版的需求，对外满足客户的设计需求。

南农策划与设计部的定位是，做客户产品的推手与品牌的美容师——让客户发亮，让自己发光！擦亮客户的品牌，让客户的产品走得更远，它要求南农策划与设计团队能读懂行业，读懂市场，读懂客户，读懂渠道，读懂终端，读懂被设计的对象。通过我们的工作去证明，三农品牌形象完全可以“高大上”。

专业：南农策划与设计能做什么？

南农策划与设计业务范畴，是帮客户推产品，帮人家想好产品定位、产品命名、定价策略、推广策略、产品政策等等。

另外就是视觉设计，主要是VI、CI和UI。VI设计包括基础系统和应用系统（办公系统含名片、信封、铭牌、胸卡等设计，推广系统含产品海报/单张、产品包装、画册、报广、文化衫等），而UI设计，网页设计是强项。

南农策划与设计服务客户，不是来料加工，而是通过搜集海量信息，或采访相关人士，对客户的公司理念、发展历史、产品家族、市场定位、竞争对手、行业概况等等，做一番深入研究，然后才提出针对性方案，再跟客户沟通，达成共识后，才进行策划与设计，几经打磨后方才定稿。

要高质量和高效率完成这样的工作，团队里必须配备文案、创意、构图高手。南农策划与设计部人才济济，有来自广美的插画师、来自清华的品牌设计师、来自华中科大的空间设计师……没有金箍棒，哪敢去取经。

主攻：深耕涉农垂直细分市场

南农策划与设计聚焦点就在三农领域。

人一辈子做好一件事就很了不起了，因此南农策划与设计就把服务三农领域为己任，立足于三农这个垂直细分市场，为涉农品牌的推广和发展，贡献自己的青春，贡献自己的智慧，并从中分到属于我们的蛋糕。

南方农村报以“边关文化”为企业文化，说的是，三农这块很苦逼，累人又赚不到快钱大钱，很多人视之为事业的“边关之地”，不愿意为之服务，为之奉献，但南农人愿意坚守这块阵地，把自己的青春和才华都挥洒于此。

其实，人最大的快乐，莫过于做自己喜欢的事。作为产品推手和设计师，我们守住“边关”的同时，也得让自己过上好一点的生活，有更多的生活体验，才能更好地服务客户——设计不只是一门技术，它还是一门生活体验课，我们不必达到为全世界设计新事物这样的高度，但一定要有赋予设计对象生命与灵魂的水准。

优势：策划设计与传播兼备

策划与设计公司满大街都是，大到像省广这样的4A公司，小到一两个人、几台电脑的工作室。可以说，设计市场的是一片红海，竞争呈白热化。

那么南农策划与设计有什么优势？换言之，客户选择南农的理由是什么？所有的策划与设计公司，最头疼的是怎样“借腹生子”，他们想到创意了，设计出图稿了，却没有一个平台去推广这个“孩子”，他们最终还得找一家媒体去发布，去宣传。

南农媒体群，有报纸，有杂志，有网站。南农策划与设计依托南农平台，得天独厚，可谓“没有做不到的，只有想不到的”。是的，我们有别人梦寐以求的媒体资源，让策划设计与传播齐飞，这既大大地降低了客户的推广成本，还大大地提高了传播的准确性。因为，南农对自己的目标群体，对自己所服务的领域，有长达半个世纪的认识，深深地了解这一片土，这一群人。

另外，南农策划与设计为客户做的增值服务，是一般策划与设计公司难以提供的，比如我们最近为佛山盈辉公司推广“利根砂”，双方共同主办了“爱心捐赠大会”。南农策划与设计可以利用母报的资源，帮客户联系政府主管部门，联系种植户，联系当地的协会，联系地方媒体，设计活动流程，撰写新闻通稿，搞好接待，客串主持，把大会搞得很成功。南农策划与设计可以整合更多的社会资源为客户服务，从而体现独特价值。

一把尺子，量别人，更量自己，人贵有自知之明，团队也是如此。

那么，南农策划与设计的“长宽高”是怎样的呢？

“长度”指“客情基础”，有技术专长；“高度”指设计思想和理念，有较为深厚的文化底蕴；“宽度”是指以少胜多，南农策划与设计就目前14个人的团队，要完胜 30 人左右的中型设计公司。

心有多大，舞台就有多大。南农策划与设计人始终相信，只要深耕三农，超值满足客户的需求，就一定会把业务做大。用心做好一切，一切皆有可能。

（本文作者阮定国系南方农村报设计部执行总监）

南农“全案营销”的实践及构想

□付　淼　易　旸

▶付　淼

南方农村报经营转型路径的探索实践中，一个非常重要的方向就是“全案营销”。在短期内，我们将其定位为传统广告业务的升级或者服务广告客户业务链的延长。从长远看，我们希望借此开创一种新的经营模式。

事实上，“全案”不是新鲜概念，全案营销也被称为全案营销策划。按照营销学主流的观点，是指对企业内部、外部进行全方位的系统策划，以产品为基础，以品牌为核心，全面调整企业与市场经营状态的策划活动。

传统广告困境催生的“全案营销”

作为《南方农村报》主要经营收入来源的广告，和所有传统纸媒一样，体现形式主要依靠版面和市场活动。在移动互联网时代，传播愈发依靠精准营销和大数据，传统的平媒广告经营模式的发展空间和可持续性面临严峻挑战。

在企业的市场营销过程中，广告只是其中的一个环节，广告的效果及预算实际上来源于营销结果，即销售量和品牌影响力。现代企业的营销部受到互联网思维冲击之后，大多已接受精准传播和大数据营销等营销方法，这在客观上对传统平媒广告的效果评估提出了更高的要求，即广告效果的界定必须数据化，广告对销售的拉动必须精细化。由于纸媒发行的特性，过去我们界定广告效果的重要指标为千人成本率、到达率和传阅率。在没有网媒的时代，这三个指标足以说服广告客户。但随着大数据时代的到来，以这三个指标为核心的说服工作变得十分艰难。首先，两个重要指标传阅率和到达率对新媒体而言失去了比较优势，一是平媒没有如同电视一样的终端接口来统计实际量化的收视率（类似平媒的传阅率），二是没有网络媒体对信息流、点击率等流量指标（类似于平媒的到达率），网媒特别是移动媒体终端对平媒形成了巨大的优势。其次，广告的实际效果无法用转化率（对于农资行业而言，这个指标就是成交率）这个最核心的指标来界定。总体上讲，由于缺乏核心的指标和控制手段来界定效果，所以传统媒体正陷入一种广告困境，即品牌力还在，但广告力减弱；到达率还在，但发行力减弱；沟通力还在，但倾听率下降。为了扳回颓势，平媒广告业务员抓住了一根救命稻草：换个方式卖广告，称为售卖影响力（品牌）。一份纸媒往往深耕当地或者细分市场多年，当然具备品牌影响力，但要把这个品牌影响力具体化，转化为现金流。从某种意义上说，卖品牌和卖影响力的方向是对的，但纸媒的品牌和影响力不是挂出去就值钱的招牌，怎么售卖品牌和影响力，则成为这个新型广告方式的关键。经我报全案营销团队探索，有一点可以肯定，那就是要变现，必须将形而上的品牌影响力具体化，即提供给广告客户可观可感的具体项目、具体服务，让客户单纯为广告版面付钱转而为项目和服务付钱。借用网络媒体线上线下的概念，我报全案营销部认为，要充分售卖和发挥纸媒的影响力（品牌），我们需要围绕企业产品营销这个工作重心，把线上的广告传播与线下的策划、推广、服务等工作结合起来，我们才可以将纸媒的品牌影响力具体化和可感知化，让广告的效果具备量化的说服力。

此时南方农村报提出的媒体全案营销，正是基于上述的经营环境的变化和广告客户需求的变化，对传统广告方案实施的改革和改造。

具体而言，媒体全案营销以传统纸媒的品牌影响和资源为依托，深入介入企业营销的方方面面，具体工作涵盖企业的品牌与产品策划、产品上市策划、招商与渠道布局、终端推广策略、品牌传播与推广、广告策划与发布等整个市场营销的全过程。上述过程也可简要概括为两个方面，即品牌策划与整合营销。对于大量的企业而言，这方面的需求是普遍的。而以往对广告客户服务的过程中，企业市场营销的上述每一个环节，我们多少都有介入过的实践。因此，理论上来说，市场为我们提供了无限的机会。

基于这些认识，报社在 2014 年专门组建了一个品牌策划与营销中心的部门，对此进行实践和探索。

南农全案营销的可行性

首先，寻求全案营销服务是企业发展的内生要求。也可以说企业发展瓶颈催生了全案营销。以农资企业为例，大量中小农资企业目前尚处于企业的开拓期或者爬坡期，资源与资金有限，无法系统开展营销工作，仅能投入一定人力资源开拓经销商和投入少量广告促销两种初级手段，营销工作处于一个瓶颈期。但实际上，许多老板心里很清楚自己及企业需要什么。

其次，企业的内部机构缺乏需要全案营销的服务项目。这也为全案开展提供了广阔的服务内容。长期以来，中小农资企业内部缺乏媒介公关部与市场部，或者虚设机构缺乏专业人员，导致相关工作无法开展，企业的营销工作出现大量的断层，也导致招聘的营销人员由于得不到系统的支持而缺乏突破力。

再次，传统媒体和企业渴望多线联系也是催生全案营销的深层次原因。在传统媒体营销时期，企业大多以新闻和软文的方式长期单向与媒体联系，这种关系其实是营销上的“弱关系”。而要加强与客户沟通，保住广告份额，必须寻求一种途径，将这种弱关系变为强关系，所以，我们需要介入广告客户最在意的营销工作，在不丧失新闻舆论监督底线和报格的前提下，运用多种方式同广告客户保持高频率的联系和合作，维系“强关系”，这个想法目前已成为媒企双方的共同意愿。

从本报内部运作的特点分析，南方农村报也初步具备了运作全案营销所需的资源、人员和影响力基础。作为一家在华南市场深耕多年、在农产业领域有着相当影响力的专业媒体，《南方农村报》对涉农企业服务的全案营销具备许多优势。

首先是资源优势，我们对行业的介入深度非一般涉农专业媒体可比拟，通过以往记者对厂家和渠道商的报道、华南农资博览会的造势、业界名牌产品的推广等工作，我们已经积累了包括华南十佳农资经销商（累积已有几十名）、百名华南零售商等许多优势渠道商资源；通过行业的影响力，与涉及农资的省、市等主管部门保持了良好的沟通，占领了行业的信息制高点；通过各种市场活动、行业微信群、技术跑腿服务等工作，我们保持了对种植大户、农民读者的长期互动和黏性，形成独特的潜在客户群体。

其次，南方农村报的品牌策划，与一般的品牌咨询公司的类似工作相比，在资源整合以及策略执行层面，均具备独特的优势。一般的品牌咨询公司侧重战略层面，重在定制度、定战略，指导执行，本报的品牌策划不仅可以做战略，还重点帮助企业设计战术层面，甚至协同或代替企业执行推进，而出色的战略设计和强大的执行能力，正是客户急需的支持力量。以农资行业为例，《南方农村报》在华南地区拥有巨大的品牌影响力，也掌握着最全面最优质的渠道资源，如种植专业户资源、最权威的专家资源以及地方政府资源，可以迅速地整合各方资源，服务于企业的市场营销工作。同时，南方农村报常年历练出来的基层市场推广队伍本身对农资市场就非常熟悉，策划和操作活动的能力非常强，每年结合政府和行业资源举办的各类科技下乡直通车、科技大讲堂、走农场、走合作社等活动达百场以上，这支训练有素的队伍在实施全案营销过程中能够为企业实施其营销策略时提供巨大的帮助。

基于上述独特的优势，《南方农村报》作为一家媒体来实施全案营销，可行性是毋庸置疑的。事实上，我们在向一些意向企业推介全案营销服务时，企业的认可度也相当高。

南农全案营销的定位

南方农村报提供的全案营销服务，可总结为四句话：媒体深度介入营销，企业充分整合资源，专业团队全程服务，品牌问题系统解决。简而言之就是“一站式媒介传播和贴身营销服务”。

我们向企业推荐全案营销服务时，合作意向度较高的企业不少。组建部门运作的半年内，与我们展开全案合作的就有三家农资企业，分别是天津一家微生物肥料品牌“木美土里”、佛山法式发科技有限公司的生物有机肥品牌“法式发”以及佛山舜天生物科技有限公司的叶面肥系列产品。

在此之前，这三家企业与本报都有过接触或者少量的广告合作，但额度并不大，年度总量不超过 5 万元。进行全案合作后，年度投放额度总计 105 万元。

抛开简单的数字对比，全案营销更大的优势在于其对客户的控制力及客户持续投放预期的增强——由于全案营销策划在制定策略上是着眼企业长期发展而制定的一个较为长期的企业发展策略，所以被服务企业必须与全案营销策划服务机构达成一个较长期的合作周期（最短至少为一年）。这样的目的是为了保证营销策略、方针得到较为稳定的贯彻及执行，并能够使营销、传播资源得到有效利用。在服务上述企业的过程中，全案营销执行团队不仅要对企业提出针对性的营销传播策略，还要全权负责策略执行（如平面设计、影视片制作、媒体投放等），保证了策略与执行的统一性。这也对策划者的知识水平、经验能力提出了更高的要求。

因此，对于《南方农村报》这样一个传统媒体而言，全案营销是一个全新的尝试，也是我们常提的整合行销的变种。其中的关键词有三条：

1. 品牌合作——全案营销的基础（媒体公信力品牌与企业产品品牌深度合作与融合）。

2. 资源共享——全案营销的手段（媒体提供专业人员、传播工具和渠道资源；企业提供现金投入、现有渠道、生产体系、售后服务体系）。

3. 收益共享——全案营销的目的（媒体获得包括广告在内的各种增值收费，企业获得整合传播与专业营销服务的销量扩大、品牌美誉度增长、利润增长等）。

总体而言，南方农村报实施的全案营销就是充分运用媒体的公信力资源，调动企业的生产、科研、销售、服务等一切资源，整合渠道、行业、政府等资源的，最大限度为企业的营销服务，同时也从中获得利益。

全案营销的目标客户

结合南方农村报自身优势分析，以农资行业为例，我们认为当前实施全案营销的客户主要有以下三种类型：

1. 产品具有一定的产品力，如采取特殊工艺或拥有专利，本身无价格参照体系，无渠道基础，又不愿意投入大量人员的企业（主要有各类创新型化肥产品，有独特卖点的有机肥菌肥、叶面肥、冲施肥产品，需要提供专业广告传播的进口肥料产品，其他有需求的农药产品）。在上述已合作的企业中，佛山舜天生物科技有限公司的产品“虾红素”便属于此类。

2. 外省进入华南区域的传统肥料或农药产品，产品力有限，但企业规模很大，品牌有一定保证，且把华南区域当成战略重点，急需在短期内构建经销渠道、打造品牌，但又不愿意投入大量人力资源的企业。与本报率先展开全案合作的“木美土里”品牌便是这种情况。

3. 本省的传统肥料或者农药产品，有一定品牌营销和渠道基础，但存在薄弱区域，缺乏底层营销拉动力，急需突破经销盲区，扩大销量的企业。目前已合作的本省生物肥品牌“法式发”就属于这种情况。

全案营销的实施方法

全案营销的实施方法主要有两种方式。

一是营销策划整体代理。即除生产、仓储、物流及账款往来工作由企业自身来完成外，与营销相关的品牌策划、产品定位策划、渠道组建和改造、市场活动、售后组织等工作，都由本报全案营销部门来全部或深入协助来完成。全案营销部与企业签订基于企业核心产品的整体合作协议，条款覆盖广告服务、公关服务、品牌定位及包装体系、协助渠道开拓、举办市场活动、售后体系组建等综合内容。这些内容均可单项定价，广告执行常规的广告报价体系，非广告内容则按照活动或者品牌溢价的方式定价。为防止教条化，一般而言，媒体全案营销部全程与企业保持沟通，在总费用不变的情况下，负责调配所有服务内容的占比。

本部门今年接手的佛山舜天生物科技有限公司“虾红素”系列产品项目，便是基于整体营销策划代理的典型案例。在谈判之初，企业负责人就明确表示针对虾红素这种功能性较强的小众产品，全省不设专门的营销团队。这就为我们全面合作提供了基础，我部门从营销整体策划的角度，建议对方以品牌策划为核心，带动产品改造、渠道布局和市场促销等其他工作，得到了企业方的认同。

我们对佛山舜天的服务工作主要有三个阶段。

第一阶段是市场调研和品牌策划阶段。针对虾红素系列产品的特性，我部门详细调查了本品的性状特点、包装特点、渠道认知以及竞争性产品情况，在调查和沟通的基础上，出具了佛山虾红素市场调研报告及品牌策划文案等工作成果。得到客户认同后，对虾红素系列产品实施了产品内容改造、包装改造、渠道形象改造、终端形象改造、销售文案改造等基础内容和营销准备工作，具体工作包括：产品品牌定位、卖点提炼、编印导购手册、制作宣传物料以及设计广告主创画面等。

第二阶段是广告策划和渠道布局阶段。我们在品牌策划的基础上，全面系统地制订了虾红素系列产品的依托南方农村报、刊、网、新媒体的系列广告传播计划，并分阶段导入了具有鲜明策划痕迹的虾红素概念的引导广告“比黄金还难提纯的有机营养液”，以 2 次整版广告和 1 次软文报道整版，取得了两个主要效果：其一是市场收效良好，通过短期的品牌形象包装和卖点提炼，迅速完成了具备功能特点的虾红素产品的概念传播，让一个中小叶面肥企业迅速占据了行业的制高点和技术的影响力，此举充分影响了企业、渠道和竞争对手，经过策划的虾红素引发渠道对虾红素功能的猜想和咨询，部分农资经销商对虾红素表达了合作意愿，这为开展渠道工作奠定了基础。其二是企业评价良好，企业对我们的品牌策划工作和广告实施工作给予了高度评价。因为系统地实施了品牌策划和广告计划，我部门的广告服务能力大大增强，来自渠道的评价又进一步加强了这种印象，初步做到了将影响力落地的效果，广告的导入不成问题。此阶段结束后，广东大平台农业股份有限公司全面代理了虾红素的系列产品，渠道导入工作取得圆满成功。

第三阶段是市场推广和服务体系构建阶段。渠道工作完成后，我部门把工作重点转到虾红素系列产品的市场推广、促销、售后、案例跟踪、客户回访等细致工作中去。如在产品显效案例积累的基础上实施虾红素产品评测报告，为渠道的终端营销提供文案和宣传品支持；拟实施针对虾红素的核心零售店的陈列改造计划、宣传、售后服务标准化流程建设；针对热销区的势头，以当地二级经销商为主，结合当地政府（镇及以下）、媒体、厂家等资源，开展多种形式的订货会、促销会、技术研讨会。

这些细致而具体的服务内容，我们的操作原则是，以较少的人力投入，整合厂家、经销商、行业、地方政府等资源，围绕产品开展市场推广和服务，以达到迅速增强厂家的品牌影响力和拉升销售量的目的。

二是项目合作，基于全案营销思路对企业营销重点实施分项目服务，包括广告策划、人力资源、市场策划、公关策划等。企业也可以与全案营销部展开分项项目合作，在沟通的基础上，媒体制订对企业营销薄弱环节的项目合作计划，分单项报价展开服务。如企业的渠道健全，品牌偏弱，则全案营销部深入介入企业的品牌策划；如企业渠道偏弱，则重点服务企业的渠道建设，协助企业构建基础经销网络和零售网点的拉动工作。

今年接手的佛山法式发科技有限公司便是分项目合作的案例。该品牌在广东省生物肥料行业有一定的知名度，但其品牌塑造和产品规划较为混乱，尤其渠道布局更是相当不理想，整体没有太强的销售区域。

我们接手后，首先在品牌策划分项上，对其品牌理念进行重新梳理和塑造。我们基于行业发展历史以及在查阅有关专业理论的基础上，对菌肥行业的发展历史以及代系进行了定义和区分。在这个大前提下，我们很自然将法式发的功能性菌肥定位为代表当期行业先进技术的“促生修复型”第三代菌肥。

这其中，我们提出了三个关键词“欧洲技术”“关键活菌”“黄金菌群”，迅速定义了法式发的高端品牌形象和先进技术实力。在品牌梳理改造完成后，我们针对法式发品牌提炼出广告语“一亿个有效活菌构筑的黄金菌群”，并很快完成了其主创画面的设计，以 1 次整版广告和 1 次软文报道整版，市场反响令人满意。这部分工作也得到企业的高度评价。

完成品牌策划基础性工作后，我们将更多精力投入法式发销售渠道的重新规划工作。针对其营销团队薄弱的情况，我们充分发挥本报整合行业人力资源的优势，为其招聘了强力的营销人员，同时我部门也安排专人对接，充分整合本报的资源，共同推进企业的渠道建设。

以上过程的完成，法式发的整体企业品牌形象以及市场操作团队的精神面貌焕然一新，对企业的前景更加充满信心。我们的工作也得到企业的高度评价。

实施全案营销显然是能够打动企业的，可以说，上述案例的起步都是非常顺利的，但真正的挑战来自于后续的策略执行，执行力决定了全案营销的成败。这也是我们组建部门运作的原因，一个有高效执行力的团队对保证全案营销工作的推进极其关键。

南农全案营销的前景

按照我们的设想，在短期内，全案营销定位为传统广告业务的升级或者服务广告客户业务链的延长。基于此，企业在接受全案营销服务时，其预算额度毫无疑问会在原广告投放预算的基础上大幅增加。

在媒体范畴内，全案营销的服务体系大致涵盖以下几大体系：公关服务（包括政府关系公关、行业关系公关、危机公关等）、品牌策划服务（包括市场调研、品牌策略、产品体系的设计包装）、渠道策略服务（包括经销商调查与布局调整、经销与零售调研与布局调整）、媒介策略服务（包括纸媒广告在内的综合策略提出，创新传播介质和手段）、市场策略服务（包括市场推广活动设计、主题促销活动设计、公益活动设计、售后服务体系设计等）。

以上服务项目可以综合报价，与客户签订框架协议总价，然后由客户选择实施重点投入，也可以单项报价，单项报价以项目合同的方式呈现，由一人接单，团队整体完成。相对于传统媒体广告版面收费体系，全案营销的收费项是开放和多元的，除了广告外，还有策划费、市场推广费、渠道布局费、猎头费、产品销售提成等。

当然，从长远来看，我们希望通过全案营销的实践，培养一支兼具品牌策划与市场推广经验，具备强大执行力的团队，以此为基础，以产品为纽带，整合渠道、农业技术专家、种养专业大户、行业协会等多方资源，全面转型为一家带有媒体特色的农业服务公司。

整合农技服务基层资源 组建特色农技服务公司

□易　旸

▶易　旸

种植专业大户是未来种植业格局中的主角。因此，谁掌握了真正的技术服务，谁就能在未来获得生存和发展。对于南方农村报而言，整合种植技术力量，建立基层的农业技术推广体系，并以此发展为一个有媒体特色的农业技术服务型公司，必对转型成功大有帮助。

这个过程，我们就是要整合大量基层懂技术的“土专家”以及农科院所的专家，让他们为我所用，并创造多赢的局面。我们需要研究的是怎么去整合，怎么样打造出一个有特色、有竞争力的技术服务体系。如果能够在这方面做出特色，做出品牌，就一定能够在未来的市场竞争中立于不败之地。

那么，如何去打造有竞争力的技术服务体系，具体该如何呈现？结合当前市场现状，我认为主要体现在以下三个方面：

首先，要体现公益性。这是获得市场信任的基础。

其次，要体现专业性。技术服务一定要扎实过硬，能对症开方，能解决生产实际问题。

再次，要有一套完整的组织系统。这个体系我设想有点类比医院，既要有明星医生，也要有强大的医疗队伍以及经典案例，并且，还要善于借助媒体宣传。

以上是一些框架性的原则。我们要探讨的是，这些方面又该如何落地？毫无疑问，单凭企业自身的力量，要建立这样的技术服务体系，无论沟通成本还是时间成本都会很大，而且效果也未必好，这样的例子比比皆是。

未来是资源整合时代，是团队合作时代。要想将技术服务做到真正的专业化和品牌化，最好的实现途径就是借助具有公信力的第三方机构，整合资源进行合作。在华南市场，南方农村报无论从品牌影响力还是公信力，毫无疑问是最佳的"第三方机构"，也是能够将上述条件实现落地的最佳合作者和主导者。基于此，结合市场实际，现阐述上述三个方面的具体实现途径。

1. 发掘本土专家资源，授聘为"南方农村报特聘基层农科专家"。

建立"南方农村报特聘基层农科专家"队伍，旨在将那些很懂种植技术、推广经验丰富并且乐于指导农民种植的"民间高手"发掘出来，并对他们进行品牌

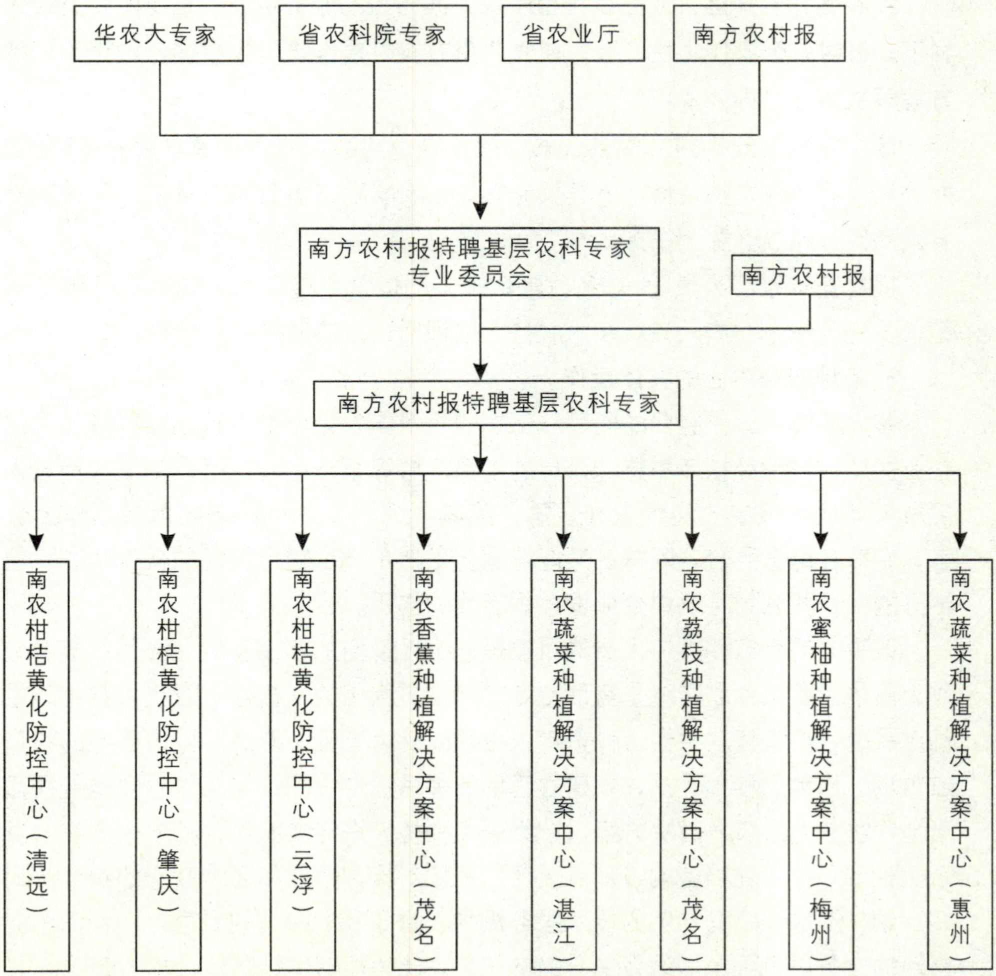

通过整合农技服务基层资源来组建农技服务公司

包装，同时还设计相应的利益共享机制，将这些资源组织化。

前期主要精力在于筹备成立“南方农村报特聘基层农科专家专业委员会”，积累“土专家”资源，要保证受聘的专家队伍具有权威性。专业委员会将由华南农业大学（如柑橘专家邓晓玲教授、香蕉专家陈厚彬教授、蔬菜专家杨暹教授等）、广东省农科院（如柑橘专家马培恰研究员、吴文研究员，香蕉专家黄秉智研究员、许林彬研究员）等科研单位部门，广东省农业厅等政府部门（省土肥站、植保站）作为指导单位，南方农村报品牌策划营销中心承办，企业协办等多方共同筹备成立，召开成立大会，并特设秘书长职位，系统推进资源组织化工作。专业委员会成立后，将由专业委员会和南方农村报社共同为这些土专家颁发聘书，统一授予“南方农村报特聘基层农科专家”。

2. 在各作物产区，成立以种植解决方案为主的服务中心。在专业委员会的指导下，针对各个农作物主产区，成立“南方农村报作物（如柑橘、香蕉等）种植方案解决中心（办公室）”。

这个机构应安排独立的办公室，配备办公用品，有条件最好解决车辆问题。办公室需进行简单的装修，将有关专家如省农科院、华农大以及在该区域的特聘专家的照片和简介陈列出来。

报社安排专门人员 1—2 名负责该中心的运营。整合当地的南农特聘专家队伍，依托合作企业产品开展技术服务、培训活动、协助产品销售等。

3. 各地服务中心的具体运作。

首先要解决运作经费的问题。基本的经费如办公场地、基础物料等，可以由企业赞助或当地经销商解决。人员的工资差旅等第一年还由报社补贴，但该人员要思考如何将该中心实现盈利，第二年其本人的收入将从市场解决。作为合作者，专家在这个平台，既得名又能得利，虽然是一个较为松散的合作状态，但盘活好的话，我认为可以对企业发挥相当大的作用。

该中心的专家和推广人员的组建是一个逐步增加和完善的过程。负责中心运作人员的主要工作职责就是盘活土专家和推广队伍的积极性。以技术营销为主带动产品的推广销售。平台运作负责人必须以此为基础，熟悉区域内各地的农资渠道市场、当地的种植大户，并建立密切的关系。中心的日常工作主要是传播适合当地作物的专家技术解决方案，搜集服务种植大户经典案例，积累大户资源。这个机构要和企业在当地的经销点（商）密切对接，也要和当地政府的农业部门密切互动，形成一个有特色的技术服务机构。除了我们聘请的专家外，合作企业在当地的业务员也可以增设为中心的推广员，此举能够团结队伍，扩大影响。

4. 服务中心的盈利方向分析。

首先，有这些机构，企业的广告可以落地，因此，这也是一个争取广告的方案以及实现的平台。针对企业的情况，可以为其出具针对该区域特点发行的号外、专栏以及大大小小的推广会议等。其次，利用该中心的专家资源，积累种植大户资源，将产品和服务做到大户，可以和当地经销商协商，谈及推广提成。第三，将该平台打造为惠农肥料下乡的电商线下服务通道。此举需要协调当地农业部门的关系，尤其是各个乡镇的农办，通过此渠道，打通各个村委，构建一个直销肥的渠道。通过产品销售实现盈利。第四，在报社的统筹和组织下，承担区域性的农资或者农产品相关展会。第五，在掌握一些优质种植基地的基础上，可考虑组织专家介入基地的品控环节，为报社介入农产品电商提供优质供货商资源，分享农产品销售的利益。

大平台公司：涉足农资经营的多元探索

□高　强

▶高　强

2011 年 4 月，经南方报业传媒集团批准，广东大平台农业股份有限公司（以下简称“大平台公司”）成立，正式涉足农资（包括肥料、农药、种业等农业生产资料）在广东省内的代理经营业务，迈出了南农多元化经营的第一步。

然而，俗话说：隔行不取利。媒体涉足实业经营会不会“水土不服”？是否会对广告客户造成竞争而受到抵制，从而影响广告收入？……在广东大平台公司成立之前，不少人对此均有所担忧。对此，南方农村报管理层做了详细的论证和谋划。

在大平台公司股权设计方面，采取了当前国家倡导的“混合所有制”，形成了“南农+6 个区域农资经销商+1 个上游厂家+1 个公司高管”的股权架构。此架构出于四个考虑：一、充分利用南方农村报在农业行业的影响力和宣传优势，快速扩大大平台公司的品牌知名度；二、6 个经销商股东，可作为大平台公司的下游合作伙伴，对下游渠道网络建设是个很好的补充；三、1 个上游厂商的加盟，充分保证了优质产品资源的稳定性，降低了行业中普遍存在的经销权轻易变更弊端；四、公司高管持有股份，极大地提升了工作积极性，同时也可保障相对独立地运营公司。除此之外，为了减少国有成分比例过高，从而导致运作效率较低的弊端，南方农村报仅仅作为第二大股东，从而保证了公司运营的相对独立。

大平台公司成立至今已有三年多时间，公司起初从肥料业务切入，逐渐将主营业务调整为高精尖技术的新型肥料和农药，目前已步入了相对良性的发展轨道。在大平台公司战略定位上，目标是打造流通领域的“双轨道”，即将优质农资产品送下去，再将优质农产品收上来。

对于南方农村报而言，大平台公司的成立运营，无疑是一次较为成功的尝试。在经济效益方面，报社领导当初担心成立公司之后，会引发一些肥料广告客户的抵制，结果证明，南农的农资广告不但没有受到任何影响，相反，由于大平台公司作为桥梁，成功引进了九禾、诚禾佳信、世多乐、纽发姆等广告新客户，广告金额已累计超过200万元。大平台公司正在架起一座农资企业与南方农村报合作的桥梁。

然而，面对同行的激烈竞争，大平台公司要在行业立足做大，必须先练好内功，在充分利用好南农资源的同时，也要避免对其过度依赖。南农虽然与农资行业很近，但毕竟并非同一行业，具体实操，还需要不断摸索。大平台公司引进的职业经理人正好弥补了这一短板。

生存靠农资，发展在农业。大平台公司当初以农资销售作为切入点，无疑是一个阶段性选择。依托高精尖产品及其技术，切入特色农产业的种植；通过下游网络配送点的布局，回购高价值农产品，才是大平台公司的未来。

(本文作者高强系广东大平台农业股份有限公司总经理)

农易通商业模式探索：寻找一个支点

□黄栋林

▶ 黄栋林

2011 年起，南方农村报 1 500 多个读者俱乐部据点建立，正式成立读者之家项目，以专业为农民服务，保证农民买到货真价实的农资为宗旨，利用品牌、客源、信息、活动、宣传、产品、政策、维权、门槛和机会十大优势，实现品牌、资源、客户、产品、信息、服务六大共享，最终实现南方农村报品牌效益，农资店销售提升和农民增产增收。

为推进项目开展，南方农村报从品牌拓展队中抽调 5 名人员组成精干团队，专门跟进项目运作及发展。当年 8 月 16 日，云浮市的第一家读者之家在云安县南盛镇揭幕，拉开读者之家运作大幕。截至 2013 年，读者之家数量已经超过百家，并以此为基础成立了农易通农资连锁公司。

广东农易通农业科技有限公司（以下简称“农易通”）于 2012 年 12 月在清远佛冈县石角镇三八村开设了第一家农资店。发展至今，农易通已在佛冈、英德、阳山、廉江开设了 10 家农资连锁直营店和 4 家加盟店，在英德、佛冈、廉江成立了三个配送中心。预计 2014 年全年连锁业务营业额将超过 1 000 万元。

农易通农资连锁店冠名“南方农村报读者之家”，致力于打造全国独创的“三农”（农资、农技、农产品）超市运营模式，通过“农资下乡、农产品进城、农地流转”三部曲，组建基础设施、种植管理、农业服务三大网络，最终定位为农业商业地产商。

农易通发展的第一步，是以农资连锁店的形式来完成全省的实体网络布局。农易通整合上游的农资资源，直接从厂家获得全省或区域代理权，通过自建网络直接把农资产品放到终端，在保证产品质量的同时，直接让利给农户。在农资销售过程中，每个农资店都建立了客户档案，依托农易通自身的农技服务队直接服务种植大户和合作社，利用酸碱测量仪、电子显微镜、测土配方等各种高科技手段，并通过形式多样的农民会、观摩会、专家坐诊、农技下乡等活动，为种植科学把脉，以专业的服务来带动农资的销售。农易通还建立了微信订阅号、手机网站等电子商务平台，试水农资O2O业务。

农易通发展的第二步是实现农产品的回收，通过打造农易通农产品销售平台，提供农产品的信息、金融、保险等专业服务。首先，农易通各地连锁店拥有数量庞大的种植大户、合作社等资源，可将各地的农产品收成情况汇总到农易通农产品平台，平台直接和农副产品公司、超市、学校、社区等对接，走订单农业道路。其次，由于农作物不能抵押贷款，种植户可以将农产品收成作为抵押，由农易通联合农副产品公司等向银行提供担保，对种植户和合作社进行分别授信，授信只能向农易通购买农资产品、农资服务及其他农业基础设施建设。再次，农易通将联合政府、农业保险公司、农副产品公司、合作社等成立风险基金，保证农户在较差的年景也有保底收入。在田间管理方面，种植基地则由农易通的农技服务队负责制定种植标准，提供作物全程解决方案，对基地进行标准化、流程化管理，建立农资使用可追溯制度，确保食品安全。

农易通发展的第三步是通过农业土地流转，打造成农业商业地产平台。随着土地集约化的发展，农民把土地集中流转给政府或土地银行，政府再把土地流转给农易通，农易通可以将农用土地分割承包给农业投资商，并全程提供农资、农技、农产品的整条产业链的专业服务。把土地流转出去的农户不仅有土地流转的租金收入，也可以成为农易通的雇工，拥有工资收入。这样，农易通、种植基地、农户就形成了农业商业地产平台的三大主体，外围的政府、银行、保险公司、农资厂商、农副产品公司、农业投资商都可以在这个平台上发挥各自的作用。

（本文作者黄栋林系南方农村报市场拓展部副总监）

茶行天下——让中国茶走得更远

□徐　靖

▶徐　靖

《广东茶业茶行天下》杂志是新时期媒体发展的大形势背景下，南方农村报实行战略转型的一种新的探索成果，开启了“媒体+学会+协会”办刊物的新模式，即南方农村报负责杂志内容策划与运营，广东省茶业行业协会负责杂志内容的监督、指导和把关工作。

作为南方报业传媒集团与广东省茶叶行业学会、广东省茶业行业协会合力打造的茶业行业泛专业杂志，《广东茶业茶行天下》杂志是南方农村报茶行业的服务链延伸。

为中国茶企提供媒体服务平台。此次合作将走出传统杂志运营商的经营理念，通过丰富本杂志的内容，提高本杂志的权威性及合作单位的知名度，立足广东，面向全国，采取“新媒体+传统媒体”“线上媒体推介+线下活动营销”等方式，将《广东茶业茶行天下》打造成为中国最具影响力的茶业期刊之一，定位茶业行业泛专业杂志。对行业具有洞见力、观察力，成为茶业行业敏锐的观察家和权威的发言人，茶叶界文化与时尚的领潮者。依托杂志平台，打造中国茶业行业最具影响力和实力的专业性媒体群，独特价值茶业综合服务商，立足广东，覆盖全国，成为促进中国茶业经济发展和茶文化繁盛的推动力。其理念是“让中国茶走得更远”。

细分市场中，以传媒品牌为核心，以报道及活动为载体，以媒体产品服务为手段，凝聚读者与客户，深入关注并影响产业链各个环节，聚拢中国茶业行业领域最优秀的企业、经销商、专家资源，成为触角遍及茶业产业链各个环节的资源整合平台。

杂志为茶业界输出理念与价值，以报道事实真相的力度、思考的深度与广度，在茶业界重大事件、重要节点，发出专业、独立、客观的声音，始终占据舆论的制高点，成为推动茶业发展的媒体标杆与旗帜，让中国茶业健康发展，让中国茶闻名世界。

茶业服务事业群。媒体：《广东茶业茶行天下》、茶行天下网、茶行天下微信公众平台、茶业通 APP 客户端、QQ 群；涉茶产品：茶艺文化产品的订制生产合作厂家、茶叶供应基地、电商平台；茶叶市场建设规划：提供市场调查、市场规划专业指导；茶店规划：为茶馆提供选址、店内设计装潢、茶艺师推荐；咨询培训：南方品牌营销策划中心、南方茶文化研究院、茶业数据库、茶情分析研究室；展览会务：广告展览服务公司、视觉包装设计中心。

多媒体渠道满足茶业行业细分市场、茶企茶商、涉茶人群的信息需求，力图在广东和全国茶业领域实现全覆盖。

《广东茶业茶行天下》将整合南方报业传媒集团、广东省茶业行业协会以及杂志社三大平台的内容信息资源、行业人脉资源、刊物品牌资源，进行多元化布局，实现有效落地，为读者与客户提供更加多元和优质的服务。

杂志通过资源的重新配置与整合，侧重行业发展，将从事茶业生产经营的业界人士需求放在第一位，记者、编辑深入茶业行业第一线采访，将产业行业情况全方位立体化呈现给广大读者。杂志将立足广东，覆盖全国，关注全国范围内茶产业的种植、生产、加工、储存、流通、销售、饮用、文化全产业链端，把握茶业发展脉搏，聚集行业热点，交流最前沿创新技术资讯，达到影响行业、推动行业、携手共进的目的。

多元化独特价值服务链。以杂志为载体实现功能聚合，资源互补，搭建茶业行业内外之间信息沟通、资源共享、互利互惠的桥梁，提供诸如产品招商、展览会议、市场调研、品牌策划、市场推广、数据分析、人才培养等多元化、多面向具有独特价值的综合服务。

报道服务　论坛发布　评选评比　文化营销　会议展览　教育培训
市场推广　营销咨询　品牌策划　市场调查　数据报告　产品销售
设计服务　产业规划

全媒体集群。杂志、微信、微博、网站、电子杂志、手机 APP。

《广东茶业茶行天下》以专业的新闻理念操作，以市场化全媒体手段运作推广杂志平台，为受众提供最优的阅读享受和最有效的信息资源，为茶业行业提供最优质的服务，做到杂志媒体影响力的最大化发挥，打造茶业行业一流杂志。

记者深入一线采访，关注并深度介入茶业行业的生产、加工、流通、储存、销售、饮用、文化全产业链端，把握行业发展脉搏，聚焦行业热点，交流前沿资讯，最终实现报道行业、影响行业、推动行业、改变行业的目标使命。

秉承“中国茶业推动力”的宗旨，为茶叶大众和茶叶产业输出观念价值和专业服务，以报道事实真相的力度、思考的深度与广度闻名，在茶业界重大事件、重要节点，发出专业、独立、客观、公正的声音，始终占据行业舆论的制高点，成为推动茶业行业发展的媒体标杆与旗帜。

杂志实行整合营销。对杂志版面资源、受众资源、广告资源、社会网络资源和长期积累的品牌公信力资源进行统合经营。精心打造以《广东茶业茶行天下》为中心的多媒体运作，推出电子杂志、手机杂志，微信、微博等多种媒介产品。改版官方网站，利用多元化手段，丰富读者阅读方式，增加读者影响渠道，实现杂志的全媒体化。杂志主要投放对象为各地茶城、茶室等城市休闲场所、各地协会联盟单位、茶商茶企等，并对行业协会、专家学者、企业高管等进行一对一精准投放。

通过建立读者俱乐部等方式，借助协会、企业、商家、读者的资源架起茶与非茶、茶企与非茶企、读者与客户间多维的沟通传播桥梁，从而实现互助、分享、交流、整合推广、成长共赢的目的。

（本文作者徐靖系南方农村报农产品品牌营销中心总监）

新媒体

新媒体

传统媒体与时俱进、顺势而为不在话下，新媒体浪潮席卷而来只是一个契机，可谓祸福相倚。目前，南农系在涉农细分领域的媒体链大抵相似：报纸＋杂志＋网站＋微信公众号＋APP+……行业网站与微信公众号是主要的新媒体工具，其功能更多是通过内容传播达到品牌传播，是一种影响力效应。探索垂直型行业网站的盈利模式，虽然并无成功路子可循，却是势在必然，即使试错，也不会停步。跨界整合、平台效应、需求导向、用户感受、产品思维……来自新媒体的理念，对于传统行业来说的确是养分。

垂直型行业新媒体的实现路径

□冼伟锋

▶ 冼伟锋

时至今日，南方农村报新媒体的发展已有 10 年，从长期作为《南方农村报》的电子版，到尝试拆分南方农村报网，创建南方农资论坛、南方水产论坛和南方畜牧论坛，再到把南方农资论坛、南方水产论坛和南方畜牧论坛合并打通，再重新拆分独立运营。南方农村报新媒体虽起步慢，试错成本高，但探索发展路径已逐步清晰，就是要做整合行业资源，探索垂直型农业新媒体盈利模式。这也是与南方农村报“独特三农综合服务商”的定位是一致的。

发展历程

与所有纸媒一样，南农新媒体也走过了从内容数字化上网的 1.0 时代，到行业门户的 2.0 时代，再到目前以移动互联网为主要平台的 3.0 时代。

南方农村报新媒体的起步最早可追溯到南方报业网开设的南方农村报板块，当时是作为《南方农村报》电子版的形式出现，由南方报业网编辑上传，内容仅发布，并没有对内容进行系统的推广运营等。

2005 年，南方农村报开始筹办南方农村报网，域名为 www.nfncb.cn，由于报社没有专门的技术人员，网站采取外包形式，功能单一，照搬报纸三农新闻、农村财富、副刊等板块布局首页。同时，报社当时还没招募专职的网络编辑，内容发布也由电脑室排版人员负责，仅拷贝粘贴，网站的内容整合、推广传播仍处于空白状态。现在回过头反思，如当时就开始在农资、水产和畜牧布局新媒体工作，也许效果不一样。农资行业相对成功的新媒体 191 农资人论坛也是 2006 年才开始创建的。

2008 年，南方农村报招募网络编辑一名，逐步承担了网站维护和内容运营的工作，但主要工作是利用互联网打造《南方农村报》新闻影响力。《南方农村报》众多新闻作品通过新浪、腾讯、搜狐、网易、凤凰、天涯社区等全国著名门户网站的推荐，产生了较大的影响力，迅速扩大了《南方农村报》的社会影响力，知名度缩短了与主流大众媒体的距离。

2009 年下半年，南方农村报网启动改版工作，并创办南方农资论坛、南方畜牧论坛和南方水产论坛，2010 年 1 月新版上线。与此同时，农财宝典水产、畜牧、农化、种业四大官方微博正式运营。创办上述三个论坛，不仅是农财采编人员的强烈要求，也因为在行业新媒体一块确实布局慢，农资、水产和畜牧行业已涌现不少有影响的网站，且追兵不断。

三个行业论坛虽然创建了，但苦于缺乏专职的内容运营人员，报社采取采编人员兼职更新，轮班值班负责，寻找话题，开设企业老总访谈等等，三个论坛可谓横空出世，影响巨大。在这样机制的状态下运营了大半年，采编人员的兼职网站运营开始出现问题，开始应付数量，忽视话题运营、粉丝积累等，加上微博的兴起，使得论坛这个互联网产品已经式微，原本寄望三个行业论坛赶超同行网站的愿景基本落空。

靠兼职式做新媒体，不仅跟不上行业发展的要求，而且完全与报社的发展战略脱节。2011 年 4 月，南方农村报设置新媒体部，招募技术员，从采编队伍调配记者当专职网络编辑。南方农村报新媒体的奋起之路，可以说从此时才正式开启。

部门成立第一件事是改版。回头看，这次改版其实也算是失败的。2010 年上线的三个独立论坛被再次合并打通，事实上对积累行业用户是不利的。同时，由于报社缺乏技术人才，改版工作仍采取外包形式，但承包商做出来的产品跟报社原设想的相差甚远，项目留下的后续问题多。当然，这次改版的最大亮点之一就是加强了专题的策划、热点话题的运营和配合经营项目的开展，上线仅一年就制作了上百个有质量的专题，赢得了行业的关注。

2011 年，获集团支持的三农信息定制项目之柑橘通也上线，作为南方农村报布局移动端的第一个产品，也是国内第一款三农信息手机客户端，前期通过移动、联通、报社线上线下的推广，迅速积累了一定量的用户，不少企业负责人对柑橘通感兴趣。农资通、鱼虾通、猪业通也已上线测试。

此时，如何整合行业资源，探索垂直型农业新媒体盈利模式，是南方农村报必须思考的战略问题。

2012 年 8 月，南方报业传媒集团与广东温氏食品集团在广州签署合办新牧网协议，标志着南方农村报在垂直领域农业新媒体盈利模式的探索，进入实质性阶段。

南方农村报新媒体从业人员也迅速增加，由原来的 1 人到如今的 20 人，主要以内容运营人员居多，仍缺乏技术、产品等研发人才，团队处于单打独斗状态，除了新牧网，其他都没有团队。

目前，南方农村报新媒体产品基本覆盖目前主流的产品形态，已拥有数字主平台的南方农村报官网、中国最强大农牧业数据服务平台的新牧网、新渔网、农财网等行业网站；基本覆盖行业活跃粉丝的“@南方农村报”等 6 个官方微博，稳居第一阵营的新牧网等 8 个微信公众号，柑橘通等 4 个手机客户端(安卓、苹果版均有)，一个中国农业信息云平台。

发展思路

在与温氏集团合作之前，南方农村报对国内农业类网站做过深入调研。目前，农业类网站大体可分为两类，一类是备受投资者关注的直接面向消费者的高端农产品电子

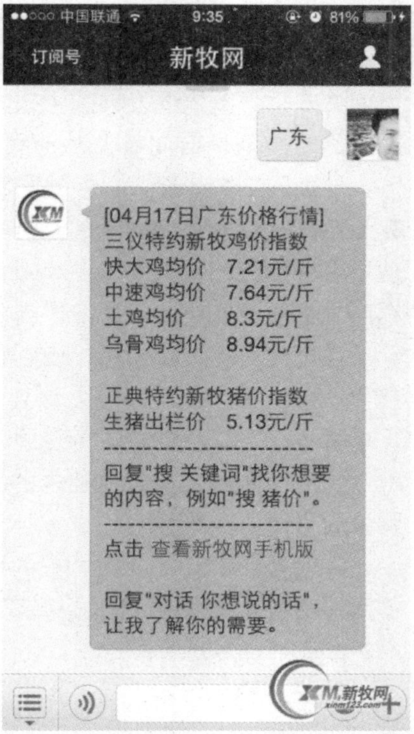

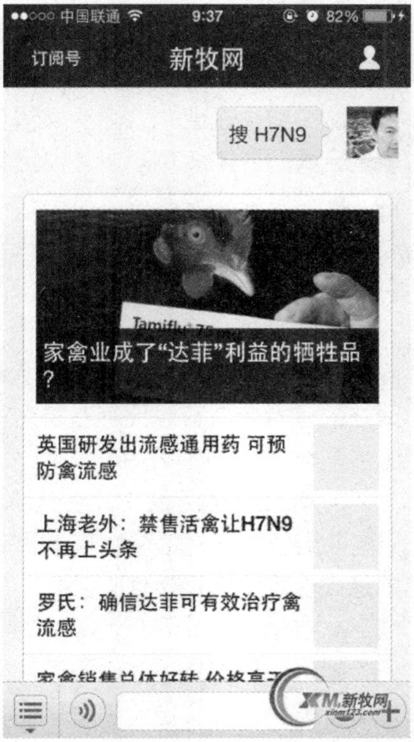

商务平台，眼下已然形成一股投资风潮。但此项业务需要强大的物流支撑和对产业链的超强的掌控能力，且前期须海量投入，评估自身资源与能力，暂时无法成为南方农村报新媒体发展的主攻方向。

另一类则是面向农业从业者（即产业链各环节从业人员）的垂直型网络社区，此类网站数量庞大，但经营状况普遍不佳，缺少现成的盈利模式。主要原因在于：其一，网站能影响的人群基数过小，无法吸引广告投放。其二，目前真正从事农业生产的农民尚未形成强大的上网习惯，网站实际受众多是产业链上游经销商或企业业务员，以及非广告客户产品的目标消费者。因此，即使已经经营多年且较有人气的成熟网络社区，依旧无法产生较理想的盈利。其三，同质化现象严重。

基于以上现状评估自身资源，南方农村报明确自身在新媒体战略上的定位：

1. 充分利用自身在行业内的品牌优势，通过各类线上线下品牌营销活动，以网站为平台，实现盈利。

2. 将多年的行业积累和在内容上的专业主义发挥到极致，为产业链从业者提供真正专业的定制信息服务。在确立专业和权威的基础上，开发更多的内容产品、品牌产品和服务产品。

3. 发展移动终端业务，形成网站和移动客户端的双平台，向一线生产者普及推广。

南方农村报要实现上述战略，必须深入行业，采集海量信息并进行专业性分析。由此，我们想到与行业内龙头企业合作，整合资源，共同开发。

眼下媒体企业化、企业媒体化的趋势已经明了，而三年前在农牧行业这种深度的合作，并不多见。以与温氏集团合办的新牧网为例，双方在品牌和资源上正好匹配，具备合作基础，也暗合了互联网时代的发展趋势。

1. 南方报业传媒集团与温氏集团在各自领域都是有着非凡影响力的龙头，各自品牌对对方都是提升。

2. 温氏在全国拥有 150 多家分公司和子公司、5 万多名合作养户，在养猪和养鸡领域拥有毋庸置疑的技术资源和信息采集优势，而这些养殖户和供应商恰是网站的目标受众，温氏存在将这些闲散资讯转化为能够服务客户和行业的信息资源的需求。

3. 南方农村报和农财宝典深耕农牧行业，专业主义的报道受到温氏认可，并具备将温氏在技术、价格等方面信息进行专业化分析和包装的能力，将其以产品的形式变现，实现价值。

4. 在网站合作基础上，南方报业传媒集团可以为温氏提供一定的内容营销服务，提升温氏整体的品牌打造能力；而南方农村报也可通过温氏，更深入地了解行业，积累行业资源，促进转型。

盈利模式

南方农村报网探索新媒体盈利模式的时间不长，2010年1月上线的新版南方农村报网才开始尝试投放客户广告。报社制定了南方农村报网广告管理条例，鼓励经营人员积极开发互联网广告，实现零的突破。

2013年，南方农村报及新牧网的新媒体的营业收入主要是广告经营人员通过常规业务搭售的办法完成。2014年，新牧网开展探索活动调研、论坛会展、线上广告等服务，仅用半年时间已经完成全年经营任务。此外，新牧网、农财宝典农化版和畜牧版等微信公众号也频频接到企业有关投放广告的咨询，当然也接到了广告投放。未来新牧网将拓展业务范围，探索大型商业调研项目、养猪大学等，进军大型猪场场长培训与猪场人才招聘业务。

与农村市场特点及农民移动互联网普及情况有关，目前国内涉农类网站均未探索出新的盈利模式。详细分析南方农村报的新媒体用户，以产业链企业从业者居多，一线生产者比例不高。按我们的判断，涉农传统媒体尚处在上升发展阶段，新媒体的战略定位是为未来3—6年布局。南方农村报现有的新媒体业务目前可有效拓展纸媒的读者范围，而行业内新媒体的发展也尚未对传统经营业务带来较大冲击。

南方农村报在垂直领域农业新媒体盈利模式的设计，主旨是整合行业内最核心的资源——品牌和渠道，以专业主义打造内容产品，在同质化的网站竞争中，率先从权威专业内容以及手机客户端新平台入手，发挥传统媒体在内容制作、整合资源方面的优势，谋求后发制人的可能性。

目前，生猪产业链集约化程度已相当高，其他如柑橘产业、对虾产业的产业化发展水平正不断提高，从业者素质不断提高，越来越多年轻的、专业的技术人员投身行业，这都为专业的垂直型农业新媒体提供了广阔的市场前景。

我们认为，新牧网和猪业通的发展模式，也可以在种植、水产等其他农业板块中复制。目前，柑橘通已经上线推广。虾蟹通和农资通等手机客户端也在对外公测，并积极寻找与其他板块龙头企业合作的可能。

此种模式不但可以为新媒体探索盈利模式，同时与龙头企业合作，也有利于传统媒体的发展。它为整合行业资源，深入拓展优质客户，开拓纸质媒体多元化发行渠道，提供了契机以及丰富的想象空间。

目前，南方农村报新媒体主要还是作为传播工具，以“广告+活动”的方式盈利。完全摆脱传统媒体，依靠线上业务、电子商务等手段盈利，时机尚不成熟。但移动互联网的发展步伐非常快，一线农业生产者目前以1960—1975年出生人群为主，80后、90后的互联网原住民很快成为主力军，如果此时不加大投入提早布局，则会错失发展良机。

未来设想

根据《南方农村报》的媒体特性和农产业特点，南方农村报新媒体未来发展主要有以下设想：

1. 引入资源。利用南方农村报在农产业50余年的积累，结合传统农产业企业面临转型困局的实际，在新媒体发展过程中充分整合行业资源，与农业龙头企业合作，发挥各自优势，实现双方的转型蝶变。

南方农村报的新媒体策略，是依托细分行业，坚持做垂直型网站。2012年，南方农村报与温氏股份有限公司合办新牧网，运行两年来网站影响力不断扩大，拥有了一定用户，具备了探索新盈利模式的条件。我们认为，这种合作模式可以在其他细分板块复制，其主旨是整合双方的品牌和渠道资源，发挥媒体的内容、营销、传播优势，利用龙头企业的行业资源（数据采集、物流等等），探索O2O的运营模式。

2. 轻电商平台。目前新牧网在业内已经有一定知名度，其用户数量在业内已经非常靠前，初步具备发展动保产品电商的可行性。新牧商城即将上线，以平台模式发展畜禽类动保产品的电子商务业务为主。按照规划，农财网和新渔网，都将从产品测评与全案营销平台入手，向农业生产资料电商模式转型。前期以全案营销为主要盈利模式，积累客户资源和线下渠道资源，在未来3—5年向电商模式发展。

3. 发展中国农业信息服务云平台。在移动客户端建立“中国农业信息服务云平台”。整体架构分三部分：第一，农业新闻报道。后台抓取，根据用户需求精准推送，参考“头条新闻”模式。第二，数据中心。此部分为核心内容，以品种为单位，挖掘每个品种的行情及影响行情的多维因素数据，挖掘范围推展到全国。例如：价格数据、投苗量、发病情况数据、挂果率、存塘（栏）量、天气影响、投入品市场数据等等，可根据需要，每日一报，每周一报或每月一报，所有信息数据化。前期可做6—8个品种，最终应完成20个大宗品种的数据采集点布局、挖掘和分析。参考“大北农客户服务网”微信公众号模式。第三，种养技术中心。此部分可与企业合作，并以社区论坛形式呈现。定期推送成功案例、全国各地预警性技术信息，随时发起病害防治咨询解答、供求信息发布。

整个应用以品种为单位，先专业细分，再聚合，最终统一在移动客户端（APP及微信公众号）建立入口，聚集海量用户，高举高打，打造“中国第一农业信息服务平台”，在移动互联网重建一个南方农村报。此项工作的核心，是数据的挖掘和采集点资源的积累。这也是未来纸媒在同质化竞争中确立自身核心竞争力的关键所在。在农村市场，此时开始谋划，并涉足移动终端业务，属于适度超前，或许能踩准节拍。

反思

传统媒体发展新媒体业务，毫无例外都面临人力、财力和物力等方面的掣肘。传统媒体特别是涉农媒体发展新媒体业务，很难找到既懂行业又懂新媒体的人才，专业的互联网人才一般看不上这个平台，即便能短期加盟，也往往因为水土不服，对行业特点不熟悉，难以长久。目前传统业务已经处于发展下滑期，新媒体可能获得强大的资金支持，这也直接限制新业务的发展。但经过数年的探索，我们发展转型也并非死路一条，核心在于认清几个问题。

1. 互联网时代，生产力的释放需要相应的生产关系。

互联网时代的到来，企业运营去中心化、去组织化的趋势日益明显。特别是传统媒体，大众传播被社群传播所取代，大集团的优势、原有影响力和权威日益减弱，而效率低下、负担过重的劣势逐步显现。相比之下， 小企业在移动互联网时代的优势正在发挥。传统媒体在转型过程中，必须解决的首要问题，是企业的组织架构问题。如何适应互联网去组织化的趋势，发挥小团队运作高效的特点，特别是在传统媒体急速下滑的过程中，在体制上通过股权改革等方式，留住人才，为传统媒体的转型留下最宝贵的资源，这是传统媒体转型首先要考虑的问题。

2. 传统媒体的新媒体路径，最终的出路依旧在传统领域。

囿于资本和技术等多重劣势，传统媒体指望单纯依靠信息平台实现盈利，从目前看几乎不可能。没有强大的资本做后盾，要建立平台式的运营模式，对于好大喜功的传统媒体来说，毫无疑问也是发展的陷阱。最可行的出路，是充分发挥现有的资源优势，建立小而美的盈利模式，将互联网作为工具和开拓手段，进一步挖掘在传统领域的生存空间。传统媒体的核心优势是内容营销能力，这是互联网时代最稀缺的资源，如果能将此优势和线下的综合服务能力相结合，即便农村社会全面拥抱移动互联网，传统媒体依旧具有存在的价值。内容生产的平台和方式发生了变化，盈利的方式发生了变化，但充分发挥内容核心竞争力的发展内核没有变化。

3. 充分适应媒体企业化的发展方向，积极开发两面市场，寻找新的商业模式。

为客户提供可以量化的影响力转化指标，实现受众到用户的转化，这是传统媒体转型要解决的核心问题。要解决这一问题，就必须放弃原有的价值链商业模式，积极探索两面市场的商业模式。两面市场的战略着眼点是，组合一方面市场成员的资源及能力来提供价值给另一方面的市场客户。作为涉农垂直型媒体，在农资企业、经销商和养殖户终端，这个两面市场中有很大的市场空间。现在的问题是，要真正为客户提供价值，不能只停留在为双方客户提供展示平台、营销平台，而是直接建立可以实现交易的平台。只有这样，才能在未来确立发展的核心竞争力。要做到这一点，就必须真正涉足农产业，向媒体企业化的方向迈进。

（本文作者冼伟锋系南方农村报新媒体部副主任）

新牧网：畜牧业数据整合和垂直电商探索

□江　恒

▶江　恒

进入 2014 年，畜牧行业的垂直网站但凡有点资源、资金和背景的，都瞄准着一个大致相同的方向——电商服务平台。不同的网站着力点各有不同：有些做产品导购，有些做种猪垂直电商，有的做商城，有的甚至推出了自有品牌的饲料产品，而还有更多的企业借助第三方商城推出了自己的电商渠道。

有时，行业变革很慢，需要日积月累；有时，行业的变革只在一念之间。

随着移动互联网的崛起，行业网站在实践转变发展的过程中，逐渐意识到了行业自身的转变，在电商服务的探索中比以往更顺利，更有的放矢。人的转变和 IT 技术的更新换代推动着行业加速转型升级。

要探索畜牧行业垂直网站的发展，需要认清楚行业现状和发展趋势。

畜牧行业如今仍未有任何机构做出成功的电商模式，现在行业网站正在做的也并不算成功，很多只是赔本赚吆喝，但新牧网必须高度关注同行的发展动态。观察下来，猪 E 网的平台电商形式做的时间最长，其 2014 年初推出了自有品牌产品“传是”预混料。此前猪 E 网平台网上黄页功能色彩更强，且并不具备交易能力，但观察其流量统计发现，其商城页的用户流量占比非常高，说明网友有在网上找产品的需求。

但行业用户在网上进行购买下单的需求到底强不强，何时才能形成成熟的消费环境？

我们看到，2014 年还有一个明显特点，传统上游企业利用第三方平台做电商渠道的越来越多，江苏远方中汇、江西派尼都在淘宝天猫上以预混料销售为主，但销量并不算多。广东大华农也启动了电子商务项目的建设，意图改变交易模式，打造养殖业的云平台。再者，如业内巨头大北农也一直在布局电商平台的建设，已经推出了智农网采购平台，新希望更是直接与京东合作推出了生鲜电商平台。但是通观这些平台，都是模仿大众消费电商平台，至少在现有环境下，还没有一个成功的适合行业需求特色的垂直电商模式。

除了同行的发展情况，我们还需要了解行业中人的现状。现阶段，行业精英人群以中年人居多，普遍使用高端智能手机，很忙碌……总的来说，他们使用移动互联网居多，喜欢简单易用的东西。

长远来看，互联网将加快对行业的影响，移动互联网是主要工具，行业中做电商的企业也会越来越多，而且不乏技术、资金、资源雄厚的龙头企业。面对如此形式，新牧网是否要直接与这些企业正面竞争？

新牧网在探索电商模式中可以分为 2—3 个阶段：产品评测>>电商，产品评测>>导购>>电商。全程配合用户互动平台，重点利用移动互联网媒介，并引入用户 UGC 模式。

线上和线下的竞争规则有着很大区别，企业转型过程中不仅会有外界竞争者的阻力，更大的还是自身的转变困难：比如销售渠道、品牌因素、产品技术服务，都难以快速适应线上形态。互联网模式下，企业做电商没有品牌做背书将寸步难行。电商模式下有很多案例昭示着品牌的重要性，比如小米、韩后等。在线上，品牌的塑造和倒塌具有更短的周期性，而影响品牌的因素，有很重要的一点，即来源于用户的口碑。

为什么要先做产品评测，再做电商？

1. 规避劣势，充分利用新牧网自身的媒体公信力优势。如果直接做电商，会涉及畜牧行业整个产业链及仓储、物流、支付、安全、客服、售后服务等非常庞大的问题，除了仓储和物流可以利用第三方合作形式，其他因素都是电商模式必需的要素。而这些对技术、市场、资金的要求非常高，新牧网现在仍不具备这方面的条件。然而，诸如大北农、新希望、大华农等这类龙头企业是非常具备这些优势的，直接竞争不利于新牧网的资源整合。如果新牧网选择先做产品评测，一方面是利用了企业不具备的公信力优势，另一方面也可以与这些第三方电商平台协同发展。

2. 产品评测充分利用了行业特点。现阶段，畜牧产业链仍处于区域性封闭状态，终端养殖户在选择产品时信息严重不对称，广告促销仍是产品打开市场的主要手段。但经过调研发现，养殖户购买选择产品前，最信赖的依然是朋友或同行的推荐，可见口碑在畜牧行业中的影响力。产品评测，利用了产品信息不对称的特点，直接剖析产品参数，对各品类产品横向对比，让养殖户能够直观地判断何种产品更适合自己，从而影响用户的购买前行为。

3. 充分利用新牧网现有资源。产品评测机构一定要具有独立性、公益性以保证公信力，这一点就限制了行业企业的涉足。而新牧网恰恰具备这些特质，媒体与生俱来的公信力，温氏集团作为下游养殖企业，更有对上游产品的发言权。

4. 商业模式清晰，操作性强。一旦新牧网产品评测建立起权威，影响用户的购买前行为，势必引起企业营销策略的高度重视。广告能够产生最直接的经济效益，还可以给企业做产品营销策划、新产品发布、全案营销等。在线上，可以给产品做促销，给企业电商平台导入流量，如此产品导购便顺势而生。

5. 积累用户，培养用户习惯。产品评测可以说是行业用户的刚需，以公信力、良好的用户体验、完善的用户回馈机制等积累足够的用户，培养养殖户选购产品“看评测、不看广告”的消费习惯。在未来行业电商时代，新牧网将可掌握足够的话语权。

产品评测是一个怎样的生态系统？

产品评测围绕着上游企业、经销商、养殖户，并以产品为中心而运作。新牧网产品库前期重点收纳行业有一定知名度，使用率较高，知名企业的品牌产品、新产品，以及养殖户需求量大的主流产品，包括兽药、疫苗、饲料、添加剂、种猪、器械设备。

针对一款产品的主要评测内容包括产品说明书、技术特点、试验数据、售后服务，结合专家意见、用户使用评价等。

考虑到企业的推广需求，可以引导生产企业主动提供产品说明书、技术特点、试验数据等内容，这些参数是相对客观的。售后服务需要结合一般的市场实际情况，依据一定的数据模型来打分；专家意见和用户使用评价等则作为辅助参数。新牧网可以借用温氏资源，获得猪场使用产品的实际数据，作为权威的参数指导。

企业和产品作为新牧网产品库的直接评估对象，他们可以利用这个平台与用户进行交流，接受用户的使用反馈，提供售后咨询。

经销商作为产品运转的中枢，是新牧网产品库的合作对象，提供给经销商更多潜在的客户机会。

养殖户是新牧网产品库的服务对象和参与者，他们在平台上寻找产品，交流心得，发表反馈。新牧网需要引导用户进行互动，用户的发展即新牧网产品库的发展。

总的来说，新牧网产品库是上游企业、经销商、养殖户三方以产品为核心议题的线上综合服务平台。

在实践畜牧行业垂直电商平台的探索中要注意什么?

技术主导。无论是评测、导购还是商城，成功的前提是符合行业需求的商业模式，而成功的关键则是产品设计和用户体验。不同于媒体的内容为王，互联网模式下的核心是人和产品。作为传统媒体一班人马来运营互联网产品，容易陷入只重内容的主编思维。而今农村报内仍然非常缺乏 IT 技术和产品运营的人才，很多项目进展缓慢，有些项目的定位本身就有问题。有时候工作的形式也落后，一定程度上借鉴了媒体的出版流程。

公信力至上。对于企业来说，口碑是发展的垫脚石；对于新牧网来说，公信力则是探索电商模式的依赖。如何处理好客户关系是非常重要的。做产品评测如果涉及一些企业的负面评论，一定要完全排除任何相关利益关系，不得受到任何他方因素的影响与干扰，应秉持着真实、无私的态度。对于盈利模式来说，一个平台的广告价值和其公信力成正比。

新牧网如何整合数据和探索电商模式?

新牧网在过去两年，结合自身优势和现状，充分利用媒体和企业资源，推出了一系列优质的信息产品，逐步向打造中国畜牧行业最具公信力和影响力的专业门户网站和中国最强大的农牧业数据服务平台的目标靠拢。新牧网以助推畜牧养殖业健康发展，发挥农民与市场两头信息对接的桥梁作用为己任；以最专业的知识、最客观的报道、最科学的分析为客户提供高质量服务为生存法则；努力改进畜牧行业网络生态，实现与农民、客户多方共赢。

新牧网依托南方报业传媒集团全方位的媒体传播链与广东温氏食品集团强大的行业覆盖面和生产技术资源，在中国涉农网站中的信息传播力和行业渗透力上有着绝对优势。新牧网在第一时间为社会提供最权威的行业新闻，提供最独特、最真实、最正确的畜禽市场行情分析，提供最具权威性的生猪、肉鸡等农产品价格信息，新牧网的市场行情已成为行业的风向标。

新牧网的服务大致可以分为以下8类：

【新闻报道】提供养猪、养鸡行业上下游产业链独具视角的信息资讯，切合行业需求，贴近行业实际。

【猪价指数】提供最权威的全国生猪价格指数、走势分析预测，全国主要生猪产区即时价格、价格对比、市场操作分析及专家观点。

【鸡价指数】提供最权威的全国肉鸡价格指数、走势分析预测、全国主要黄鸡产区即时价格、价格对比、市场操作分析及专家观点。

【养殖技术】依托温氏集团最先进的养殖管理技术，为养猪户、养鸡户提供具有参考价值和实操作用的养殖技术、饲养管理、疾病防控等。

【产品评测】提供全面、权威、真实的兽药、疫苗、饲料、种猪、器械等产品的测评数据、用户反馈及专家解答，为用户提供最实用的参考。

【展会服务】新牧网搭建平台，为企业、经销商、养殖户等提供沟通交流、合作共赢的机会。

【舆情监测】对于农牧行业，新牧网拥有一套完整的数据监测分析方案，结合凯迪网络独有的信息技术，能够为农牧企业提供贴身的风险评估、舆情应对全套方案。

【信息服务】新牧网已建立猪业通、微博、微信公众号、微社区、网上商城等一系列线上平台，积累了深厚的互联网、移动互联网开发运营经验，能够为企业客户提供信息网络定制服务。

新牧网的猪价指数和鸡价指数自2013年中期推出以来，经过农财宝典和温氏团队的运营推广，在行业中逐渐取得了相当的影响力，积累了一大批养殖户、供应商、媒体分析师等专业用户。猪价指数和鸡价指数保持每天更新，数据来源于温氏集团分布全国的子公司信息采集员，并紧密跟踪养猪养鸡生产成本变化调整基数，保证了指数的准确性。猪价鸡价分析产品也由原来的一周一次扩展出每天猪价分析、一周总结分析、月度分析预测、季度分析预测。新牧网的猪价鸡价指数走势图也成为业界最受欢迎的价格指数产品之一。

2014年猪价经历了两次波峰波谷，真实的猪价走势与新牧网展示的结果完全一致。而鸡价指数由于品种繁多，新牧网将社会主流的肉鸡产品分为4类——快大鸡、中速鸡、乌骨鸡、土鸡，能够大致反映社会生产的实际情况。尽管肉鸡品种繁多，但新牧网的四大肉鸡指数综合表现来看，仍能够非常准确地反映行业现实。

除了对往日猪价鸡价行情的真实反馈，新牧网还着力打造猪价分析预测栏目，引导行业发现分析猪价鸡价表面背后的深层逻辑。新牧网猪价鸡价行情分析被业内外众多主流媒体引用报道，也开拓了新牧网猪价鸡价指数的影响面。

新牧网微信公众号自 2013 年 3 月正式运营，至今已成为畜牧行业最具影响力的移动平台，吸引了大量畜牧行业的优质精英人士的关注，一定程度上引导了行业舆论导向，今年也实现了经济上的效益，是新牧网旗下最成功的一款信息产品。

新牧网微信公众号主推行业新闻报道，结合刚需猪价鸡价分析预测两方面内容，快速赢得了市场的关注。

初期，新牧网微信公众号抓住行业热点事件，获得了第一批优质用户。黄浦江死猪事件、H7N9 事件、速生鸡、猪价暴跌等热点事件成为新牧网微信公众号发展的节点，通过一系列精品原创的新闻报道，使得用户数快速增长。同时，为了保持用户的活跃度，提高用户参与互动的积极性，新牧网微信公众号推出微社区、问答活动、风云榜投票、新牧女郎评选等交流互动平台，在吸引新用户关注的同时，也使得老用户牢牢地黏在新牧网。

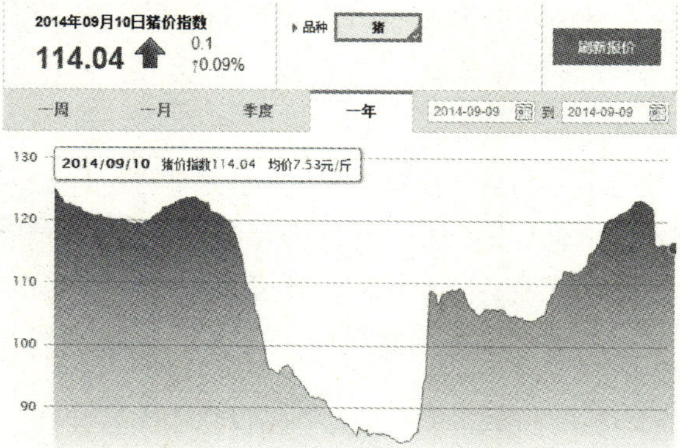

在互联网模式下，有了用户就有了一切的可能性。

2014 年 5 月， 新牧网微信公众号推出了种猪预订七折优惠的活动，形式上脱离了电商交易的环节，只能提供用户报名预约，线下优惠购买的形式。经过宣传预热及现场发动，有 20 多名用户在线预订。

2014 年 7 月，新牧网微信公众号推出了猪场设备预约优惠，以及走猪场种猪淘宝商城的在线下单。

2014 年 8 月， 新牧网微信公众号第一次尝试了轻电商的模式。在新牧微信商城推出了农财宝典、电子杂志、新牧文化衫、猪业中国、调研报告等自有产品的销售渠道。

通过实践发现，方便易用的流程能够大大降低用户的使用门槛。微信轻电商开通了支付宝、微信支付、网银付款等支付渠道，用户可选择任何一种方式付款。

传统电商形态是人围绕产品，而移动互联网上的电商是产品围绕人的模式。畜牧行业具有明显的圈子特征，在产品和平台不具备广泛影响力时，通过品牌的朋友圈传播，更容易获得用户的信任。

因此，新牧网要想在电商服务中快速介入，选择发展移动电商模式不失为一个好的选择。

几乎所有的网络调研机构都认为，移动电子商务将快速发展，是未来电商的主流趋势。新牧网的产品评测、导购、电子商务都需要将移动领域作为发展的重点。

农财网要做什么样的服务平台?

□董　玉

▶董　玉

目前，全国各地开办的农资行业网站（论坛）为数上千，有政府相关部门主办的，也有行业协会、公司开办的，它们都有一个共同致命的缺点就是缺乏采编和内容整合优势，不具有公信力。

据调查，国内农资行业网站（论坛）日点击量过万的并不多，大部分网站甚至成摆设，点击量寥寥无几。只有个别被业界公认为较有名气和影响力的行业网站日点击量还算可以，但与整个行业巨大的从业人员数量是不匹配的，提升空间相当巨大。

截至2014年5月26日，三个月内全国农资类网站的日均点击情况如下表（单位：次）：

网站名	中国化肥网	中国化工网	91 农资网	央视网三农频道
点击量	276 000	198 000	162 000	120 000
网站名	农博网	阔途化肥网	中国农资网	中国农化招商网
点击量	120 000	112 000	39 000	24 000
网站名	中国农药第一网	中国农药信息网	好农资招商网	191 农资人
点击量	18 000	9 000	3 600	3 000
网站名	中国农药工业网	中国农化网		
点击量	2 040	1 500		

传统的农资企业目前所办的网站绝大多数为企业官网，并没有将媒体的触角延伸到整个行业。企业网站在媒体公信力方面有明显不足，缺少专业的新闻采编人员，亦较少独家内容生产。而这正是南方农村报及旗下农财宝典的优势，南方农村报和农财宝典在全国特别是华南地区农村、农资行业有着巨大的品牌影响力，是行业的主流媒体，有一支强大的高素质的采编团队，熟悉农资行业的各方面情况，懂策划，善经营，擅长生产高质量的独家新闻。

南方农村报经过广泛调研，认为农资行业还缺乏一个有公信力和影响力的行业门户网站，计划成立农财网，定位为种植行业最强技术交流与产品展示平台，树立业内技术信息和产品评测权威形象，为客户提供需要的信息和网上交流的空间。利用南方农村报社在农资行业积攒的资源，制定差异化的竞争战略。

农财网定位为中国种植业最强技术交流与产品展示平台，以运营“农财网”为主体，集种植技术、农场信息、农资业信息服务、手机增值/定制服务、产品宣传、尾品特卖和竞拍、土地流转、人才招聘、电子商务、广告策划/制作、企业宣传等于一体。

农财网开设资讯、种植、大户、评测、视点、曝光台、商城、招聘、分享等频道。关注最新信息、独家报道、企业新闻、农资价格、农产品行情，植保解决方案、肥料解决方案、种植地理、记者跑腿、病虫图谱，种植达人、农场、行业组织、合作社、土地流转，新产品展示、用户体验、行业对比、使用建议、样品领取；天天特卖、正在热拍、即将竞拍，专家观点、专栏、推荐、专访、视频；

农资维权、行业法规，灌水交流区、种植互助会、企业招聘、资源分享、精品资源下载等。

事实上，像资讯、种植、视点、曝光台、招聘、分享等频道，南方农村报种植板块下属的南方农资论坛已经有很多相关内容，其他农资类媒体网站也几乎都承载了一些这样的内容。做资讯等频道，农财网有把握打造行业内最好，这不是吹牛，因为南方农村报是真正在用心关注三农问题的，加上采编们强大的采写能力，在业内已经非常有口碑。但农财网并不仅仅是想做资讯类网站，资讯也并不是农财网要打造的重点。农财网未来将着力于在产品评测、电商平台和数据信息平台三方面下功夫。

如何做产品评测？

产品评测围绕着上游企业、经销商、种植户，并以产品为中心而运作。农财网产品库前期重点收纳行业有一定知名度，使用率较高，知名企业的品牌产品、新产品，以及种植户需求量大的主流产品，包括农药、肥料、种子、农机等。

针对一款产品的主要评测内容包括产品说明书、技术特点、试验数据、售后服务，结合专家意见、用户使用评价等。

考虑到企业的推广需求，可以引导生产企业主动提供产品说明书、技术特点、试验数据等内容，这些参数是相对客观的。售后服务需要结合一般的市场实际情况，依据一定的数据模型来打分；专家意见和用户使用评价等则作为辅助参数。农财网前期可以收集行业数据，获得种植使用产品的实际数据，作为权威的参数指导。

企业和产品作为农财网产品库的直接评估对象，他们可以利用这个平台与用户进行交流，接受用户的使用反馈，进行舆论公关。

经销商作为产品运转的中枢，是农财网产品库的合作对象，提供给经销商更多潜在的客户机会。

种植户是农财网产品库的服务对象和参与者，他们在平台上寻找产品，交流心得，发表反馈。农财网需要引导用户进行互动参与，用户的发展即新牧网产品库的发展。

总的来说，农财网产品评测是上游企业、经销商、种植户三方以产品为核心议题的线上综合服务平台。

如何开展电子商务?

自2012年，电商大爆发，各行各业都开始有意进军电商服务，就连一向被认为不适合做电商的涉农企业也开始跃跃欲试。2012年，生鲜电商崛起，被称为生鲜电商元年。与此同时，与农产品生产密切相关的农资物资类企业和媒体也开始向电商靠拢。

农资企业中，鲁西化工有自建的电商平台中国购肥网，江苏龙灯也有自建电商平台龙灯电商。还有一批企业如江苏克胜等，直接在第三方平台淘宝开设了官方旗舰店，也算是一脚迈进了电商的门槛。但这些企业在线上的销售数据非常小，他们进军电商业务，主要是为未来铺路。

除了农资企业外，农资类媒体也在想方设法搭上电商的列车，开启电商服务功能。如南方农村报在2013年成立了中国农资拍卖网，目前的农资电商模式只能算是行业媒体自身的小试牛刀。据了解，农化行业目前并未有任何成功的电商模式，农财网将如何做?

农财网将结合自身的上中下游资源优势、公众微信力和口碑优势，打造一个第三方农资购销平台。在这个平台里，农财网将设立一定的准入门槛，只有那些正规的生产厂家、产品证件齐全、产品质量过关的农资企业商家才可以进驻，农财网有足够的号召能力聚拢到种植大户、农民合作社等农资消费群体。但售后服务和技术咨询等均由进驻商家自己提供，也就是要打造一个农资行业的淘宝平台。

如何做数据信息平台?

随着电子商务的日益普及，越来越多的企业和机构开始重视对数据的挖掘和使用，甚至有人扬言“大数据时代到来了”。但是如何利用好自身手中的数据，将这些信息转化成对读者、消费者有益的输出呢? 农财网将推出数据信息平台，打造在农化行业、作物品种方面的数据监测、分析平台。

事实上，在过去的3年中，南方农村报种植板块对数据信息的使用一直都在探索并产出了成功的产品，如现在在柑橘区普遍被使用的柑橘通。柑橘通是一款APP软件，包括生产宝典、市场行情、柑橘快讯、供求信息、专家解答五大板块，可以为使用者提供每天更新的柑橘新闻、柑橘产品报价、生产指导，随时的专家咨询、手机供求信息发布查收五大功能。注意，这里的柑橘包括柑、橘、柚、橙四大种类。在市场行情板块，不仅有实时的柑橘产品报价、柑橘价格指数和分析，还可以查看 5 天内的天气信息。在生产宝典界面，向左滑动，可以看到未来几天的生产指导、天气预报、喷药指数、施肥指数等。

除了柑橘通之外，种植板块还有另外一款已经开发出来的手机 APP：农资通。农资通是一款专为农资行业提供全面、高端的移动信息服务的客户端。主要包含了六个板块的内容，分别是新闻资讯、市场行情、农化指数、供求信息、种植技术和专家连线。新闻资讯除了提供农资界最新的新闻资讯外，还有农财宝典农化版上面的精选内容；市场行情主要提供农药、化肥等产品的价格信息；农化指数主要是呈现大宗农药原药如草甘膦、百草枯，大宗化肥产品如尿素等的价格走势分析和预测；专家连线将邀请众多业内知名农科专家坐镇，为农户解答种植中遇到的各种问题。

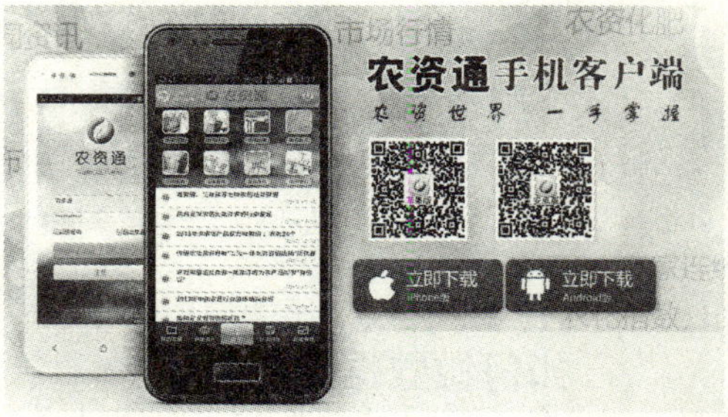

种植板块的官方微信（微信号：ncbdncb）也已经提供了农药原药和化肥的实时报价，还单独承办了“2014 农化夏女神评选”，得到了业内的广泛认可。

农财网成立后，除了继续农化指数、柑橘价格指数的收集和分析外，还将添加香蕉价格指数、甜玉米价格指数、甘蔗价格指数等，最终将打造出一个全方

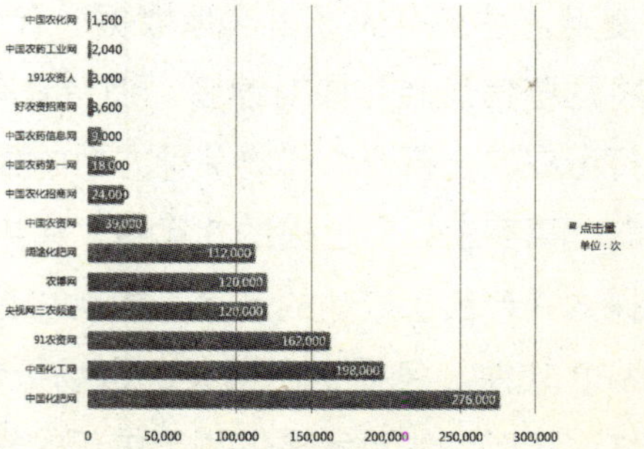

三个月内全国部分农资类网站日均点击量情况
截至2014年至5月26日

位的农作物价格指数和交易平台。

总的来说，农财网将提供以下 8 大服务：

【新闻报道】提供农化行业上下游产业链独具视角的信息资讯，切合行业需求，贴近行业实际。

【农产品价格指数】提供最权威的华南主要作物品种价格指数、走势分析预测，全国主要产区即时价格、价格对比、市场操作分析及专家观点。

【种植技术】依托南方农村报种植板块多年积累的资源和专家资源，为种植户、农场提供具有参考价值和实操作用的种植技术、种植管理、病虫害防控等。

【产品评测】提供全面、权威、真实的农药、肥料、种子等产品的测评数据、用户反馈及专家解答，为用户选择提供最实用的参考。

【展会服务】农财网搭建平台，为企业、经销商、种植户等提供沟通交流、合作共赢的机会。

【舆情监测】对于农化行业，农财网拥有一套完整的数据监测分析方案，结合凯迪网络独有的信息技术，能够为农化企业提供贴身的风险评估、舆情应对全套方案。

【信息服务】农化网已建立柑橘通、农资通、微博、微信公众号、微社区等一系列线上平台，积累了深厚的互联网、移动互联网开发运营经验，能够为企业客户提供信息网络定制服务。

【第三方购销平台】在已有的中国农资拍卖网基础上，建立类似淘宝的第三方购销平台，打造农资网上超市。

南农涉农微信运营情况报告
(2014 年 1 月 1 日—2014 年 12 月 31 日)

□南方农村报新媒体部

农财宝典农化版

用户分析。2014 年内新增关注用户 172 808 人，从 1 月 1 日的 5 016 人增长至 177 824 人。日均增长 480 人，月均增长 14 410 人。从趋势图上可以看出，2014 年 7—8 月的增长速度相比其他月份要高出很多，其余时间比较稳定。

事件在微信用户增长的过程中起到较大作用：一是活动，5—8 月份进行的“农化夏女神评选”由于企业用户参与积极性较高，行业内掀起了一股为女神投票的浪潮，其间关注用户猛增。另外，7 月份进行的“海南 50 强零售商评选”及其他行业评选也带动了用户的增加，起到了推广的作用。二是新闻事件，农化微信常有独家稿件、独家观点，持续性地参与到农化行业中，为行业发声，自然得到了行业人士的关注。三是内容策划，农化微信时不时也会推出一些小游戏、行业小调查等，与微友互动，这也吸引了行业人士的关注。

用户属性。农财宝典农化版微信用户男女比例接近 3∶2，与农化行业男女从业比例基本符合。用户集中在广东、广西、海南、辽宁、山东、四川、云南等省份。这些省份如海南、广东、山东、云南等均属于种植业较为发达地区，农资用量较多，这说明了农化微信的辐射用户几乎都是行业人士。

从统计情况看出，微信用户基本为安卓和苹果手机的用户，其中安卓手机与苹果手机的比例为 9∶1。

图文分析。年内阅读次数 1—2 万的有 67 条，2—3 万有 1 条，3 万以上的有 3 条。阅读量较高的文章，多数是关于行业内大企业的新闻动态、行业内大事件、行业负面新闻如某某企业老板因为销售假劣农资产品被判刑之类。

功能开发。1. 微商城。2014 年 10 月份，农化微信上线了微商城——肥到家。真正做到了微信第一家卖肥料。（如右图）

2. 评选投票。迄今为止，农化微信已经进行了多次行业评选、投票，如 2014 首届农化夏女神评选、2014 首届海南农资零售商 50 强评选、2014 中国农化风云榜评选等。

新牧网微信

用户分析。2014 年 12 月关注用户超过 10 万人。日均增长 235.87 人，月均增长 7 017 人。从趋势图上可以看出，2014 年 2—5 月的增长速度相比其他月份要高出很多，5—8 月则经历了一个低迷期。新牧网微信用户在 7 月下旬以较低增速突破 5 万人。

事件在微信用户增长的过程中起到较大作用：一是活动，上半年开启的新牧女郎评选由于企业用户参与积极性较高，每日新增用户明显。农财宝典、新牧网联合举办和参与的行业活动也较多，起到了推广的作用。二是新闻事件，年初席卷全国的 H7N9 事件中，新牧网充当行业喉舌的作用，持续性地参与到家禽行业“正视 H7N9”的呼吁中，为行业发声，自然地汇聚了家禽业人士。三是内容策划，7 月的累积阅读量达 180 万，而且月末有两条微信阅读量突破 50 万，7 月下旬出现了微信用户增长的一个小高潮。

用户属性。新牧网用户男女比例接近 4∶1，与畜牧行业男女从业比例较为符合。用户集中在广东、河南、山东、广西、福建、江西、江苏，覆盖区域均是我国的畜牧业大省，而大华南区占据 4 个。这反映出新牧网的实际活动影响力范围集中在华南和山东、河南两个畜牧大省。但值得注意的是，与广东靠近的湖南、湖北两地的用户数相较之下却偏少，而这两地的畜牧从业人数及生猪养殖规模十分

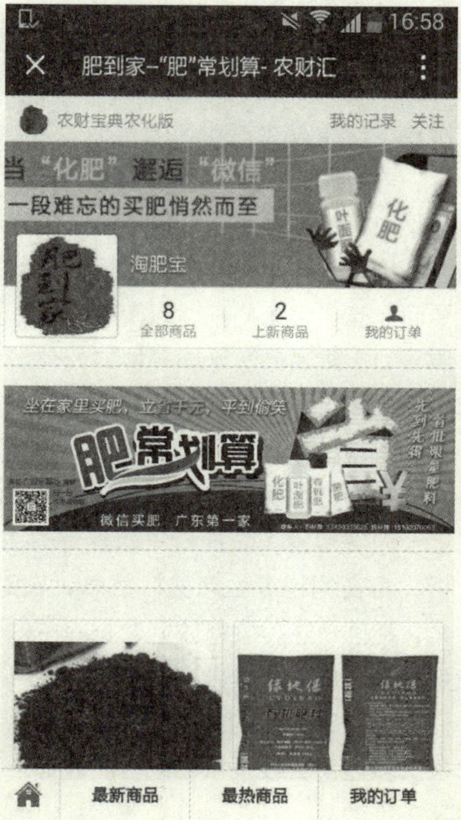

庞大，这提醒我们应加强这些地区的参与度。

在城市用户分布上，广州、北京、郑州也呼应了省区用户分布情况，北京更多地是集中了政府部门、媒体资讯机构的从业人士。

从统计情况看出，微信用户基本为安卓和苹果手机的用户，其中安卓手机与苹果手机的比例为 2.5∶1 。

图文分析。年内阅读人数 1—2 万的有 90 条，2—3 万的有 24 条，3—5 万的有 11 条，5—10 万的有 3 条，10 万以上的有 4 条，分别是：《高温烤验，我们一起为业务员们发篇微信》（2014-07-22）（459 564 人）、《总理都在跑业务，你有什么资格不努力……》（373 978 人）、《福喜事件前传：外资祭出“H7N9”绝招干掉中国养鸡业》（2014-07-25）（141 915 人）、《正大、伟嘉等 18 家企业被通报涉假劣饲料兽药案》（2014-09-21）（122 648 人）。

在超过 2 万的微信中，有 20 条是非新闻性的文章，有 7 条是关于业务员的，有 4 条是关于家禽和 H7N9 的，有 6 条是关于企业的，有 8 条是关于猪价的。

微信的阅读人数和分享转发数呈正相关，年度内累积阅读人次为 8 994 153，分享转发 9 421 454 次，7 月 23 日单日峰值阅读量是 374 837 人次，12 月 23 日单日最高阅读量是 427 301 人次。

功能开发。微信既是内容平台，更是对用户的服务工具。农财宝典新牧网微信扩展了一系列工具性应用，提高用户对本微信的依赖度。围绕活动平台、价格指数、养殖户生产等方面需求，农财宝典新牧网微信主要开发了查猪价、查鸡价、内容检索、微社区、企业微展台、问答平台、微信投票、调研及报名功能、基于微信的网上商城、模拟考试平台、二维码签到等功能。

价格查询。这是用户使用最频繁的工具，平均每天有四五百人使用。用户只要回复省名，如广东、河南等，即可查询各地当日猪价、鸡价行情信息。数据来源于温氏集团分布全国各地的分公司专人上报当地的生猪、家禽出栏价格，与实际价格贴近，能够真实反映出行情的走势。

从统计数据上来看，每月查询次数在 1—5 次的用户占 91.18%，查询 6—10 次的用户占 8.26%，查询 10 次以上的用户占 0.56%。

内容检索。依托新牧网累计的 20 余万条新闻报道、养殖技术、价格行情分析、兽药饲料等生产资料信息，农财宝典新牧网微信向用户提供简便的搜索工具，能够迅速检索新牧网数据库中的所有内容。根据我们设置的权重规则，按顺序向用户展示检索内容。

与活动匹配的投票、报名、互动平台、微社区、微信投票、调研与报名等功能更多地结合线下活动进行。微社区与微信用户具有先天的连接功能，能很好地补充微信群发信息中用户之间不能互相交流的缺陷。微信投票在新牧女郎、风云榜评选等网友参与度高的活动中起到关键作用，直接承载了评选类活动的移动端平台功能，微信投票既活跃了用户，又直接有效地吸引了用户来关注。

微信用户庞大的数量为线下活动注入了更多活力，通过微信报名功能，提高了活动的组织效率，节省了以往传统地电话邀请、会务人员手动填写信息等重复性繁杂工作消耗的时间。用户使用报名功能后，也能够获取用户更多详细的信息。

网上商城。2014 年 5 月，新牧网微信公众号推出了种猪预订七折优惠的活动，形式上脱离了电商交易的环节，只能提供用户报名预约，线下优惠购买的形式。经过宣传预热及现场发动，有 20 多名用户在线预订。

2014 年 7 月，新牧网微信公众号推出了猪场设备预约优惠，以及走猪场种猪淘宝商城的在线下单。

2014 年 8 月，新牧网微信公众号第一次尝试了轻电商的模式。在新牧微信商城推出了农财宝典、电子杂志、新牧文化衫、猪业中国、调研报告等自有产品的销售渠道。

通过实践发现，方便易用的流程能够大大降低用户的使用门槛。微信轻电商开通了支付宝、微信支付、网银付款等支付渠道，用户可选择任何一种方式付款。

传统电商形态是人围绕产品，而移动互联网上的电商是产品围绕人的模式。畜牧行业具有明显的圈子特征，在产品和平台不具备广泛影响力时，通过品牌的朋友圈传播，更容易获得用户的信任。

农财宝典畜牧版

用户属性。男女比例接近 3.3∶1，用户集中在广东、河南、山东、广西、福建、江西、北京，大部分是我国的畜牧业大省，而大华南区占据 4 个。这反映出农财宝典的实际活动影响力范围集中在华南和山东、河南两个畜牧大省。北京更多地是集中了政府部门、媒体资讯机构的从业人士。与广东靠近的湖南、湖北两地的用户数却较少，而这两地的畜牧从业人数及生猪养殖规模十分庞大，提醒我们应加强在华中地区的参与度。

从统计情况看出，微信用户基本为安卓和苹果手机的用户，其中安卓手机与苹果手机的比例为 2.3∶1 。

图文分析。年内阅读人数 1—2 万的有 28 条，2—5 万有 6 条，5 万以上 2 条，分别是:《假如你老公是做业务员的》（2014-09-16）（175 972 人）、《〈论一碗红烧肉〉：本科生、硕士生和博士生如何写》（2014-04-01）（72 957 人）。

在超过 1 万的微信中，有 15 条是非新闻性的文章，有 8 条是关于猪场资金和企业新闻的，有 8 条是关于业务员的，有 5 条是关于猪价的。

农财宝典水产版

用户属性。男女比例 3:1，与水产行业男女从业比例较为符合。用户集中在广东、福建、浙江、江苏、广西、湖北、海南，在 7 个超过 1 000 人的区域中，沿海水产养殖发达省份，特别是华南四省均在列，而华中地区的湖北也是最大的淡水鱼养殖主产区之一。这反映出农财宝典水产版微信在国内水产养殖主产区达到了一定的覆盖程度。当然，华东地区也还有很大的发掘潜力，而像江西、湖南等淡水鱼主要养殖区域的覆盖力度也还有待加强。

在城市用户分布上，除未知城市的 8 007 人外，位列前五位的分别是广州、佛山、湛江、江门、珠海，也反映了农财宝典水产版微信在广东主要水产养殖区域的影响力。

图文分析。年内阅读人数超1 万的有 17 条。其中，行业热门话题报道 7 篇，水产品安全 4 篇，评选活动推广 3 篇，技术稿件 2 篇。阅读量最高的一篇为《【揭秘】安南龟 5 年涨 80 倍如今跌谷底，下一个被炒烂的龟是什么?》，阅读量 77 908。

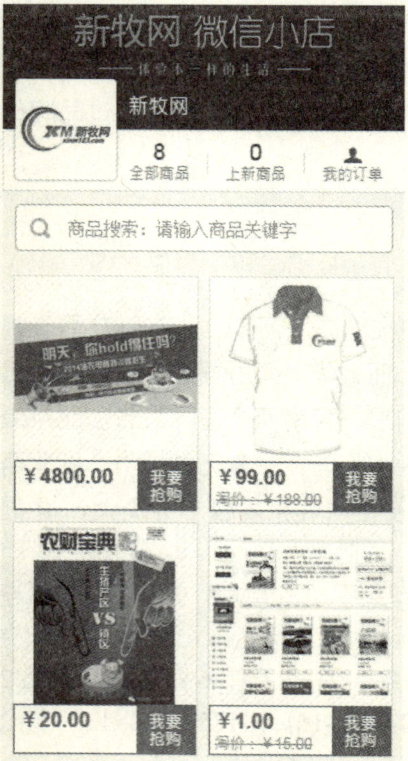

微信阅读量与粉丝增长数成正相关，总体阅读量在持续提高。

农财宝典种业版

用户分析。纵观看，对微信用户增长起较大作用的是新闻事件，2014 年 9 月中旬湖南召开全国种子双交会上，关于首发种子法修订报道，很快在网络上广为传播，微信阅读量首次突破 1 万。这条信息迅速带动了粉丝量的增加，带来高潮。10 月中旬，两条关于通过审定的品种消息即时发出，阅读过万，增粉又出现了高潮。

相反，活动在种业微信中的增粉效果一般，甚至带来低潮。种业的活动投票设计没有针对性地利用微信渠道以增粉。一些粉丝还不太清楚微信是怎么投票的。围绕活动策划的信息由于内容单一，受众群体小，阅读量偏低。4 月的玉米大会、6 月的水稻大会召开时间正好契合微信低潮期。

用户属性。种业版微信平台用户男女比例接近 4:1，与种子行业男女从业比例较为符合。用户集中在广东、北京、河南、山东。值得注意的是，北京用户量都是种业微信受众中一个很重要的群体。北京集中了政府部门、龙头种子企业以及其他相关从业人士。这间接可以解释一点：为什么种业微信内容中政策发布、行业分析等高大上的信息较受欢迎。这在平时推送中感受很明显。

这还提醒我们，除北京、广东外，可开发的潜在用户的省份还有很多，例如与广东毗邻的福建、江西、湖南、广西，还有种业发展不错的甘肃、江苏、安徽等省。甘肃、安徽已经有一定量的粉丝存在，而毗邻的四省粉丝量偏少。

图文分析。年内阅读量破万的有 7 条，其中过 5 万的有 1 条。7 篇文章中有 6 篇都关乎新闻事件。

附录

南方农村报21世纪大事记

（2000—2014）

●2000年7月，南方农村报进行了大规模的改扩版，设置时政社会新闻、农村经济和文化娱乐三大板块，由原来的每周32个版增至48个版，其中50%的版面设为彩版。作为改革的配套措施，南方报业在南方农村报试点开展绩效薪酬改革，所有员工待遇一致——底薪加绩效。

2005年，确定“新农村推动力”为办报宗旨。

2013年，确定“独特价值三农综合服务商”为南农转型定位。

●2002年3月，《养殖宝典》创刊，这是国内养殖产业链上最早进行新闻化操作的行业杂志。2010年12月，《养殖宝典》改名为《农财宝典》，2011年1月起《农财宝典·水产版》《农财宝典·畜牧版》独立发行，2012年起新增《农财宝典·农场版》《农财宝典·种业版》，成为覆盖农业产业细分领域，触角到达产业链各环节的资源整合平台。

●2005年，第一届中国农村发展论坛在广州举办，此后每年一届，延续至今（2014年第十届）。

中国农村发展论坛由南方农村报联合华中师范大学中国农村研究院等学术机构主办，汇集了中国顶尖三农专家，搭建了一个探讨中国三农问题的高端平台，上联国家三农决策部门，下系广大农民群众，共同求解中国三农问题的根本出路。

2006年4月12日，华中师范大学中国农村问题研究院和南方农村报签署协议，正式成立南农实验课题组，用行动实践理论，在广东选取博罗县铁场村、连平县欧村、吴川市上能村和蕉岭县广育村作为试验点，开展广东新农村建设实践模式的探索。

●2007年8月，第一届凤凰山论坛召开，每每召开于养猪行业面临重大事件或处于关键节点的时刻，此后基本每年一届，延续至今。凤凰山论坛倡导“真话、真相、真知灼见”，是专门针对养猪业的行业论坛，是养猪业开放的民间议事平台，汇聚了行业内外的诉求，形成舆论场，让社会各界都来关注中国最大的肉食品产业。

2012年9月，首届农财渔业论坛举办。另外，水肥一体化新技术高峰论坛、柑橘产业危机与公共服务构建研讨会、蔬菜安全与农药产业规范研讨会、两广甘蔗产业发展研讨会、商品林高峰论坛、广东首届规模菜场安全高效管理论坛……通过各种产业论坛，南方农村报为行业内外人士开放的专业信息分享平台，同时也聚集了强大的产业资源。

●2009年12月26—27日，第一届华南（广州）农资博览会召开，此后每两年一届，延续至今。这是南方农村报组织举办各类展会活动的开端。2012年11月14—15日，华南（茂名）畜牧博览会召开，此后每年举办，延续至今，派生出若干区域展会。2013年和2014年，南方农村报成功竞标为第十二届、第十三届广东种业博览会总服务商。2014年7月18—20日，海南农资暨种业交易会和海南渔资名优产品展销会在海南召开。

●2011年4月，南方农村报注资创办广东大平台农业股份有限公司。2012年，南方农村报与广州易合通农化供应链有限公司合资创办广东农易通农业科技有限公司。两者均是南方农村报整合农资链资源，试图实现转型，谋求多元化发展的尝试。目前两家公司运转良好。受有关政策制约，2013年底，南方农村报从广东大平台农业股份有限公司撤资。

●2011年，“南农科技下乡直通车”正式启动。这是南方农村报农技服务项目，紧扣各地农业生产中存在的突出问题及热点话题，整合地方政府、科研院所、知名企业等资源，邀请行业专家、实战经营，向农民宣传推广先进的种养技术和优质农业生产投入品，推动科技成果转化，培养真正的农业人才，提高农业科技水平和农业整体效益。截至目前，“南农科技下乡直通车”共举办了300多场活动。2014年，“南农乡村院线”启动，当年下乡放电影超过百场。

●2011年12月，首届农财宝典年会召开，此后每年一届，延续至今。农财宝典年会公布中国生猪业（水产业）风云榜，该榜目前已成为全国业界最具影响力的行业评选，是中国农产业风云变幻的投射与缩影。2014年，中国农化风云榜、中国种业风云榜分别启动。

●2012年，适应于南方农村报自身发展需求，南方农村报编委会制定了新的事业发展策略。同年，召开南方农村报第一届转型发展研讨会，此后每年一届。

在第一届转型发展研讨会上，确立借鉴阿米巴管理模式，推行板块绩效考核管理，将媒体事业群分成约10个板块，每个板块的负责人均需根据小组实际与编委会签合约，对新闻采编纪律、新闻道德伦理做出规范，采编与经营分离。约定一年的采编工作质量、报纸广告收入、杂志广告收入、网站广告收入、活动收入、出差费、接待费、过路/桥费等等。此管理模式颇有成效，2012年、2013年的广告（活动）收入增速和增幅是近年来较为突出的，团队建设也获得较快的发展。但受制于二级管理政策，它的作用仍然有限。最合适的管理模式，南方农村报编委会仍在探索中。

●2012年8月29日，在南方农村报的推动下，南方报业传媒集团与广东温氏食品集团在广州举行合办新牧网签约仪式，南方农村报参与新牧网运营。同年，开发基于安卓和苹果系统的手机客户端，柑橘通、农资通、猪业通、虾蟹通等陆续上线。南方农村报有志于打造“中国最具影响力涉农媒体集群”，2013年多个行业微信公众号推出。

●2012年，南方报业传媒集团三农研究院（广东省南方三农咨询服务中心）注册成立。研究院集“产学研宣”于一体，下设三农政策研究所、休闲农业与乡村旅游研究所、涉农产业研究所及专家委员会等，致力于打造一个“立足南方，辐射全国”，集政策咨询、专业服务、课题研究、学术研讨、行业调研、项目合作交流、行业人才孵化等于一体的多功能立体式示范服务窗口。

●2013年，南方农村报创刊50周年。从2012年起启动系列活动，包括举办全国涉农媒体转型研讨会、编辑出版系列书籍5本，推出“大地”系列专题报道。2013年1月5日推出80版纪念特刊，1月8日庆典晚会圆满成功。

●2014年南方农村报确定为“三年改革攻坚年”的头一年。抓人才成长，抓资源积累，抓新机会，增设两个板块：产品策划与设计事业部与全案营销事业部。新媒体与传统媒体的融合在涉农细分行业形成矩阵。华南农资（渔资）博览会首次在海南省举办，华南畜牧博览会继续在广西举办，南方农村报以会展为抓手，加快全国市场布局。

论文、著作列表

一、论文

[1]《把好关把好度——从南方农村报“广东农村税费改革系列报道”说开去》，刘小骅，《南方新闻研究》2004年第3期

[2]《领会重要性　认清特殊性——浅谈把握“三农”报道真实性的几个误区与对策》，张璐，《岭南新闻探索》2004年5月

[3]《“三农”报道应注意的几个问题》，张璐，《新闻实践》2004年5月

[4]《搭建意见领袖与农民读者沟通的桥梁》，刘小骅、张璐，《岭南新闻探索》2006年1月

[5]《浅谈“农字号”报纸如何加强言论建设》，张璐，《岭南新闻探索》，2006年5月

[6]《加强三个“关注”做好农业报道》，周晓凤，《岭南新闻探索》2006年5月

[7]《接轨高端——南方农村报提升影响力的探索》，刘小骅、张璐，《岭南新闻探索》2006年7月

[8]《三农报道如何增强感染力》，周晓凤，《传媒观察》2006年9月

[9]《走向全国新农村——南方农村报2007年的新打算》，刘小骅，《岭南新闻探索》2007年第1期

[10]《新农村建设中农村媒体的责任与作为》，毛志勇，《今传媒》2007年11月

[11]《中国农村财富之路与农村媒体的担当——〈南方农村报〉农财新闻的探索》，麦倩明，《南方传媒研究》第6辑（2007）

[12]《农村报的十字街头》，闫业伟，《南方传媒研究》第7辑（2007）

[13]《南方农村报想干什么?》，江华，《南方传媒研究》第8辑（2007）

[14]《不做一锤子“买卖”——以南方农村报为例看新闻追踪的现状与应对》，柴华，《南方传媒研究》第9辑（2007）

[15]《让农民开口说话的探索》，张璐，《岭南新闻探索》2008年1月

[16]《市场化的农村类报纸亟需扶持——以〈南方农村报〉为例探讨农村类报纸的成功之道和扶持建议》，陈永，《传媒》2008年2月

[17]《略论城乡统筹视野下的涉农报道》，张璐，《岭南新闻探索》2008年4月

[18]《地理名义　新闻含义　媒介意义——策划广东养殖地理、种植地理的启示》，麦倩明、徐靖、林礼广，《岭南新闻探索》2008 年 4 月

[19]《猪年猪事——也谈专业媒体在公众事件中的影响力扩散》，麦倩明、钟怡群、劳锦华、赵威，《南方传媒研究》第 11 辑（2008）

[20]《追查三聚氰胺真相始末》，赵威，《南方传媒研究》第 15 辑（2008）

[21]《利基市场与农村报策略》，麦倩明，《南方传媒研究》第 18 辑（2009）

[22]《“草根报纸”“边关”精神　新农村推动力》，陈永，《南方传媒研究》第 20 辑（2009）

[23]《包容的无声力挺》，王宏旺，《南方传媒研究》第 20 辑（2009）

[24]《做农民忠实的看门狗：解密南方农村报十年舆论监督》，刘小骅，《南方传媒研究》第 25 辑（2010）

[25]《新闻媒体对村务管理的介入及功能——以〈南方农村报〉参与南农实验为例》，毛志勇、侯江华，《东南学术》2011 年 3 月

[26]《协商官民，把实事做实——〈南方农村报〉专题“实事求实”采编体会》，刘小骅，《岭南传媒探索》2012 年第 2 期

[27]《浅谈〈南方农村报〉副刊的岭南乡土特色》，陈会玲，《岭南新闻探索》2012 年 8 月

[28]《农产品安全报道反思》，张璐，《南方传媒研究》第 37 辑（2012）

[29]《涉农纸媒转型再造中兴之路》，南方农村报编委会，《岭南新闻探索》2013 年 1 月

[30]《打造“独特价值的三农综合服务商”》，陈永，《中国报业》2013 年 10 月

[31]《当今中国赋予涉农媒体的使命 ——以〈南方农村报〉为例》，陈永，《南方传媒研究》第 41 辑（2013）

[32]《以平台战略重构涉农媒体运营模式——“涉农媒体市场化转型发展和服务三农研讨会”侧记》，张璐，《南方传媒研究》第 41 辑（2013）

[33]《媒体公益策划节庆活动添光彩　区域品牌营销模式创新增效益》，徐靖、张炳华，《营销管理》2014 年 5 月

[34]《透过批评看理性》，王伟正，《南方传媒研究》第 48 辑（2014）

[35]《我国农村报刊经营十大创新报告》，吴锋，《今传媒》2007 年 3 月

[36]《〈南方农村报〉“品牌三部曲”探析》，吴锋，《中国报业》2008 年 7 月

[37]《影响农村报市场推广的几种因素——以〈南方农村报〉和〈农村大众报〉为例》，王日霞、陈建志，《青年记者》2009 年 2 月

[38]《我国报纸之农村经济报道现状与改良建议》，孙杰平，厦门大学硕士论文2009 年

［39］《综合类“三农”报纸分众传播及路径探析——以〈农村大众报〉〈南方农村报〉〈山西农民报〉为例》，葛堂华，广西大学硕士论文 2009 年

［40］《办好农村报，是我们的社会责任》，杨兴锋，《青年记者》2010 年 2 月

［41］《南方农村报主编陈永接受天涯社区专访，总结报纸复刊 30 年得与失》，张强、关家玉、杨明伟，《广州日报》2010 年 2 月 3 日

［42］《办好涉农类报纸的副刊》，周岩森，《新闻爱好者》2010 年第 24 期

［43］《农村报刊市场营销策略》，陈国红，《邮政研究》2012 年 5 月

［44］《在坚守中转型》，范以锦，《传媒》2013 年 2 月

［45］《对“南农实验”农民民主能力建设的考察》，马华，《河南师范大学学报（哲学社会科学版）》2013 年 5 月

［46］《空间犹在，定位务必准确》，范以锦，《中国报业》2013 年 10 月

［47］《城镇化进程中——“农”字报的市场博弈》，胡线勤、胡振，《中国报业》2013 年 10 月

［48］《内向的记者 外向的工作》，南方报业 2008 年度记者彭进，《南方传媒研究》第 16 辑

［49］《为农民说话，我义不容辞》，南方报业 2009 年度记者李秀林，《南方传媒研究》第 22 辑

［50］《擿埴冥行，在底层寻找底线》，南方报业 2010 年度记者王宏旺，《南方传媒研究》第 28 辑

［51］《边走，边找，边听》，南方报业 2011 年度记者苏晓璇，《南方传媒研究》第 34 辑

［52］《触摸农财报道的长宽高》，南方报业 2012 年度记者易□，《南方传媒研究》第 40 辑

［53］《为农民说话，为“三农”呐喊》，南方报业 2013 年度记者王伟正，《南方传媒研究》第 46 辑

二、著作

［1］《南中国“三农”问题调查》，南方日报出版社，2006 年

［2］《猪业实录》，南方日报出版社，2008 年

［3］《不该沉没的声音》花城出版社，2012 年

［4］南方农村报创刊 50 周年书系：《守望三农》《时代回响》《水产风云》《猪业中国》，南方日报出版社，2012 年

［5］《中国农村类报纸转型研究》，陈娟，中国传媒大学出版社，2013 年

后 记

□麦倩明

▶ 麦倩明

坚持不在话下，选择却是必须。

近几年，南方农村报每年都在做出一些选择。原因与媒体行业的大环境相关，与自身生存发展的走向相关。变与不变，是传承与扬弃，往往一体两面。

媒体是个载体，也是个平台，不同时代，不同的载体，承接并联结不同量级的资源。它们之所以不同，缘于社会政治经济条件的影响，受体制机制的约束，受技术条件的限制。媒体替代与被替代，并不仅仅是外因所致，于是传统媒体便有了坚持的理由。它们为了品牌延续，为了发展壮大，个个使尽浑身解数。

南方农村报历史悠久，体量不太大，转身不易但毕竟阻力较小。南农人用“亿元农媒”来表达企业阶段性愿景，数字诠释着他们对社会责任、社会贡献的更大追求。

当下对于媒体从业者而言，媒体运营观念与手段的改变，内容与形式的改变，虽然还说不上是颠覆，但变化真实可感。南方农村报的体会是，从虚泛传播到精准发送、具体服务，不仅关注意义，还要关注效用；不单要做杂家，更需要做专家。这些指向性改变，需要进行生产机制的改变，更需要商业设计上的机巧，通过市场检验把握财务的平衡。南方农村报以下探索可供同业分享：一是细分行业的垂直服务业务；二是媒体平台延伸业务的探索。而最受关注的新媒体融合的内容，渗透在其中。

我长期在南方农村报工作，因为是“广东新闻金梭奖”获得者的缘故，2013年我收到通知有资格竞争申报“广东省宣传文化人才专项资金”项目。我申报的题目是《媒体平台为核心的三农综合服务商战略研究——以南方农村报为例》，该题中选系意外之喜。这说明，南方农村报转型改革工作受到上级部门的肯定，该项目是广东省委宣传部、南方报业传媒集团对南农工作的支持与鼓励。

作为项目统筹人，我采用了分块设计，各自领题的方式执行。让南农各个业务板块的负责人、操盘手对自己负责的业务重新审视、梳理、概括，这是一个学习、总结与提升的过程。2014 年的南农转型与业务发展研讨会，因此而开得异常活跃，欲罢不能。从项目效果评价而言，这样做也有利于进一步推动实践探索。另一方面，来自一线媒体人的讲述，生动直观，内容更加接近于现实。

一共有超过 30 位同事参与了这个项目的工作，这是他们多年职业实践的阶段性论述，有回顾，但更着重于现在与未来。这批业务骨干大部分是年轻的“老南农”，正是干事业的大好年华，充满激情，脚踏实地，令人骄傲。

在传媒界有广泛影响力的江艺平老师，是这个项目的指导老师，其实她也是资深南农人。作为分管南方农村报的集团领导，她全程参与了南方农村报 21 世纪以来的改革实践。南农从低谷重新崛起，她是见证者也是推动者。江总亦师亦友，实乃南方农村报之幸，南农人之幸。

值得一提的是，该课题成果结集出版，是南方农村报主动向外寻求交流学习、业务合作的契机。诚挚欢迎广大读者、传媒同行，以及从事涉农研究与实践的朋友们给予批评指正。

2014 年 12 月